# NOVELAS AMOROSAS
## Y EJEMPLARES,
### y tres
## DESENGAÑOS
## AMOROSOS

# BIBLIOTECA DE ESCRITORAS

MARÍA DE ZAYAS
Y SOTOMAYOR

# Tres
# NOVELAS AMOROSAS
# Y EJEMPLARES
## y tres
# DESENGAÑOS
# AMOROSOS

Edición y selección
de
ALICIA REDONDO GOICOECHEA

EDITORIAL CASTALIA

INSTITUTO DE LA MUJER

Copyright © Editorial Castalia, S.A., 1989

Zurbano, 39 - 28010 Madrid - Tels. 419 89 40 - 419 58 57

**Cubierta de Víctor Sanz**

Impreso en España. Printed in Spain
por Unigraf, S.A. (Móstoles) Madrid
I.S.B.N. 84-7039-535-1
Depósito Legal: M. 21.135 - 1989

# SUMARIO

# Introducción

## Vida y obra

La vida de María de Zayas está rodeada de silencios. Apenas tenemos unos cuantos datos históricos y otros pocos más deducidos de sus escritos; el resto es una verdadera incógnita: ¿Se casó?... ¿fue religiosa?... ¿dónde vivió?... ¿tuvo una vida medianamente feliz?... ¿cuándo murió?..., al menos hoy no podemos responder a ninguna de estas preguntas.

Los pocos datos documentados de la escritora se los debemos a Manuel Serrano y Sanz, gracias al cual conocemos su partida de bautismo en la que figura nacida en Madrid el 12 de septiembre de 1590, hija de D. Fernando de Çayas y de Doña María de Barasa.[1] Además este lugar de nacimiento aparece en las ediciones de sus obras hasta el siglo XIX. Su padre D. Fernando fue capitán de Infantería y recibió en 1628 el nombramiento de Caballero del

---

1. *Apuntes para una biblioteca de escritoras españolas desde el año 1401 al 1883*, 2 vols., Madrid, 1905, II, pp. 583-587. Ver p. 585. Véanse también J.A. Álvarez y Baena, *Hijos de Madrid...*, 1791, IV, pp. 48-49. J. de Dios de la Rada y Delgado, *Mujeres célebres de España y Portugal*, Barcelona, 1868, II, pp. 493-494 y F. Ximenez de Sandoval, *Varia historia de ilustres mujeres*, Madrid, 1929, pp. 207-215.

Hábito de Santiago, circunstancia que ha permitido conocer su ascendencia y cargos, por los que se deduce que debía pertenecer a la nobleza media, lo cual, sin duda, fue importante en la educación y creencias de María de Zayas, que poseía un marcado sentido de clase y un gusto por el refinamiento y la distinción.[2]

Éstos son casi los únicos datos de su vida que están documentados. Junto a ellos algunos críticos han añadido sugerencias e hipótesis extraídas de la lectura de sus novelas, aprovechando que en todo escritor están muy relacionadas su vida y su obra, razón por la cual resulta doblemente lamentable la carencia de estos datos biográficos.

El primero en sugerir posibles hechos biográficos a partir de la lectura de sus novelas fue Agustín González de Amezúa[3] y tras él numerosos críticos han aventurado sus hipótesis.[4] Se ha hablado de posibles viajes de Zayas que explicarían ciertos conocimientos mostrados en sus libros. El primero sería una estancia en Valladolid de 1601 a 1606, acompañando el traslado de la Corte de Felipe III. Otro dato sugerido por la lectura de sus novelas es la relación con la casa del Conde de Lemos al que el padre de María de Zayas quizá sirvió militarmente en los años del virreinato de Nápoles (1610-1616). Esto hace suponer un viaje a Italia de la escritora que justificaría la presencia de

2. M. Serrano y Sanz, *op. cit.*, p. 584.

3. Edición de *Novelas amorosas y ejemplares* de María de Zayas y Sotomayor, Madrid, R.A.E., 1948, pp. VII-XII.

4. Juan Álvarez Rodríguez, *Técnicas literarias y costumbrismo en la obra de María de Zayas y Sotomayor*, University of Southern California, Ph. D., 1972, pp. 3-13.

Irma V. Vasilevski, *María de Zayas y Sotomayor: su época y su obra*, Madrid, Playor, 1973, pp. 11-16, 58-59.

Salvador Montesa Peydró, *Texto y contexto en la narrativa de María de Zayas*, Madrid, Dirección Gral. de la Juventud, 1981, pp. 19-33.

Alicia Yllera, ed., María de Zayas, *Desengaños amorosos*, Madrid, Cátedra, 1983, pp. 11-21.

Nápoles y sus costumbres en algunos de sus escritos, así como la del propio conde de Lemos introducido en alguna narración, con objeto de producir la sensación de realismo que siempre proporcionan los personajes históricos, pero tratado con un respeto y una proximidad singulares.[5]

No obstante estos posibles viajes, es Madrid la ciudad en la que sabemos que vivió durante bastantes años, al menos entre 1621 y 1637, y esto sí está documentado por los escritores de la época. En Madrid mantuvo relaciones con autores, academias y cenáculos, haciéndose conocida en esos círculos gracias a su poesía.

> La señora doña María de Zayas, gloria de Manzanares y honra de nuestra España (a quien las doctas Academias de Madrid tanto han aplaudido y celebrado)...[6]

Probablemente participó en las actividades de los grupos de Medrano y Mendoza, muy activos por estos años y de fundamental importancia en la vida cultural de la capital.[7] Le unió una gran amistad con Pérez de Montalbán y con Alonso del Castillo Solórzano y de estos años conservamos algunos poemas suyos que encabezan los libros de sus amigos, así como a la inversa.[8] Pero su relación literaria más fructífera la mantiene con Lope de Vega que le influye en su forma de escribir, tanto en poesía como en prosa. Lope le dedica unos versos laudatorios en el *Laurel*

---

5. Salvador Montesa Peydró, op. cit., p. 22.

6. *Prólogo de un desapasionado*, anónimo, al frente de la primera serie de sus novelas, Edic. citada de A.G. de Amezúa, p. 25.

7. Willard F. King, *Prosa novelística y academias literarias en el siglo XVII*, Madrid, B.R.A.E., 1963, p. 59, n. 81.

8. En 1621 y 1622 a Miguel Botello, en 1624 a Juan Pérez de Montalbán, en 1626 a Francisco de las Cuevas, en 1632 a Antonio del Castillo, en 1636 participó en el homenaje a Lope de Vega y en 1639 en el de Montalbán. Véase A. Yllera, *op. cit.*, pp. 12-13 y notas 7 a 13.

de Apolo de 1630 antes de que se publiquen sus novelas, lo que indica que ya era conocida por sus poemas, aunque quizá habían circulado también algunos manuscritos de sus novelas, pues Montalbán dice en 1633 en su *Para todos:*

> tiene terminada una comedia de excelentes coplas y un libro para la estampa en prosa y verso de ocho novelas.[9]

La comedia a la que hace referencia puede ser *Traición en la amistad,* obra que ha permanecido inédita hasta nuestros días en los que la ha publicado M. Serrano y Sanz;[10] en cambio, no conocemos el manuscrito citado de las ocho novelas en prosa y verso ya que el que se publica en 1637, *Novelas amorosas y Exemplares,* contiene diez novelas en prosa. Esta obra se edita en una imprenta de Zaragoza lo que ha llevado a muchos biógrafos a hablar de una posible estancia de María de Zayas en esa ciudad, en la que diez años después (1647) publicará su segunda y última serie de novelas: *Parte segunda del Sarao y entretenimiento honesto, Desengaños amorosos.*

Entre estas dos colecciones hay una profunda diferencia de actitud. La segunda serie se subtitula justamente "Desengaños amorosos" y efectivamente está pensada desde la amargura de una decepción profunda. Al no tener datos biográficos de estos diez años de la escritora ha habido muchas hipótesis de los críticos para explicar este cambio. Se ha hablado de desengaños amorosos, explicación quizá poco plausible, dado que la edad de nuestra escritora está en torno a los cincuenta años. También se ha sugerido un desengaño causado por los dolorosos acontecimientos histórico-sociales que sufre España en

---

9. Madrid, 1632. Véase el "Índice de los ingenios de Madrid", fol. 13, n.º 246.
10. *Op. cit.,* II, pp. 590-620.

esos años (levantamientos de Cataluña y Portugal, etc.), sucesos a los que María de Zayas prestaba mucha atención.[11] A esto habría que añadir la muerte en estos años de uno de sus mejores amigos, Juan Pérez de Montalbán, y quizá también la de su propio padre, así como la vejez de Castillo Solórzano. Por último, acaso pesara también cierto desengaño sobre el mundo artístico de círculos y cenáculos donde las novelas de la primera serie, a pesar de haber tenido gran éxito popular, fueron tachadas de poco originales.[12] Lo cierto es que en la segunda colección de novelas se ha incrementado su desconfianza en los hombres, que son infieles y avariciosos sin excepción ni posibilidades de mejora, y ha perdido totalmente la fe en el amor, sentimiento que irremisiblemente conduce a la desgracia.

Tampoco tenemos datos de los últimos años de su vida, ni siquiera conocemos la fecha de su muerte. Esto ha dado pie a nuevas conjeturas de los críticos. A. Glez. de Amezúa ha supuesto su entrada en un convento, desengañada del mundo y de los hombres, como la mayoría de las heroínas de sus novelas.[13] Sea cierta o no esta suposición, es verdad que éste es el final característico de las protagonistas de las novelas de María de Zayas, y este cierre es muy original dentro del género de la novela corta que exigía un final en boda feliz como broche de oro de la narración, a la manera de los "cuentos" de todas las épocas. También Salvador Montesa apoya esta hipótesis de la entrada en un convento de la escritora basándose en sus novelas:

> La identificación de la autora con las heroínas por ella creadas es constante. En muchas ocasiones es directamente la voz

11. S. Montesa, *op. cit.*, pp. 139 y ss.
12. Véanse sus propios comentarios en *Desengaños*, Edic. A. Yllera, pp. 199 y 467.
13. *Desengaños amorosos*, Madrid, 1950, p. XXII.

de María de Zayas la que sale por boca de sus personajes. Si se da esa identificación a nivel de ideas, ¿por qué no pensar que se da asimismo a nivel de actitudes y comportamiento? La solución no matrimonial de sus novelas, extraña en el contexto de la novela cortesana, y por tanto antiparadigmática; tiene que ser reflejo de su modo de ver la vida.[14]

No sabemos dónde ni cuándo murió a pesar de que M. Serrano aportó dos partidas de defunción con el nombre de María de Zayas, una de 1661 y otra de 1669, pero ninguna de las dos parece ser la de la autora.

Este vacío documental contrasta con el éxito que tuvieron sus novelas a lo largo del siglo XVII y con su propio éxito personal en el mundo de las tertulias literarias madrileñas. Es aún más sorprendente este vacío si pensamos que es una de las poquísimas mujeres escritoras de ese siglo y que precisamente tanto luchó por la incorporación de la mujer al mundo de los estudios y la cultura, en definitiva, al mundo de lo que permanece escrito.

No parece tampoco que el éxito literario que tuvo en los siglos XVII y XVIII le haya servido para hacerse un hueco entre los lectores del siglo XX para los que es prácticamente desconocida; y sin embargo, fue una autora editada, traducida e imitada con profusión. De ella dice Van Praag:

> Después de las *Novelas Ejemplares* de Cervantes son las de Doña María de Zayas las que lograron mayor difusión en el occidente de Europa.[15]

Sus *Novelas Exemplares y amorosas* alcanzaron unas cinco ediciones en diez años, sin contar las hipotéticamen-

14. *Op. cit.*, p. 28. Véase también pp. 29 a 31.
15. J.A. van Praag, "Sobre las novelas de María de Zayas", *Clavileño*, 15 (1952), p. 43. Véase A. Yllera, *op. cit.*, pp. 64 a 99.

te perdidas que sugieren muchos críticos.[16] Su segunda serie de novelas: *Parte segunda del Sarao y Entretenimiento honesto, Desengaños amorosos*, Zaragoza, 1647, se reeditó dos años después en Barcelona y desde 1648 se unió a la parte primera para reeditarse como un único libro: *Primera y segunda parte de las novelas amorosas y exemplares de Dña. María de Zayas*, que tuvo seis ediciones sólo en la segunda mitad del siglo XVII.

La *Parte segunda...*, 1647, no debió ser corregida por su autora, pues presenta errores y contradicciones que nuestra novelista, muy cuidadosa con sus escritos, no hubiera consentido. Estos errores aumentan a medida que sucesivos editores y correctores manipulan los textos, afortunadamente depurados poco a poco por los editores modernos.[17]

## La obra narrativa

### Temas, motivos y fuentes

El tema central de sus novelas es el amor, característica que comparte con las novelas cortesanas del siglo XVII. El sentimiento amoroso es el motor que desencadena la acción de los personajes y el que permite a la autora hacer reflexiones acertadas sobre la psicología de los mismos. No obstante, las fases de este amor, los recursos utilizados y la tipología de los personajes pertenecen a patrones preestablecidos por un género fuertemente formalizado, que en estos aspectos poco tenía que ver con la sociedad

---

16. Hay una detallada descripción de las hipótesis de los diferentes críticos en S. Montesa, *op. cit.*, pp. 35 a 41.

17. S. Montesa, *op. cit.*, pp. 44-47. Véanse las ediciones citadas de A.G. de Amezúa y de A. Yllera.

española del momento a la que, como los otros escritores de su tiempo, tampoco pretendía reflejar.

El sentimiento amoroso nace de forma repentina e incontrolable con todas las características de una pasión romántica que conduce o a la consumación, y con ello trae la desgracia para la mujer, o a la muerte. Surge a la manera neoplatónica como consecuencia de la visión de la amada/o, cuya hermosura, máxima cualidad humana, origina un enamoramiento fulminante. Este amor-pasión es el único tipo de amor presente en las novelas de Zayas, aunque en sus reflexiones defiende un amor que nace del trato y conocimiento mutuo.

Igualmente topificado aparece el cortejo amoroso que se inicia con el paseo de la calle donde vive la dama, a veces acompañado de serenatas y reforzado por el envío de cartas y el soborno de los criados.[18]

Este sentimiento amoroso apenas proporciona momentos de felicidad, pues su concepción apasionada y fatalista le hace convivir siempre con el dolor del desdén, los celos y los impedimentos del honor cuya superación supondrá irremisiblemente la desgracia. Esta visión pesimista que impide el característico final feliz de la novela cortesana es justamente uno de los aspectos más originales de esta escritora. La solución de huida al convento nace en Zayas de lo que es la esencia de su escribir: la defensa de la mujer. Pionera en esta lucha emprendida casi en solitario a mediados del siglo XVII, no se le ocurre mejor ayuda a sus lectoras que desvelar las trampas del amor masculino y magnificar su fuerza, de forma que la huida se presente como la única solución definitiva.

Dentro de esta visión negativa del amor, el erotismo

18. Alessandra Melloni, *Il sistema narrativo di Maria de Zayas*, Torino, 1976, pp. 23-44 y S. Montesa, *op. cit.*, pp. 181-223.

está presente como el rasgo inherente a la pasión amorosa que origina los escasos momentos de felicidad, aunque la autora lo considera una parte imperfecta del amor. Esta presencia de la sexualidad es otra característica original de Zayas en el contexto de la novela del siglo XVII, y constituye una importante "disidencia" en opinión de Juan Goytisolo, el primer crítico que valoró positivamente esta actitud denostada por otros historiadores de principios de nuestro siglo.[19]

Incluso sus críticos más adeptos como Dña. Emilia Pardo Bazán o Agustín González de Amezúa tachan a la escritora de "atrevida", "exceso de crudeza", etc., y quizá no es de extrañar esta actitud, ya que está motivada por la presencia de un abanico erótico muy amplio que incluye también la homosexualidad masculina y el amor platónico entre mujeres, algo poco aceptado "oficialmente". También presenta en ocasiones mujeres sexualmente muy activas con un claro papel de sujeto y muy alejadas de la tradicional "pasividad femenina". Estos personajes sólo se diferencian de los omnipresentes "Don Juanes" en la fidelidad de sus sentimientos. Pero, a pesar de la visión parcialmente positiva del goce sexual, no podemos olvidar que no es sino un elemento imperfecto del amor, sentimiento que, según nuestra autora, conduce siempre a la desgracia. Si no queremos descontextualizar estos usos eróticos presentes en sus novelas debemos entenderlos al servicio de la intención didáctica y desmitificadora de la autora. En todo caso, la continua presencia de raptos, estupros, episodios eróticos, muertes violentas, duelos, ase-

19. "El mundo erótico de María de Zayas" en *Cuadernos de Ruedo Ibérico*, octubre 1972, 39-40, incorporado a *Disidencias*, Barcelona, Seix Barral, 1977, pp. 63-115. El crítico más severo de estos episodios sexuales es Ludwig Pfandl, *Historia de la literatura nacional española en la Edad de Oro*, Barcelona, 1933, p. 369.

sinatos, etc., así como su animadversión hacia los hombres, ha llevado a Salvador Montesa a sugerir "una falta de acoplación afectivo-sexual" en la escritora, cuyo origen es imposible descifrar, dado lo poco que sabemos de su vida.[20]

Por otro lado, el sentimiento amoroso está siempre limitado por los usos del honor que impiden el desarrollo natural de aquél y, en muchas ocasiones, sirven de detonante a la tragedia, ya que el honor reside únicamente en la conducta sexual de las mujeres y es por ello el antagonista tradicional del amor. Amor-honor provocan un enfrentamiento de contrarios, omnipresente en el teatro y la novela del siglo XVII, que suele tener como desenlace el perdón o la venganza. En las novelas de María de Zayas la solución es siempre la venganza sobre la mujer, y es tan fuerte el impulso moralizante de la autora que no hay ni una sola recriminación a esta costumbre cruel. A la hora del castigo, Zayas pliega sus manifiestos feministas y acepta el más estricto conservadurismo social, primera contradicción, aunque no será la única entre su discurso feminista y su afán moralizador de inspiración conservadora.

Relacionados con la venganza aparecen unos motivos temáticos habitualmente calificados de macabros y tremendistas por su exageración. Nos referimos a la presencia constante de las lágrimas y sobre todo a la descripción pormenorizada de castigos, torturas y muertes, cuyo fin último parece ser el de impresionar al lector "suspendiéndolo" y conseguir con ello un mayor impacto moralizador, a la vez que dar rienda suelta a la emotividad y a las fantasías de la escritora, a veces en conflicto con el mundo que le tocó vivir. Esta fantasía de la autora hace incluir en sus novelas una serie de motivos del mundo del incons-

20. *Op. cit.*, p. 210.

ciente, así como elementos "maravillosos" y sobrenaturales, en mayor medida que ningún otro escritor de novelas cortesanas. La presencia constante de sueños simbólicos, agüeros, conjuros, aparecidos y milagros se complementa contradictoriamente con su crítica a los brujos y sus supersticiones.[21] Esta nueva contradicción muestra el conflicto del mundo subconsciente de la escritora con ciertos dogmas y leyes sociales de su tiempo, que apenas es capaz de armonizar en un "sí pero no" que intenta transmitirnos, insistiendo una y otra vez en la historicidad de sus relatos como para convencerse y a la vez convencernos de su estricta veracidad. Lo curioso es que ha conseguido convencer a algunos críticos que defienden la historicidad y "realismo" de sus novelas, olvidando los numerosos elementos fantásticos y literarios que contienen, o que, a la inversa, la tachan únicamente de sintetizadora de fuentes. En todo caso, es difícil observar a la vez las múltiples caras de esta profunda contradicción tan habitual en muchos escritores y que se muestra de mil maneras diferentes en las obras de María de Zayas. Y así, junto a los motivos fantásticos de todo tipo, la escritora nos ofrece elementos costumbristas y descripciones muy detalladas del mundo que le rodea y que avalan su "realismo". Vestidos y ropajes, casas y salones, relaciones familiares y usos sociales —como la forma de tomar chocolate o tabaco— aparecen con profusión en sus novelas hablándonos de la pequeña historia cotidiana de sus contemporáneos e incluso de su historia política a la que hace referencia en varias ocasiones.

Sólo si entendemos a María de Zayas como una escrito-

---

21. A.G. de Amezúa, edic. *Novelas...*, *op. cit.*, p. XXII e Irma V. Vasilevski, *op. cit.*, p. 135, y sobre todo S. Montesa, *op. cit.*, pp. 238-254, véase especialmente p. 244.

ra con contradicciones podremos penetrar con éxito en el mundo de sus escritos. Revolucionaria en sus discursos feministas, fue reaccionaria en sus creencias y así posiblemente vivió en parcial conflicto consigo misma y también con ciertos aspectos de su sociedad, aunque parece bien adaptada al régimen señorial que regía en su época.

Para completar esta visión de los temas y motivos que Zayas utiliza tenemos que referirnos a sus fuentes literarias, nueva causa de polémica entre sus críticos. Sus modelos narrativos son sin duda las novelas de Cervantes y Lope y, como ellos, busca para la novela corta una solución integradora que incorpore las distintas tradiciones. Pero Zayas sigue también muy de cerca a otros autores, y muchos argumentos de sus novelas están tomados de obras de Masuccio Salernitano, Bandello, Boccaccio, Margarita de Navarra, Juan Timoneda, Mateo Alemán y Céspedes y Meneses, como señaló E.B. Place, aunque exagerando la importancia de los préstamos, en lo que A.G. de Amezúa no estuvo de acuerdo.[22]

Todos los autores tomaban y toman elementos de la tradición literaria, sobre todo antes del romanticismo que exacerbó el concepto de originalidad creativa, pero a su vez alteran estos préstamos al insuflarles su visión personal del mundo y su propia voz narradora. Éste es el caso de Zayas que filtra los materiales utilizados, que son muchos, a través de una peculiar visión del mundo que podemos calificar de romántica y tremendista. Esta cosmovisión está a su vez sostenida por dos ejes a veces en contradicción que son su feminismo y sus intenciones didácticas. Esta perspectiva personal la defiende del uso miméti-

---

22. Edwin B. Place, *María de Zayas, an outstanding woman short-story writer of seventeenth century Spain*, The University of Colorado Studies, XIII, I, pp. 1-56; y A.G. de Amezúa, *Novelas..., op. cit.*, p. XV.

co de las fuentes e incluso la lleva a alterarlas conscientemente en defensa de la protagonista femenina o de su resultado ejemplar.[23]

Por otro lado, toda la obra de Zayas está atravesada por una fuerte voz narradora que insufla personalidad y viveza a cuanto escribe y que es quizá su aportación más original a la historia literaria. El yo-narradora es la mejor y casi única garantía de su escritura ya que, como le sucedió a Santa Teresa, otra mujer escritora unos años anterior, es el único medio que le permite escribir desde su visión personal de mujer y desde su verdad, bien diferente a la visión de la literatura masculina de la época. Estas exigencias del yo-narradora fueron las que llevaron a Santa Teresa a inventarse el género literario de la autobiografía y las que hicieron de Zayas una de las primeras escritoras feministas europeas.

## Los personajes

Los personajes de las novelas de Zayas pueden calificarse como tipos o empleos en la misma línea que los de la comedia lopesca, y, a pesar de ciertos atisbos de estudio psicológico, no se liberan de esta característica primordial. Nos encontramos, pues, con *el galán*, *la dama* y *la familia* (padre, hermanos, etc., vengadores del honor); y acompañando a estas categorías básicas aparecen *los criados* (con funciones de tercería) y algunos *tipos ocasionales* como un mercader, un marino, un moro, etc. Junto a ellos, la ciudad como personaje central en las novelas

---

23. Sandra M. Foa, *Feminismo y forma narrativa: Estudio del tema y las técnicas de María de Zayas y Sotomayor*, Valencia, Ediciones Albatros Hispanofila, 1979, pp. 133-5. Véase también Ricardo Senabre, "La fuente de una novela de Doña María de Zayas", *RFE*, XLVI (1963) pp. 163-172.

de Zayas que justamente sirve como definidor de todo el género.

Estos personajes suelen actuar con un único esquema actancial o de comportamiento, que reserva para el galán la actuación de *sujeto* y para la dama la de *objeto*, si bien en Zayas se encuentran honrosas excepciones de mujeres-sujeto. *El destinador* o causa última de la entrega del objeto al sujeto es la pasión amorosa que cuenta con unos *ayudantes* característicos que son los criados, las cartas, las serenatas, etc., y unos *oponentes* tradicionales —las familias, especialmente la de la mujer, y la ciudad personificada en miradas de aprobación o rechazo, auténtico termómetro de la honra—. El temor "al que dirán" origina desde huidas a asesinatos, pues de él depende la consideración de cada persona, cuyo honor no radica en su autoestima, sino en la opinión de los demás. De ahí ese afán de disimulo y ese deseo de aparentar, tan presentes en la literatura del siglo de Oro y que en este caso no es sino el exponente de una actitud que había calado muy hondo en la sociedad española señalando una clara diferencia con comportamientos que podríamos llamar "protestantes", que tienen su raíz en uno mismo y en el que el honor radica en la propia autoestima más que en la opinión de los demás.

Así pues, la novela cortesana pivota sobre tres ejes actanciales básicos: el galán-sujeto, la dama-objeto y la ciudad-oponente que reúne a todos "los otros" y es el verdadero obstáculo de la pasión amorosa de los protagonistas. Estas tres categorías están sometidas a las directrices de la acción o argumento de la novela que prima sobre la actuación de estos personajes, juguetes de las necesidades del argumento que los muestra las más de las veces incoherentes consigo mismos al carecer de memoria y al estar a menudo en contradicción su ser y su obrar. Son seres que apenas evolucionan, ya que no les transforman los sucesos que sufren ni observan los principios de causalidad y no contradicción.

El galán y la dama aparecen siempre adornados de tres características básicas e imprescindibles: nobleza-riqueza, hermosura y "virtú". Es justamente lo no personal, lo heredado, la principal cualidad que marca a los protagonistas, como sucede en toda la novela cortesana y quizá en toda la literatura del siglo XVII, ya que sólo el personaje noble es capaz de acciones elevadas, como la de amar por encima de la pasión y el interés, aunque estos dos aspectos no estén tan ausentes como se pretende hacernos creer. La riqueza es también un bien heredado, pues no está bien visto conseguirla o aumentarla sino sólo gastarla hasta la ostentación, lo que trae como contrapartida la constante presencia del robo coherentemente menos denostado que el zaherido trabajo personal.[24] La segunda cualidad, la belleza, es inherente a la nobleza y por tanto también más hereditaria que individual. Su esencia es de orden filosófico, ya que, enraizada en el idealismo platónico, relaciona esta cualidad con la bondad y el amor y es la causa del nacimiento de este último, que se origina siempre ante la contemplación de la belleza de la amada.

Las cualidades personales que adornan siempre a los protagonistas, y que se resumen en el término "virtú" son, para las damas, la castidad y discreción, y el valor y la caballerosidad para los galanes. La brecha abierta en estas cualidades es el origen del conflicto, pues el caballero, con engaños, consigue vencer la castidad de la dama, no tan perfecta como debiera, por lo que sobreviene la tragedia.

24. S. Montesa, *op. cit.*, p. 271 n. 19.

Los otros personajes aparecen relacionados con estas cualidades en función de su bondad, en cuyo caso se acercarán a las de los protagonistas, o de su maldad que les mostrará alejados de ellas. Estamos, pues, cerca de la tópica dicotomía "buenos" —es decir, discretos, guapos, ricos, y nobles— frente a "malos", a saber, desaforados, feos, pobres y plebeyos.

Un personaje a caballo entre ambas categorías es el padre, no muy bien tratado en las novelas de Zayas que suelen mostrarlo más interesado en la consideración social que en la felicidad de sus hijos. Además de ser ambicioso, puede llegar a ser cruel con sus hijas y no es extraño que sea infiel a la esposa, al ser lúbrico perseguidor de criadas y esclavas.[25] Tampoco los parientes femeninos —tías, suegras y cuñadas— están bien tratados, pero, en todo caso, están lejos de la actitud claramente negativa que Zayas mantiene con los criados, sobre todo en sus intromisiones valorativas como narradora omnisciente, a los que entonces ve únicamente desde una óptica aristocrática. No obstante, estos vilipendiados criados pueden ser en un momento dado ejemplos de bondad y fidelidad en clara incoherencia con estas frases desvalorizadoras, ya que la escritora los manipula según las necesidades de la acción novelesca, sin importarle las contradicciones que generan sus variables comportamientos. Zayas cuida las categorías de sus tipos, pero no le preocupa tanto su coherencia como individuos, característica común a toda la novela cortesana incluidas las *Ejemplares* de Cervantes.

---

25. "L'incastellatura convenzionale delle novelle é evidente, ad esempio, se andiamo ad annalizzare gli anchilosati rapporti familiari che presentano... [el] padre é delegato unicamente il ruolo autoritario di imporre alla figlia un matrimonio coatto o di difendere il suo onore con atti violenti..." A. Melloni, *op. cit.*, p. 91.

## *Tiempo, espacio y narrador*

Las obras de Zayas pueden definirse como novelas "contemporáneas" urbanas, pues la mayoría transcurre en el tiempo de la escritora y en ambientes ciudadanos —sean éstos los de Madrid, Toledo, Granada y Jaén, Valladolid, Zaragoza o Nápoles—, ya que son los escenarios indispensables para una historia amoroso-cortesana.

El tiempo funciona como soporte de los acontecimientos narrados y no como elemento de cambio en personajes o situaciones. Tiene parcialmente anulada su capacidad transformadora que es la característica esencial de todo tiempo "realista". Las más de las veces funciona como el tiempo inmóvil de los cuentos o los relatos míticos: "pasado un tiempo", "al cabo de unos meses", "días después", "tras largos años", ... más que como el tiempo cronológico, agente de transformaciones humanas importantes por el mero hecho de su transcurrir.[26]

En cambio, hay abundantes alusiones al tiempo referencial, es decir, al tiempo histórico exterior al relato que muestra una marcada preocupación por el presente y una actitud nostálgica ante el heroico pasado. Zayas se lamenta de la decadencia española y del ocaso de su aristocracia y añora los tiempos gloriosos de los Reyes Católicos y los primeros Austrias, lo cual indica su talante políticamente conservador.

Frente a la poca importancia que tiene el tiempo en la organización novelesca de Zayas, el espacio es la coordenada que enmarca sus relatos. Un aspecto de éste, al que hemos hecho referencia, es la personificación de la ciudad. Junto a esta función claramente simbólica de la

---

26. M. Bakhtine. *Esthétique et théorie du roman.* París, Gallimard, 1978, pp. 293-398.

23

ciudad surge un espacio algo menos manipulado que corresponde al espacio-escenario utilizado en función de la acción que en él transcurre y, por tanto, también con un uso simbólico, aunque más limitado. Los dormitorios son escenarios únicamente de la relación amorosa. Las calles por la noche, siempre tortuosas y amenazadoras, son el espacio del galanteo. Las iglesias suelen ser escenario del primer encuentro y los cementerios o lugares de ahorcados sirven para dar rienda suelta a escenas macabras y de hechicerías. Lo cierto es que apenas existen espacios autónomos, ciudades o paisajes descritos en sí mismos sin una utilización funcional para el relato en el que apenas hay descripciones o, cuando las hay, son tan tópicas, como las de Nápoles o Granada, que no dicen apenas nada ni de la ciudad ni de su observador.

Este uso del tiempo y del espacio es el habitual en la novela cortesana y Zayas lo continúa sin grandes alteraciones. En cambio, como ya hemos señalado, sí aporta novedades en los usos del narrador. Zayas utiliza habitualmente una voz narradora que funciona de forma omnisciente, ya que lo sabe todo de los personajes y es constantemente valoradora, de forma que decide para el lector lo que está bien y lo que está mal. Pero Zayas añade a este narrador habitual varias voces narradoras más; una, la suya propia y otra, la de los protagonistas del marco narrativo que se convierten en narradores de las novelas. La voz personal es menos convencional y se identifica claramente con su yo de mujer escritora que llega a alterar a veces la coherencia de lo escrito:

Acomodados todos en sus lugares, sin que faltase de los suyos el ingrato D. Juan y el dichoso D. Diego, y todos los hombres mal contentos de que, por no serles concedido el novelar, no podían dar muestra de las intenciones. Y quizá los que escriben deseosos de verse en ocasión de vengarse, como si *a mi me* importase algo...[27]

La presencia del yo de la escritora, subrayado por nosotros en el fragmento, se entromete, en este caso, en un texto en el que hacía únicamente el papel de narradora no personal.

En otros casos se inmiscuye con intención de garantizar "su verdad" de mujer:

> Concedida facultad para ordenarlo, se dispuso de esta suerte: en primer lugar, que habían de ser las damas las que novelasen (y en esto acertó con la opinión de los hombres, pues siempre tienen a las mujeres por noveleras); y en segundo, que los que refiriesen fuesen casos verdaderos, y que tuviesen nombre de desengaños (en esto *no sé* si los satisfizo, porque como ellos procuran siempre engañarlas, sienten mucho se desengañen.[28]

A estos dos narradores hay que añadir, como dijimos antes, los narradores intermediarios, es decir, Lisis y sus invitados, que son personajes del marco y a la vez narradores de las novelas. Estas diversas perspectivas organizan el relato en dos niveles narrativos diferentes: el del marco y el de las novelas contadas por los invitados, lo que origina una pluralidad de perspectivas muy singular. La presencia repetida del yo de la escritora, que es también el de Lisis, sirve para garantizar, por un lado la veracidad de lo escrito, pero, por otro, a veces rompe la coherencia discursiva. Esta constante presencia del yo-narradora es, en nuestra opinión, la característica principal de la escritura femenina en sus comienzos que, en Zayas

---

27. *Desengaños,* edic. A. Yllera, p. 120.
28. Ídem, p. 118.

como en Santa Teresa, se abre paso como puede entre fórmulas literarias que dejan poco espacio a las opiniones de una narradora autora que quiere mostrar su propia identidad, su yo de mujer, y contar así lo que sabe y lo que siente:

> que para mí lo peor que siento de los hombres es que publican más que sienten.[29]

El nuevo espacio discursivo que origina la presencia constante de este yo-narradora es el que permite introducir una forma personal, femenina en este caso, de ver y valorar el mundo. Es una reformulación del "escribo como hablo" de Juan de Valdés que quizá podría resumirse en un "escribo también como siento".

## La estructura narrativa

Las novelas están agrupadas en torno a un marco narrativo originado por una reunión casual que permite a los participantes la narración sucesiva de varias novelas (sistema del *Decamerón*). En el caso de Zayas, las dos series ("Novelas" y "Desengaños") están pensadas como una unidad, ya que el marco narrativo que las abarca es el mismo, aunque con variantes y sólo en la segunda parte se cumple el destino de Lisis, narradora principal y organizadora del Sarao. Cada una de las diez novelas aparece, pues, enlazada al conjunto a través de este sistema que pretende evitar la presentación de las narraciones simplemente yuxtapuestas.

Después de las *Ejemplares* de Cervantes, publicadas sin marco estructurador —como corresponde a una visión

29. Ídem, p. 173.

manierista del arte— pocas colecciones se presentan sin él. Según vamos adentrándonos en el Barroco, la búsqueda de una estructura abarcadora será obsesión de todos los autores que bajo ningún concepto quieren mostrar sus obras:

> ensartadas unas tras otras como procesión de disciplinantes sino con su argumento que lo comprehenda todo.[30]

El marco que engloba las novelas de la primera serie es una reunión en casa de Lisis, una hermosa joven enferma a la que unas amigas quieren amenizar las fiestas de Navidad. Para ello, deciden organizar un sarao que dure varios días, durante los cuales cada invitado expondrá una novela. Con este fin invitan a D. Juan, el esquivo enamorado de Lisis, y a tres de sus amigos que serán también narradores de otras tantas novelas. Hechas las presentaciones de los diferentes invitados, comienza la narración de las novelas cuya temática está en relación con el personaje que la cuenta. Esta relación entre el narrador y la historia que cuenta es un aporte original de Zayas al funcionamiento habitual del marco y genera una duplicidad de planos narrativos que la autora aprovecha con habilidad.

La primera serie, "Novelas amorosas", deja su marco abierto a una posible continuación que recoge el "Sarao" y que éste deja clausurado, aunque su final no es precisamente la anunciada boda de la protagonista con el, al fin, convencido D. Juan, sino la entrada de Lisis en un convento. Ésta es quizás la mejor muestra de los cambios que se han producido entre la primera y la segunda serie que ya no cuenta con narradores masculinos y cuya finalidad

---

30. Tirso de Molina, *Cigarrales de Toledo*, Madrid, Renacimiento, 1913, p. 21.

ha pasado de ser "deleitar aprovechando" a la de "desengañar".

La existencia e interrelación de estos narradores interpuestos, que a veces son también personajes de las novelas, crea un espacio intermedio y con él una sensación de continuidad entre "lo real" (el mundo del lector) y "lo irreal" (el mundo de las novelas) a través de este espacio discursivo "semi-real", donde se mueven los narradores reunidos en casa de Lisis —espacio narrativo también intermedio—. Estos diferentes planos creados por Zayas, permiten el juego de la duda entre realidad y ficción, vida y sueño, tan presente en el Barroco, que acaba cuestionando un poco a ambos al convertir a la primera en un teatro y al segundo en un eco de lo real.[31] En todo caso la mezcla de estos tres planos narrativos, el del lector, el de las novelas y el de la reunión en casa de Lisis, hace posible un juego de perspectivas y distanciamientos que le permite, entre otras cosas, introducirse como autora, originando algunas contradicciones que ya hemos visto, así como identificar al narratario o receptor del narrador como invitado del Sarao al que se le indica cómo debe entender y juzgar lo contado, lo cual, indirectamente, se le dice también al lector. Este recurso le permite, pues, curiosamente, crear ambigüedad narrativa entre realidad, semificción y ficción y a la vez eliminar cualquier ambigüedad en su mensaje didáctico-moralizante.

En la organización interna de cada novela destaca la presencia de varias historias sucesivas. Esta diversidad era vista como un enriquecimiento de la novela que pretendía siempre admirar y sorprender y nunca reflejar la vida real, por lo que las peripecias y sucesos siempre tendían a complicarse, aunque sin llegar, en el caso de la

---

31. S. Montesa, *op. cit.*, pp. 353 y ss.

novela cortesana, a la exuberancia de las narraciones bizantinas.

Así, en *Aventurarse perdiendo* narra las desventuras de Jacinta, primero con don Félix y luego con Celio; en el *Juez de su causa* se multiplican las peripecias y los personajes secundarios. En todo caso el protagonista suele ser el mismo en las dos historias lo cual proporciona cierta unidad al conjunto.

Tal como sucede en la segunda parte de *El Quijote* con respecto a la primera, también la segunda colección de Zayas presenta un mayor intento de unidad eliminando algunos episodios laterales y dobles acciones, aunque éstas continúan en menor medida. *La esclava de su amante* es buena muestra por lo complicado de su acción, y en *Estragos que causa el vicio* se mezclan las historias de Florentina y Magdalena con la del muerto que lamenta su entierro fuera del cementerio. Lo mismo podríamos decir de las novelas restantes.

## Estilo

La lengua de María de Zayas puede considerarse uno de sus mayores aciertos. Es un estilo sencillo en comparación con el de los escritores del siglo XVII. Sigue más el modelo de Lope que el de Quevedo o el de Góngora, pero, como el Fénix, también utiliza a veces recursos conceptistas o gongorinos como la elipsis o el hipérbaton.[32]

Su sintaxis se organiza habitualmente en períodos cortos:

En casa de mi tía quedas, y con la deuda de ser quien eres, y quien soy. Lo necesario para tu regalo no te ha de faltar.

32. Juan Álvarez Rodríguez, *op. cit.*, pp. 64-129.

A mi padre y hermana dexo escrito, dándole cuenta de mis sucesos, a tí vendrán las cartas y dineros. (*Novelas*, edic. de A.G. de Amezúa, p. 66).

Pero también ofrece rasgos del estilo "cultista" a base del encadenamiento múltiple de oraciones subordinadas:

Pues como fuese tan cerca de Navidad, tiempo alegre y digno de solemnizarse con fiestas, juegos y burlas, habiendo gastado la tarde en honestos y regocijados coloquios, porque Lisis, con la agradable conversación de sus amigas no sintiese el enfadoso mal, concertaron entre sí (pues el vivir todas juntas en una casa, aunque en distintos cuartos, cosa acostumbrada en la Corte, les facilitaba el verse a todas horas) un sarao, entretenimiento para la Nochebuena, y los demás días de Pascua, convidando para este efecto a don Juan, caballero mozo, galán, rico y bien entendido, primo de Nise y querido dueño de la voluntad de Lisis, y a quien pensaba ella entregar, en legítimo matrimonio, las hermosas prendas de que el cielo le había hecho gracia, si bien don Juan, aficionado a Lisarda, prima de Lisis, a quien deseaba para dueño, negaba a Lisis la justa correspondencia de su amor, sintiendo la hermosa dama el tener a los ojos la causa de sus celos, y haber de fingir agradable risa en el semblante, cuando el alma, llorando mortales sospechas, había dado motivo a su mal y ocasión a su tristeza; y más viendo que Lisarda, contenta como estimada, soberbia como querida, y falsa como competidora, en todas ocasiones llevaba la mejor de la amorosa competencia. (Ídem, pp. 29-30).

Su sistema de enlace más frecuente es la coordinación copulativa:

...ni pudieron saber más de que a las doce habían partido, y como se llamaban hermanos, y siempre el uno buscaba al otro, y se encerraban para hablar. (Ídem, p. 118).

pero a veces elimina todo tipo de nexos entre las oraciones:

> Alabó su ventura, encareció su suerte, agradeció mi amor, dando claras muestras del suyo; (Ídem, p. 71).

En todo caso, su estilo ofrece algunos ejemplos de sintaxis latinizante con construcciones de verbos en infinitivo:

> siguiendo la opinión de los que dicen no estar en manos de las gentes el amar o aborrecer. (Ídem, p. 259).

y casos de hipérbaton:

> dando lugar a la mayor tristeza que en mi vida tuve. (Ídem, p. 45).

A la vez que un estilo más popular, que es el más habitual en la escritora, en el que no faltan los anacolutos o frases inacabadas:

> Estando la católica y real majestad de Felipe III... en la ciudad de Lisboa,... *sucedió* que un caballero, gentil hombre de su real cámara,... que fue esta jornada acompañando a su majestad,... que como la mocedad trae consigo los accidentes del amor... (*Desengaños,* edic. A. Yllera, p. 471. Hemos subrayado el verbo cuya acción no se concluye).

También se observan anfibologías o significados equívocos:

> Era esta señora hija de una hermana de su padre de don Félix, que, como he dicho, era de Sevilla... (*Novelas,* edic. cit., pp. 51 y 52).

Al leer este párrafo no queda claro quién era de Sevilla si don Félix o su padre.

Los usos retóricos que marcan su estilo tienen que ver más con la acumulación que con la selección, y así nos encontramos con parejas, tríos y hasta series de cuatro sustantivos o adjetivos:

> El gusto, el tiempo, el lugar y la montaña, le daban deseo de que pasara adelante; (Ídem, p. 40).
>
> Galán, discreto, amante y dadivoso, (Ídem, poesía, p. 70).

Usa también con frecuencia metáforas poco personales:

> ... se sentó a la margen de un cristalino y pequeño arroyuelo, que derramando sus perlas entre menudas hierbecillas, descolgándose con sosegado rumor de una hermosa fuente, que en lo alto del monte goza regalado asiento;... cuya sonora música y cristalina risa, ya que no la vían los ojos no dexaba de agradar a los oídos. (Ídem, pp. 38-39).

A veces sus reiteraciones tienen como objeto conseguir un ritmo interior en su prosa:

> Noble piedad y generosa acción, enternecerse de la pasión ajena. (Ídem, p. 41).
>
> Y viendo en tu rostro y en tu presencia que tu ser no es lo que muestra tu traje, (Ídem, p. 42).

Por último, una característica de su estilo, propia también de su siglo, es el uso constante de antítesis:

> ...que se han muerto al Mundo por vivir para el cielo (Ídem, p. 38).
>
> ...llorando el alma cuando cantaba el cuerpo, (Ídem, p. 79).
>
> ...con la muerte de una sola mujer, se restauran las honras de tantos hombres. (Ídem, p. 106).

Estas antítesis son buena muestra de la lógica dual que preside la ordenación de su pensamiento, la cual prefiere las oposiciones en contradicción a la armonía de los contrarios conseguida en la sucesión temporal, más propia, sin duda, de mentalidades más dialécticas y armoniosas como la de Cervantes. No obstante, su estilo sigue las pautas del maestro en lo que se refiere a la "honestidad" del lenguaje. Para ambos, no era deshonesta la realidad sino la forma de referirnos a ella, de nombrarla. El escritor debe disfrazar los aspectos demasiado crudos de la realidad para no herir los oídos honestos, utilizando los recursos elusivos y metafóricos que la retórica pone a su alcance, lo cual realizó a la perfección nuestra escritora.[33]

## Ideología y visión del mundo

La razón de ser de la escritura de María de Zayas es, como ya hemos señalado, la de "enseñar a las mujeres". Esto relaciona íntimamente didactismo y feminismo que constituyen la piedra angular de su visión del mundo y que, no obstante, están a veces en contradicción.

El didactismo que se propone va dirigido fundamentalmente a cambiar las actitudes de las mujeres frente al amor y a los hombres, a los que considera unos grandes embaucadores y la causa de la mayoría de las desgracias de las mujeres.[34]

Por ello defenderá como funciones de la novela: divertir, enseñar y hacer cambiar ("Delectare, prodesse et movere"), para lo cual tiene que mantener un difícil equili-

33. S. Montesa, *op. cit.*, pp. 63 a 66.
34. Hans Felten, *María de Zayas y Sotomayor. Zum Zusammenhang Zwischen moralitischen Texten und Novellen Literatur*, Analecta Románica Heft 41, Frankfurt, Vittorio Klostermann, 1978, p. 124.

brio artístico que lleve a sus lectores desde la admiración por los sorprendentes casos narrados (admiración producida gracias a su arte literario) a la transformación de esta admiración en cambio de conducta en la vida real. Para lograr esto último insiste repetidas veces en la veracidad e historicidad de lo narrado. Las continuas referencias a la veracidad de sus historias y personajes se entienden como el deseo de "dar vida" a sus novelas con el objeto de relacionarlas con "la vida" de sus lectoras que es la que quiere contribuir a transformar. Esto nos sitúa más ante una escritora moralista que ante una autora "realista", al menos tal y como entendemos este concepto desde el siglo XIX.[35] Zayas necesita el arte para sorprender a sus lectoras y la verdad para convencerlas de la necesidad de cambiar sus actitudes frente a los hombres en la vida real. Entre estos dos parámetros no siempre compaginables, hay que situar su quehacer literario. Esta dualidad aparece muy clara en sus opiniones sobre la retórica. Por un lado, la critica como el arma de seducción de los hombres, relacionando retórica con engaño, mientras que ella "escribe lo que siente" y por tanto no lo hace con "retórica y arte sino con dolor". Por otro lado, sabemos que Zayas utiliza con maestría los mismos recursos retóricos criticados, pues sabe que sólo el artificio artístico puede ayudarle a sorprender a sus lectoras, condición indispensable para hacerlas cambiar. En realidad la aparente contradicción desaparece si corregimos un poco las reflexiones de la autora que no está criticando la retórica en sí sino su forma de utilización. La misma retórica que sirve a los hombres para engañar es la que utiliza Zayas para desengañar. De todos modos, profundizando en la contradicción, encontramos la raíz de la misma en una oposición entre lo que

---

35. S. Montesa. *op. cit.*, p. 80.

Zayas "dice" y lo que realmente "hace". Esta antinomia de origen muy antiguo —mira lo que digo y no lo que hago, decía Séneca— es la que nos va a aclarar en gran parte las contradicciones de su feminismo que se enraíza más con el decir que con el hacer. Sus encendidas frases, en las que toma la defensa de las mujeres, siguen impresionándonos hoy por su agresividad hacia los hombres:

> Pues, señoras, desengañémonos; volvamos por nuestra opinión; mueran los hombres en nuestras memorias, pues más obligadas que a *ellos* estamos a nosotras mismas.[36]

Repite una y otra vez que toma la pluma en defensa de las mujeres ante las acusaciones de que son objeto por parte de los hombres, y es en esta batalla dialéctica donde hay que entender la fuerza y modernidad de sus argumentos:

> En cuanto a la crueldad para con las desdichadas mujeres, no hay que fiar en hermanos, ni maridos, que todos son hombres. (*Desengaños*, ed. cit., p. 288).

> ... pues a mi parecer, ¿qué mayor perdición que enamorarse? (Ídem, p. 475).

Semejantes discursos feministas son muy originales en el siglo XVII español y aun europeo, en el que no faltaban defensores/as de las mujeres, pero cuyo tono era mucho más morigerado. Esto convierte a Zayas en una gran defensora de los derechos de la mujer, aunque no supiera concretar sus discursos en renovadores cambios de actitudes. Efectivamente, lo que la escritora exige para las mu-

---

36. En la edición de A. Yllera, *Desengaños*, p. 222, aparece *ellas* que he corregido por *ellos* considerándolo un error.

jeres es el derecho a la cultura de forma que puedan desarrollar su inteligencia y competir con el hombre en el campo del saber; el derecho a la elección de marido que les permita expresar sus sentimientos afectivos y, por último, el derecho a la libertad de acción, si bien en este campo sus propuestas no supieron crear soluciones imaginativas y se limitó a sugerir la huida al convento o la restauración del respeto a la mujer propia de épocas pasadas.

Sus argumentos parten de la igualdad en esencia entre hombres y mujeres a los que separan únicamente el estudio y la dedicación, y esto significa ya una importante lanza entre tanta misoginia como hay en la literatura del Siglo de Oro que niega incluso esta igualdad esencial entre los sexos.

Esta contradicción entre el decir y el obrar de sus personajes está enraizada en la autora en una visión idealista del mundo que juzga la realidad a través de patrones preconcebidos. Estos patrones son sus concepciones religiosas y su aristocraticismo que le hacen ver con dolor un presente que no muestra sino el fracaso de ambos ideales que fueron los que cien años antes habían llevado a España por "senderos de Gloria".

El fracaso de estos soportes ideológicos del Antiguo Régimen no impide que estén profundamente arraigados en Zayas y creen en ella un verdadero conflicto, al enfrentarlos con la realidad social de su época. Esta falta de adecuación entre el "ser social", o mejor el "deber ser", y el "obrar" propio y de sus contemporáneos es la raíz de su desengaño y de la inadecuación entre "ser", "decir" y "obrar" que se observa en sus personajes, y que no es diferente a la que ofrecen las obras de otros escritores barrocos.

De este choque entre idealismo y realidad que origina su desengaño, nace también como otra consecuencia más su profundo pesimismo y su creencia en el pecado como la causa de tanta decadencia y con él, en la necesidad del castigo.

Ante esta valoración del mundo, la única salida que encuentra es la huida que, en Zayas, toma siempre el camino de la trascendencia. Esta huida "en Dios" tiene en la escritora dos vertientes: en vida, el menosprecio del mundo que significa el retirarse a un convento para allí esperar la muerte que es el paso a "otra vida" y la huida definitiva. Por eso, tanto ella como sus heroínas no tienen la fuerza necesaria para obrar, se limitan al decir, pues al carecer de todo tipo de esperanza en el mundo en que viven, se sumen en una pasividad y pesimismo que les hace achacar sus males a la adversa Fortuna, de la que los hombres malvados son sus agentes.

Para Zayas el mundo está mal pero no tiene arreglo posible, por ello lo mejor es alejarse de él, y si esto no es factible, al menos no pertenecer a la categoría de las engañadas y por tanto de las que sufren, sino adoctrinarse para no dejarse engañar.

En esta dialéctica de "engañadores"-"engañadas" y "desengañadora" se consume su grito dolorido, que es uno de los primeros que se alzan en Europa en defensa de la mujer. Aceptémosle como fue y no le pidamos lo que no pudo o no quiso ser:

> y aún creo que cuando más *desengañan* las mujeres, entonces se *engañan* más; demás que mis *desengaños* son para los que *engañan* y para las que se dejan *engañar*, pues aunque en general se dice por todos, no es para todos, pues las que no se *engañan*, no hay necesidad de *desengañarlas* ni a los que no *engañan* no les tocará el documento. (*Desengaños*, p. 288. El subrayado es nuestro).

*La novela como literatura para "el vulgo"*

La obra literaria de María de Zayas hay que considerarla como perteneciente a un género concreto, la novela cortesana, que estaba destinado a un público amplio calificado de vulgar y que incluía como elemento mayoritario a las mujeres.

Lo mismo que la comedia, era un género fuertemente formalizado que no dejaba mucho espacio a la inventiva, pues lo que esperaban los lectores eran únicamente "variaciones sobre el mismo tema" y una conservación de los códigos ideológicos y formales que regían el género.

Las obras elaboradas bajo estas características de obediencia a fórmulas ya establecidas no pueden ser ni demasiado originales ni demasiado sinceras, ya que, en su elaboración, se piensa más en el lector y en los efectos ejercidos sobre él que en la propia obra realizada; por ello son productos manipulados intencionalmente por el autor y manipuladores de los lectores. Ésta es quizá la mejor definición de esta literatura "vulgar" que hoy llamaríamos "de masas".

Las novelas de Zayas pertenecen a esta literatura de género, como pertenecen las comedias barrocas al género de la comedia nueva, pero esto no nos debe cegar a la hora de elaborar un juicio sobre su obra literaria que, como hemos visto, se muestra contradictoria consigo misma y exige por ello una lectura muy matizada.

Su obra es sin duda una obra de género que pretende "manipular" a sus lectoras ofreciéndoles palabras feministas y actuaciones conservadoras. Tampoco aporta artísticamente novedades revolucionarias ni temáticas ni formales, pero si la vemos en el contexto de la literatura de su siglo —que es donde hay que analizar las obras literarias— alcanza un nivel de calidad superior a la mayoría de las narraciones incluidas dentro de esta acepción de novela cortesana, que es quizá, junto con la comedia, el primer género "vulgar" pensado para lectores "vulgares". Esta acepción en el siglo XVII quizá fuera más peyorativa de lo que sin duda es hoy.

Zayas fue una novelista hábil que incluyó en sus novelas motivos fantásticos y psicológicos, no utilizados hasta entonces, con un estilo sencillo que logra captar la atención de sus lectores. Dio una nueva importancia al marco narrativo, relacionándolo más íntimamente con las novelas incluidas, potenciando una mejor organización del conjunto. Su especial didactismo y feminismo, con todas sus contradicciones, la diferencian claramente de otros escritores/as de su época, pues incluye en sus obras sermones y elementos eróticos, no siempre bien armonizados, pero que muestran un buen conocimiento del tema amoroso y de la naturaleza humana. Son precisamente estas contradicciones las que hacen de Zayas una escritora singular que destaca dentro de un género que pocas veces se salía de los tópicos más convencionales.

ALICIA REDONDO GOICOECHEA

# Nuestra selección

La tarea de seleccionar algunas novelas de María de Zayas se hace difícil si pensamos que están concebidas por la autora como un todo, al estar relacionadas estrechamente con el marco que abarca cada una de las series.

La postura que nos ha parecido más coherente con esta concepción es la de incorporar, en lo posible, esta relación entre marco y novelas. Por ello hemos seleccionado tres novelas de cada serie, seis en total, que, en ambos casos, incorporan la primera y la última novela de cada colección, lo que permite dar entrada al inicio y al cierre del marco narrativo. Las otras dos han sido seleccionadas por su calidad literaria, criterio siempre discutible pero que es quizá el más útil para el lector.

Las novelas incluidas corresponden en la edición de A.G. de Amezúa a los números 1, 3 y 10 de cada serie, numeración alterada en la de A. Yllera que da el siguiente orden:

I. *NOVELAS AMOROSAS Y EJEMPLARES* (Primera parte).

1. *Aventurarse perdiendo.*
2. *La burlada Aminta y Venganza del honor.*
3. *El castigo de la miseria.*
4. *El prevenido engañado.*
5. *La fuerza del amor.*
6. *El desengaño amando y Premio de la virtud.*
7. *Al fin se paga todo.*

Los títulos de las novelas que ofrecemos al lector son de las *NO-VELAS AMOROSAS Y EJEMPLARES: Aventurarse perdiendo, El castigo de la miseria* y *El jardín engañoso,* y de los *DESENGAÑOS AMOROSOS: La esclava de su amante, La inocencia castigada* y *Estragos que causa el vicio.*

# Bibliografía selecta

## Ediciones

*Novelas amorosas y ejemplares* de doña María de Zayas y Sotomayor, edic. de Agustín González de Amezúa, Madrid, R.A.E., 1948 (Biblioteca Selecta de Clásicos Españoles, II, T. VIII).

*Novelas completas* de María de Zayas, edic. de María Martínez del Portal, Barcelona, Bruguera, 1973.

*Desengaños amorosos,* parte segunda del Sarao y entretenimiento honesto, edic. de Alicia Yllera, Madrid, Cátedra, 1983.

## Estudios

Álvarez Rodríguez, Juan, *Técnicas literarias y costumbrismo en la obra de María de Zayas y Sotomayor,* University of Southern California, Ph. D., 1972.

Díez Borque, José María, "El feminismo de doña María de Zayas" en *La mujer en el teatro y la novela del siglo XVII: Actas del II Coloquio del Grupo de Estudios sobre Teatro Español,* Univ. de Toulouse-Le Mirail, 1979, pp. 61-83.

Foa, Sandra M., *Feminismo y forma narrativa. Estudio del tema y las técnicas de María de Zayas,* Valencia, Albatros, 1979.

Goytisolo, Juan, *"El mundo erótico de María de Zayas",* en *Disidencias,* Barcelona, Seix Barral, 1977, pp. 63-115.

Griswold, Susan C., "Topoi and Rhetorical Distance: The

Feminism of María de Zayas", *Revista de Estudios Hispánicos*, 14, 2 (1980), pp. 97-116.

Laspéras, Jean-Michel, "Personnage et recit dans les *Novelas amorosas y ejemplares* de María de Zayas y Sotomayor", Mélanges de la Casa de Velázquez, XV (1979), pp. 365-384.

Melloni, Alessandra, *Il sistema narrativo di María de Zayas*, Turin, Quaderni Ibero-Americani, 1976.

Montesa Peydró, Salvador, *Texto y contexto en la narrativa de María de Zayas*, Madrid, Dirección General de la Juventud, 1981.

Palomo, M.ª del Pilar, *La novela cortesana (forma y estructura)*, Barcelona, Planeta-Univ. de Málaga, 1976.

# Abreviaturas

(Aut.) *Diccionario de Autoridades*, Madrid, Gredos, edición facsímil, 1984.

(Covar.) *Tesoro de la lengua castellana o española* de Sebastián de Covarrubias, Madrid, Turner, 1979.

(Grimal) P. Grimal: *Diccionario de mitología griega y romana*, Barcelona-Bs. As., Paidos, 1981.

(Keniston) H. Keniston: *The syntax of Castilian prose*, Chicago, University of Chicago, 1937.

(M. Moliner) M. Moliner: *Diccionario de uso del español*, Madrid, Gredos, 2 vols., 1982.

(R.A.E.) *Diccionario de la lengua española*, Real Academia Española, Madrid, 1970.

(Valerio Máximo) V. Máximo: *Hechos y dichos memorables*, edic. de F. Martín Acera, Madrid, Akal, 1988.

Tres
NOVELAS AMOROSAS
y
EJEMPLARES

Aventurarse perdiendo
El castigo de la miseria
El jardín engañoso

# Al que leyere

Quién duda, lector mío, que te causará admiración que una mujer tenga despejo, no sólo para escribir un libro, sino para darle a la estampa, que es el crisol donde se averigua la pureza de los ingenios; porque hasta que los escritos se rozan[1] en las letras de plomo, no tienen valor cierto, por ser tan fáciles de engañar los sentidos, que la fragilidad de la vista suele pasar por oro macizo lo que a la luz del fuego es solamente un pedazo de bronce afeitado.[2] Quién duda, digo otra vez, que habrá muchos que atribuyan a locura esta virtuosa osadía de sacar a luz mis borrones,[3] siendo mujer, que, en opinión de algunos necios, es lo mismo que una cosa incapaz; pero cualquiera, como sea no más de buen cortesano, ni lo tendrá por novedad ni lo murmurará por desatino; porque si esta materia de que nos componemos los hombres y las mujeres, ya sea una trabazón de fuego y barro, o ya una masa de espíritus y terrones, no tiene más nobleza en ellos que en nosotras, si

1. *rozan:* cortan, fragmentan (Covar.).
2. *afeitado:* "aderezo que se pone a alguna cosa para que parezca bien" (Covar.).
3. *borrones:* lo mal hecho, borradores (Covar.).

es una misma la sangre, los sentidos, las potencias y los órganos por donde se obran sus efetos son unos mismos, la misma alma que ellos, porque las almas ni son hombres ni mujeres; ¿qué razón hay para que ellos sean sabios y presuman que nosotras no podemos serlo? Esto no tiene a mi parecer más respuesta que su impiedad o tiranía en encerrarnos, y no darnos maestros; y así, la verdadera causa de no ser las mujeres doctas no es defecto del caudal, sino falta de la aplicación, porque si en nuestra crianza como nos ponen el cambray en las almohadillas[4] y los dibuxos en el bastidor, nos dieran libros y preceptores, fuéramos tan aptas para los puestos y para las cátedras como los hombres, y quizá más agudas por ser de natural más frío,[5] por consistir en humedad el entendimiento, como se ve en las respuestas de repente y en los engaños de pensado, que todo lo que se hace con maña, aunque no sea virtud, es ingenio; y cuando no valga esta razón para nuestro crédito, valga la experiencia de las historias, y veremos lo que hicieron las que por algún accidente trataron de buenas letras, para que ya que no baste para disculpa de mi ignorancia, sirva para exemplar[6] de mis atrevimientos. De Argentaria, esposa del poeta Lucano, refiere él mismo que le ayudó en la corrección de los tres libros de *La Farsalia*, y le hizo muchos versos que pasaron por suyos. Temistoclea, hermana de Pitágoras, escribió un libro

---

4. *cambray en las almohadillas:* un tipo de tela más fina que la "Holanda" que se ponía sobre las almohadillas o pequeños cojines que las mujeres se colocaban en el regazo para coser sobre ellos (Covar.).

5. Remite a la teoría de los humores de Juan Huarte de S. Juan en su obra *Examen de Ingenios para las ciencias*, según la cual las diferencias entre los sexos y los distintos caracteres de las personas dependen del predominio de cualquiera de las cualidades primarias (calor, frío, humedad y sequedad), así como en la forma en que éstas se combinan.

6. *exemplar:* ejemplo lo que se copia de un libro o pintura, y ejemplar, el original, el modelo (Covar.).

doctísimo de varias sentencias. Diotima fue venerada de Sócrates por eminente. Aspano hizo muchas leciones de opinión en las academias. Eudoxa dexó escrito un libro de consejos políticos. Cenobia, un epítome de la *Historia Oriental*. Y Cornelia, mujer de Africano, unas epístolas familiares con suma elegancia, y otras infinitas de la antigüedad y de nuestros tiempos, que paso en silencio y por no alargarme, porque ya tendrás noticias de todo, aunque seas lego y no hayas estudiado. Y que después que hay *Polianteas*[7] en latín, y *Sumas morales* en romance, los seglares y las mujeres pueden ser letrados. Pues si esto es verdad, ¿qué razón hay para que no tengamos promptitud para los libros? y más si todas tienen mi inclinación, que en viendo cualquiera nuevo o antiguo, dexo la almohadilla y no sosiego hasta que le paso. Desta inclinación nació la noticia, de la noticia el buen gusto; y de todo hacer versos, hasta escribir estas novelas, o por ser asunto más fácil o más apetitoso, que muchos libros sin erudición suelen parecer bien en fe del sujeto;[8] y otros llenos de sutilezas se venden, pero no se compran, porque la materia no es importante o es desabrida. No es menester prevenirte de la piedad que debes tener, porque si es bueno, no harás nada en alabarle, y si es malo, por la parte de la cortesía que se le debe a cualquiera mujer, le tendrás respeto. Con mujeres no hay competencias, quien no las estima es necio, porque las ha menester; y quien las ultraja ingrato, pues falta al reconocimiento del hospedaje que le hicieron en la primera jornada. Y así, pues, no has de querer ser descortés, necio, villano, ni desagradecido. Te ofrezco

7. *Polianteas:* colección de noticias sobre diferentes materias a manera de enciclopedia de uso muy frecuente entre los autores del Siglo de Oro.
8. *sujeto:* protagonista (Covar.). De ahí pasó a significar también argumento de la obra.

este libro muy segura de tu bizarría, y en confianza de que si te desagradare, podías disculparme con que nací mujer, no con obligaciones de hacer buenas novelas, sino con muchos deseos de acertar a servirte. Vale.[9]

9. *Vale:* latinismo, adiós.

# Prólogo de un desapasionado

Lector cruel o benigno, que en el tribunal de tu aposento juzgas atrevido o modesto las más leves menudencias de lo que lees; este libro te ofrece un claro ingenio de nuestra nación, un portento de nuestras edades, una admiración destos siglos, y un pasmo de los vivientes; poco lo encarezco si consideras que en el flaco sexo de una mujer, ha puesto el cielo gracias tan consumadas, que aventajan a cuantas celebran los aplausos y solenizan los ingenios; pues cuando de una dama se esperan sólo entendimiento claro, respetos nobles y proceder prudente (acompañado de las honestas virtudes que realzan estas prerrogativas, por beneficio de su noble educación) vemos que con más colmo de favores, tiene de más a más[10] sutilísimo ingenio, disposición admirable y gracia singular en cuanto piensa, traza, y executa, consiguiendo con esto que como a Fénix de la sabiduría la veneremos y demos la estimación debida a tantos méritos.

La señora doña María de Zayas, gloria de Manzanares

___

10. *de más a más:* además (Aut.).

y honra de nuestra España (a quien las doctas Academias[11] de Madrid tanto han aplaudido y celebrado) por prueba de su pluma da a la estampa esos diez partos de su fecundo ingenio, con nombre de novelas; la moralidad que encierran, el artificio que tienen y la gracia con que están escritas, son rasgos de su vivo ingenio, que en mayores cosas sabrá salir de más grandes empeños. Por dama, por ingeniosa y por docta, debes ¡oh lector!, mirar con respeto sus agudos pensamientos, desnudo del afecto envidioso, con que censuras otros que no traen este salvoconducto debido a las damas. Y no sólo debes hacer esto, mas anhelar por la noticia de su autora a no estar sin su libro tu estudio, no pidiéndolo prestado, sino costándote tu dinero, que aunque fuese mucho, le darás por bien empleado. Y pues viene a propósito, diré aquí las jerarquías de lectores, que a poca costa suya lo son, siéndolo con mucha de los libreros.

Hay lectores de gorra como comilitones[12] de mesa, que se van a las librerías, y por no gastar una miseria que vale el precio de un libro, le engullen a toda priesa con los ojos, echándose en los tableros de sus tiendas, pasando por sus inteligencias como gatos por brasas, y así es después las censuras que dellos hacen; allí puestos no les ofende el ser pisados de los que pasan, el darles encuentros[13] los que entran a comprar libros en la tienda, el enfadado semblante del librero en verle allí embarazar, ni

---

11. *Academias:* reuniones de escritores, a imitación de las que se realizaron en la Italia del Renacimiento, que se iniciaron en España en la segunda mitad del siglo XVI y se desarrollaron mucho en el s. XVII; solían reunirse en torno a un noble que los protegía y sirvieron de gran acicate para el desarrollo de las letras, especialmente de la poesía. Las hubo en casi todas las ciudades de España.

12. *comilitones:* las personas que se andan de banquete en banquete y son dados a la gula (Aut.).

13. *encuentros:* golpes (Covar.).

los rebufos[14] de sus oficiales; que por todo pasa a trueque de leer de estafa y estudiar de mogollón por no gastar.

Otros, fiando en la liberalidad y buena condición del librero, le piden prestados los libros que vienen nuevos, y cuando lo antigüen, en vez de alabar su obra, la vituperan con decir mal del libro.

Otros tienen espera que los que compran libros los hayan leído, para pedírselos y leerlos después. Y lo que resulta desto es que, si son ignorantes o no han entendido la materia o no les ha dado gusto, desacreditan el libro y quitan al librero la venta; y un libro leído a galope tirado o por prueba para comprarle es como amor tratado, que pierde méritos en el amante, o como ropa gozada y dexada después, que hay dificultad en su empleo.

Sea, pues, oh carísimos lectores, este libro exento destos lances, pues por ti merece tanto, para que el estafante no lo sea en el leerle de balde, el gorrero le apetezca por manjar, que le cueste su dinero, y finalmente, el estríctico[15] degenere de su miserable y apretada condición, y gaste su moneda, pues es plato tan sabroso, así para el serlo como para la reformación de las costumbres, que a todo atendió el próvido ingenio de su discreta autora, cuyas alabanzas son dignas de elocuentes plumas, y la mayor que le da la mía es el dudar celebrarla, quedándose en silencio, que en quien ignora es el mayor elogio para quien desea celebrar. Vale.

---

14. *rebufos:* como bufos, bufidos, resoplidos (M. Moliner).
15. *estríctico:* posiblemente avaro; no documentado.

# Introducción

Juntáronse a entretener a Lisis, hermoso milagro de la naturaleza y prodigioso asombro desta Corte (a quien unas atrevidas cuartanas[16] tenían rendidas sus hermosas prendas), la hermosa Lisarda, la discreta Matilde, la graciosa Nise y la sabia Filis, todas nobles, ricas, hermosas y amigas, una tarde de las cortas de Diciembre, cuando los hielos y terribles nieves dan causa a guardar las casas y gozar de los prevenidos braseros,[17] que en competencia del mes de julio, quieren hacer tiro[18] a las cantimploras y lisonjear las damas, para que no echen menos[19] el Prado, el río y las demás holguras que en Madrid se usan. Pues como fuese tan cerca de Navidad, tiempo alegre y digno de solenizarse con fiestas, juegos y burlas, habiendo gastado la tarde en honestos y regocijados coloquios, porque

---

16. *cuartanas:* "calentura que responde al quarto día... que suele causarse del humor melancólico" (Covar.).
17. *braseros:* donde se tiene la lumbre. Los que usaban las mujeres debajo de las faldas les llamaron maridillos porque las calentaban estando de día en sus estrados.
18. *hacer tiro:* burlar, engañar, robar (Aut.).
19. *echen menos:* echen de menos.

Lisis con la agradable conversación de sus amigas no sintiese el enfadoso mal, concertaron entre sí (pues el vivir todas juntas en una casa, aunque en distintos cuartos, cosa acostumbrada en la Corte, les facilitaba el verse a todas horas) un sarao,[20] entretenimiento para la Nochebuena, y los demás días de Pascua, convidando para este efecto a don Juan, caballero mozo, galán, rico y bien entendido, primo de Nise y querido dueño de la voluntad de Lisis, y a quien pensaba ella entregar, en legítimo matrimonio, las hermosas prendas de que el cielo le había hecho gracia, si bien don Juan, aficionado a Lisarda, prima de Lisis, a quien deseaba para dueño, negaba a Lisis la justa correspondencia de su amor, sintiendo la hermosa dama el tener a los ojos la causa de sus celos, y haber de fingir agradable risa en el semblante, cuando el alma, llorando mortales sospechas, había dado motivo a su mal y ocasión a su tristeza; y más viendo que Lisarda, contenta como estimada, soberbia como querida, y falsa como competidora, en todas ocasiones llevaba lo mejor de la amorosa competencia.

Convidado don Juan a la fiesta, y agradecido por principal della, a petición de las damas se acompañó de don Álvaro, don Miguel, don Alonso y don Lope, en nada inferiores a don Juan, por ser todos en nobleza, gala y bienes de fortuna iguales y conformes, y todos aficionados a entretener el tiempo discreta y regocijadamente.

Juntos, pues, todos en un mismo acuerdo, dieron a la bella Lisis la presidencia deste gustoso entretenimiento, pidiéndole que ordenase y repartiese a cada uno lo que se había de hacer. La cual, excusándose como enferma,

---

20. *sarao:* "reunión nocturna de personas de distinción para divertirse con baile o música" (R.A.E.).

La Plaza Mayor de Madrid, por Juan Lacorte. Siglo XVII.

DOÑA
ANA DVE
LASCO YGÍ
RON DVQSA
DE BRAGAN
ZA

Dama española. Duquesa de Braganza por Pantoja de la Cruz.

viéndose importunada de sus amigas, sustituyendo a su madre en su lugar, que era una noble y discreta señora, a quien el enemigo común de las vidas[21] quitó su amado esposo, se salió de la obligación en que sus amigas la habían puesto. Laura, que éste es el nombre de la madre de Lisis, repartió en esta forma la entretenida fiesta: a Lisis, su hija, que como enferma se excusaba y era razón; dio cargo de prevenir de músicos la fiesta; y para que fuese más gustosa, mandó expresamente que les diese las letras y romances que en todas cinco noches se hubiesen de cantar. A Lisarda, su sobrina, y a la hermosa Matilde, mandó que después de inventar una airosa máscara,[22] en que ellas y las otras damas, con los caballeros, mostrasen su gala, donaire, destreza y bizarría, la primera noche, después de haber danzado, contasen dos maravillas, que con este nombre quiso desempalagar al vulgo del de novelas,[23] título tan enfadoso, que ya en todas partes le aborrecen. Y porque los caballeros no se quexasen de que las damas se les alzaban con la preeminencia, mezclando a los unos con los otros, salió la segunda noche por don Álvaro y don Alonso; la tercera, a Nise y Filis; la cuarta, a don Miguel y don Lope, y la quinta, a la misma Laura y que la acompañase don Juan, feneciendo la Pascua con una suntuosa cena, que quiso Lisis, como la principal de la fiesta, dar a los caballeros y damas; para la cual convidaron a los padres de los caballeros y a las madres de las damas, por ser todas ellas sin padres y ellos sin madres,

---

21. *el enemigo común de las vidas:* la muerte, curiosamente en masculino, ¿feminismo?

22. *máscara:* "La invención que se saca en algún regocijo, festín o sarao de caballeros, o personas que se disfrazan con máscaras" (Covar.).

23. *novela:* italianismo, introducido en el s. XVI, "novella", define únicamente las narraciones cortas. Las narraciones largas, lo que hoy llamamos novelas, se llamaban libros, historias, tratados o vidas.

que la muerte no dexa a los mortales los gustos cumplidos.

Lisis, a quien tocaba dar principio a la fiesta, hizo buscar dos músicos, los más diestros que pudieron hallarse, para que acompañasen con sus voces la angélica suya, que con este favor quiso engrandecerla. Quedaron avisados que al recogerse el día, descoger[24] la noche el negro manto, luto bien merecido por el ausencia del rubicundo señor de Delfos,[25] que por dar a los indios los alegres días daba a nuestro hemisferio con su ausencia obscuras sombras, se juntasen todos para solenizar la Nochebuena, con el concertado entretenimiento, en el cuarto de la hermosa Lisis, en una sala, que aderezada de unos costosos paños flamencos,[26] cuyos boscajes, flores y arboledas parecían las selvas de Arcadia o los pensiles huertos de Babilonia.[27]

Coronaba la sala un rico estrado,[28] con almohadas de terciopelo verde, a quien las borlas y guarniciones de plata hermoseaban sobremanera, haciendo competencia a una vistosa camilla,[29] que al lado del vario estrado había de ser trono, asiento y resguardo de la bella Lisis, que como enferma pudo gozar desta preeminencia, era asimismo de brocado verde, con fluecos y alama-

24. *descoger:* "desplegar lo que estaba cogido o plegado" (Covar.).

25. *señor de Delfos:* Apolo, dios griego de la música y la poesía, hijo de Zeus y Leto.

26. *paños flamencos:* tapices muy reputados.

27. *selvas de la Arcadia:* el lugar imaginario en el que Virgilio situó su obra *Bucólicas.* En el Siglo de Oro se convirtió en el espacio pastoril por excelencia y, por extensión, en el símbolo de un paraíso terrenal laico; *pensiles huertos de Babilonia:* los jardines colgantes de Babilonia, una de las siete maravillas del mundo antiguo, mandados construir por la reina Semíramis.

28. *estrado:* "el lugar donde las señoras se asientan sobre cojines y reciben las visitas" (Covar.).

29. *camilla:* cama pequeña.

res[30] de oro, que como tan ajena de esperanzas en lo interior, quiso en lo exterior mostrar tenerlas.

Estaba ya la sala cercada de muchas filas[31] de terciopelo verde y de infinitos taburetes pequeños, para que sentados en ellos los caballeros, pudiesen gozar de un brasero de plata, que alimentado de fuego y diversos olores, cogía el estrado de parte a parte. Desde las tres de la tarde empezaron las señoras, y no sólo las convidadas, sino otras muchas, que, a las nuevas del entretenido festín, se convidaron ellas mismas a ocupar los asientos, recebidas con grandísimo agrado de la discreta Laura y hermosa Lisis, que, vestida de la color de sus celos,[32] ocupaba la camilla, que por la honestidad y decencia, aunque era el día de la cuartana, quiso estar vestida.

Ya la sala parecía cuando los campos alumbrados del rubio Apolo, vertiendo risa, alegrando los ojos que los miraban, tantas eran las velas que daban luz a la rica sala, cuando los músicos, que cerca de la cama de Lisis tenían sus asientos, prevenidos[33] de un romance, que después de haber danzado, se había de cantar, empezaron con una gallarda[34] a convidar a las damas y caballeros a ir saliendo de una cuadra[35] con hachas[36] encendidas en las manos, para que fuese más bien vista su gallardía.

El primero que dio principio al airoso paseo fue don

---

30. *fluecos y alamares:* flecos y botones hechos, estos últimos, de trenzas de seda o de oro con dos partes macho y hembra; de posible origen árabe (Covar.).

31. *filas:* hay que sobreentender lugares para sentarse.

32. *la color de sus celos:* el azul. "Todos los colores tienen en el vulgo sus significaciones particulares que todos las saben" (Covar.).

33. *prevenidos:* avisados con anticipación (Covar.).

34. *gallarda:* baile ágil y rápido. En el texto se hace un juego de palabras gallarda-gallardía que significa gentileza, bizarría.

35. *cuadra:* "La pieza en la casa que está más adentro de la sala, y por la forma que tiene, de ordinario cuadrada, se llamó cuadra" (Covar.).

36. *hachas:* "antorchas de cera para alumbrar" (Covar.).

Juan, que por guía y maestro empezó solo, tan galán, de pardo, que le llevaba los ojos de cuantos le vían, cuyos botones y cadenas de diamantes parecían estrellas. Siguióle Lisarda y don Álvaro, ella de las colores de don Juan, y él de las de Matilde, a quien sacrificaba sus deseos. Venía la hermosa dama de noguerado[37] y plata; acompañábala don Alonso, galán, de negro, porque salió así Nise, saya[38] entera de terciopelo liso, sembrada de botones de oro; traíala de la mano don Miguel, también de negro, porque aunque miraba bien a Filis, no se atrevió a sacar sus colores, temiendo a don Lope, por haber salido como ella de verde, creyendo que sería dueño de sus deseos.

Habiendo don Juan mostrado en su gala un desengaño a Lisis de su amor, viendo a Lisarda favorecida hasta en las colores, la cual dispuesta a disimular, se comió los suspiros y ahogó las lágrimas, dando lugar a los ojos para ver el donaire y destreza con que dieron fin a la airosa máscara, con tan intrincadas vueltas y graciosos laberintos, lazos y cruzados, que quisieran que durara un siglo. Mas viendo a Lisis, que con pedazos de cristal, acompañada de los dos músicos, quería enseñar en la destreza de su voz sus gracias, tomando asiento todos por su orden, dieron lugar a que se cantara este romance:

> Escuchad, selvas, mi llanto,
> oíd, que a quexarme vuelvo,
> que nunca a los desdichados
> les dura más el contento.
> Otra vez hice testigos
> a vuestros olmos y fresnos,
> y a vuestros puros cristales

37. *noguerado:* color nogal. En el código caballeresco vestir los colores de la dama era una forma de declaración de amor.
38. *saya:* falda (Covar.).

de la ingratitud de Celio.
Oístes tiernas mis quexas,
y entretuvistes mis celos,
con la música amorosa
destos mansos arroyuelos.
Vio tierno su sinrazón,
obró mi firmeza el cielo,
procuró pagar finezas,
sino que se cansó presto.
Salí a gozar mis venturas
alegre de ver que en premio
de mi amor, si no me amaba
le agradecía, a lo menos.
Pequeña juzgaba el alma,
de su viveza aposento,
estimando por favores,
su desdenes y despegos.
Adoraba sus engaños,
aumentando en mis deseos,
sus gracias para adorarle,
que engañado devaneo.
¡Quién pensara dueño ingrato,
que estas cosas que refiero
aumentaran de tu olvido
el apresurado intento!
Bien haces de ser cruel,
injustamente me quexo,
pues siempre son los dichosos
aquellos que quieren menos.
Tu amor murmura la aldea,
mirando en tu pensamiento
nuevo dueño de tu gusto,
y en tus ojos nuevo empleo.
Y yo como te quiero,
lloro tu olvido, y tus desdenes siento.

No fuera verdaderamente agradecido tan ilustre auditorio, si no dieran a la hermosísima Lisis las gracias de su
voz; y así con las más corteses y discretas razones que

supo don Francisco, padre de don Juan, en nombre de todos, mostró cuánto estimaban tan engrandecido favor, dando con esto a la hermosa dama, a pesar del mal, aumentos en su belleza con las nuevas colores que a su rostro vinieron, y a don Juan para caer en la cuenta de su poco agradecimiento; si bien volviendo a mirar a Lisarda, volvió a enredarse en los lazos de su hermosura, y más viéndola prevenirse de asiento más acomodado para referir la maravilla que le tocaba decir esta primera noche.

La cual viendo que todos colgados de su dulce boca y bien entendidas palabras, aguardaban que empezase, buscando las más discretas que pudo ditarle su claro entendimiento y extremado donaire, dixo así:

# Aventurarse perdiendo

# Aventurarse perdiendo

El nombre, hermosísimas damas y nobles caballeros, de mi maravilla es *Aventurarse perdiendo,* porque en el discurso della veréis cómo para ser una mujer desdichada, cuando su estrella la inclina a serlo, no bastan exemplos ni escarmientos; si bien serviría el oírla de aviso para que no se arrojen al mar de sus desenfrenados deseos, fiadas en la barquilla de su flaqueza, temiendo que en él se aneguen, no sólo las flacas fuerzas de las mujeres, sino los claros y heroicos entendimientos de los hombres, cuyos engaños es razón que se teman, como se verá en mi maravilla, cuyo principio es éste:

Por entre las ásperas peñas de Monserrat,[39] suma y grandeza del poder de Dios y milagrosa admiración de las excelencias de su divina Madre, donde se ven en divinos misterios, efectos de sus misericordias, pues sustenta en el aire la punta de un empinado monte, a quien han desamparado los demás, sin más ayuda que la que le da el cielo, que no es la de menos consideración el milagroso y sagrado templo, tan adornado de riquezas como de maravillas;

---

39. El sujeto, Fabio, aparece catorce líneas después.

tantos son los milagros que hay en él, y el mayor de todos aquel verdadero retrato de la Serenísima Reina de los Ángeles y Señora nuestra después de haberla adorado, ofreciéndola el alma llena de devotos afectos, y mirado con atención aquellas grandiosas paredes, cubiertas de mortaja y muletas,[40] con otras infinitas insinias de su poder, subía Fabio, ilustre hijo de la noble villa de Madrid, lustre y adorno de su grandeza; pues con su excelente entendimiento y conocida nobleza, amable condición y gallarda presencia, la adorna y enriquece tanto como cualquiera de sus valerosos fundadores, y de quien ella, como madre, se precia mucho.

Llevaban a este virtuoso mancebo por tan ásperas malezas, deseos piadosos de ver en ellas las devotas celdas y penitentes monjes, que se han muerto al Mundo por vivir para el cielo. Después de haber visitado algunas y recebido sustento para el alma y cuerpo, y considerado la santidad de sus moradores, pues obligan con ella a los fugitivos paxarillos a venir a sus manos a comer las migajas que les ofrece, caminando a lo más remoto del monte, por ver la nombrada cueva, que llaman de San Antón, así por ser la más áspera como prodigiosa, respecto de las cosas que allí se ven; tanto de las penitencias de los que las habitan, como de los asombros[41] que les hacen los demonios; que se puede decir que salen dellas con tanta calificación de espíritu que cada uno por sí es un San Antón, cansado de subir por una estrecha senda, respeto de[42] no dar lugar su aspereza a ir de otro modo que a pie, y haber dexado en el convento la mula y un criado que le acompañaba, se sentó

40. *mortajas y muletas:* exvotos dejados en las iglesias como testigos de favores recibidos de la Virgen.

41. *asombros:* espanto (Covar.).

42. *respeto de:* respecto de: a causa de, en razón de, en relación a (Aut.).

a la margen de un cristalino y pequeño arroyuelo, que derramando sus perlas[43] entre menudas hierbecillas, descolgándose con sosegado rumor de una hermosa fuente, que en lo alto del monte goza regalado asiento; pareciendo allí fabricada más por manos de ángeles que de hombres, para recreo de los santos ermitaños, que en él habitan, cuya sonorosa[44] música y cristalina risa,[45] ya que no la vían los ojos no dexaba de agradar a los oídos. Y como el caminar a pie, el calor del Sol y la aspereza del camino le quitasen parte del animoso brío, quiso recobrar allí el perdido aliento.

Apenas dio vida a su cansada respiración, cuando llegó a sus oídos una voz suave y delicada, que en baxos acentos mostraba no estar muy lexos el dueño. La cual, tan baxa como triste, por servirle de instrumento la humilde corriente, pensando que nadie la escuchaba, cantó así:

> ¿Quién pensara que mi amor
> escarmentado en mis males,
> cansado de mis desdichas,
> no hubiera muerto cobarde?
> ¿Quién le vio escapar huyendo
> de ingratitudes tan grandes,
> que crea que en nuevas penas
> vuelva de nuevo a enlozarme?[46]
> ¡Mal hayan de mis finezas
> tan descubiertas verdades,
> y mal haya quien llamó
> a las mujeres mudables!
> Cuando de tus sinrazones

---

43. *perlas:* gotas de agua. Uso metafórico.
44. *sonorosa:* sonora, variante poética.
45. *cristalina risa:* ruido del agua. Uso metafórico.
46. *enlozarme:* no documentado; podría ser tanto enlazarme como enlodarme.

pudiera, Celio, quexarme,
quiere amor que no te olvide,
quiere amor que más te ame.
Desde que sale la Aurora,
hasta que el Sol va a bañarse
al mar de las playas Indias,
lloro firme y siento amante.
Vuelve a salir y me halla
repasando mis pesares,
sintiendo tus sin razones,
llorando tus libertades.
Bien conozco que me canso,
sufriendo penas en balde,
que lágrimas en ausencia
cuestan mucho y poco valen.
Vine a estos montes huyendo
de que ingrato me maltrates,
pero más firme te adoro,
que en mí es sustento el amarte.
De tu vista me libré,
pero no pude librarme
de un pensamiento enemigo,
de una voluntad constante.
Quien vio cercado castillo,
quien vio combatida nave,
quien vio cautivo en Argel,
tal estoy, y sin mudarme.
Mas pues te elegí por dueño
matadme, penas, matadme,
pues por lo menos dirán:
murió, pero sin mudarse.
¡Ay bien sentidos males,
poderosos seréis para matarme,
mas no podréis hacer que amor se acabe.

Con tanto gusto escuchaba Fabio la lastimosa voz y
bien sentidas quexas, que aunque el dueño dellas no era el
más diestro que hubiese oído, casi le pesó de que acabase

tan presto. El gusto, el tiempo, el lugar y la montaña, le daban deseo de que pasara adelante; y si algo le consoló el no hacerlo, fue el pensar que estaba en parte que podría presto con la vista dar gusto al alma, como con la voz había dado aliento a los oídos; pues cuando la causa fuera más humilde, oír cantar en un monte le era de no pequeño alivio, para quien no esperaba sino el aullido de alguna bestia fiera. En fin, Fabio, alentado más que antes, prosiguió su camino en descubrimiento del dueño de la voz que había oído, pareciéndole no estar en tal parte sin causa, llevándole enternecido y lastimado oír quexas en tan áspera parte. Noble piedad y generosa acción, enternecerse de la pasión ajena.

Iba Fabio tan deseoso de hablar al lastimado músico, que no hay quien sepa encarecerlo; y porque no se escondiese iba con todo el silencio posible. Siguiendo, en fin, por la margen de la cima de cristal,[47] buscando su hermoso nacimiento, pareciéndole que sería el lugar que atesoraba la joya, que a su parecer buscaba con alguna sospecha de lo mismo[48] que era.

Y no se engañó, porque acabando de subir a un pradillo que en lo alto del monte estaba, morada sola por la casta Diana[49] o para alguna desesperada criatura; la cual hacía por una parte espaldas una blanca peña, de donde salía un grueso pedazo de cristal,[50] sabroso sustento de las olorosas flores, verdes romeros y graciosos tomillos. Vio recostado en ellos un mozo, que al parecer su edad estaba en la

47. *cima de cristal:* arroyo. Uso metafórico.

48. *mismo:* uso pleonástico, se entiende mejor si se elimina.

49. *casta Diana:* diosa romana que se mantuvo siempre virgen y es el prototipo de doncella arisca que se complacía sólo en la caza. Era considerada la personificación de la Luna, como Apolo la del Sol, y era la diosa protectora de las Amazonas, mujeres guerreras como ella y también independientes del yugo del hombre.

50. *pedazo de cristal:* caudal de una fuente. Uso metafórico.

primavera de sus años, vestido sobre un calzón[51] pardo, una blanca y erizada piel de algún cordero, su zurrón y cayado junto a sí, y él con sus abarcas y montera. Apenas le vio cuando conoció ser el dueño de los cantados versos, porque le pareció estar suspenso y triste, llorando las pasiones que había cantado. Y si no le desengañara a Fabio la voz que había oído, creyera ser figura[52] desconocida, hecha para adorno de la fuente, tan inmóvil le tenían sus cuidados. Tenía un nudo hecho de sus blancas manos, tales que pudieran dar envidia a la nieve, si ella de corrida no tuviera desamparada la montaña.[53] Si su rostro se la daba[54] al Sol, dígalo la poca ofensa que le hacían sus rayos, pues no les había concedido tomar posesión de su belleza, ni exercer la comisión que tienen contra la hermosura.[55] Tenía esparcidas por entre las olorosas hierbas una manada de blancas ovejas, más por dar motivo a su traje, que por el cuidado que mostraba tener con ellas, porque más eran terceras de traerle perdido.[56]

Era la suspensión del hermoso mozo tal, que dio lugar a Fabio de llegarse tan cerca que pudo notar que las doradas flores del rostro desdecían del traje, porque a ser hombre ya había de dorar la boca el tierno vello, y

51. *calzón:* pantalón hasta la rodilla (R.A.E.); *zurrón:* bolsa grande de pellejo que usan los pastores (R.A.E.); *cayado:* bastón de palo torcido en el mango (Covar.); *abarcas:* calzado rústico de cuero de vaca (Covar.); *montera:* sombrero que usan los cazadores (Covar.).

52. *figura:* apariencia; papel de un actor que figura de rey (Covar.).

53. *Si ella de corrida no tuviera desamparada la montaña:* la nieve avergonzada al compararse con la blancura de sus manos había abandonado la montaña.

54. Hay que suponer: envidia.

55. Su rostro mantenía el color blanco. La piel morena era considerada fea pues se identificaba con el color de los campesinos y las clases sociales bajas obligadas a trabajar al aire libre.

56. *terceras de traerle perdido:* frase difícil de entender que puede significar, si sobreentendemos cuidado, causa de traer perdido el cuidado, es decir, motivo de distracción. "Traher perdido" (Aut.).

para ser mujer era el lugar tan peligroso, que casi dudó lo mismo que vía. Mas diciéndose en parte que casi el mismo engaño le culpaba de poco atrevido, se llegó más cerca, y le saludó con mucha cortesía. A la cual el embelesado zagal volvió en sí, con un ¡ay! tan lastimoso, que parecía ser el último de su vida. Y como en él aún no había la montaña quitado la cortesía, viendo a Fabio se levantó, haciéndosela con discretas caricias,[57] preguntándole de su venida por tal parte. A lo cual Fabio, después de agradecer sus corteses razones, satisfizo de esta suerte:

—Yo soy un caballero natural de Madrid; vine a negocios importantes a Barcelona; y como les di fin y era fuerza volver a mi patria, no quise ponerlo en execución hasta ver el milagroso templo de Monserrate. Visitéle devoto, y quise piadoso ver las ermitas que hay en esta montaña. Y estando descansando entre esos olorosos tomillos, oí tu lastimosa voz, que me suspendió el gusto y animó el deseo por ver el dueño de tan bien sentidas quexas, conociendo en ellas que padeces firme y lloras mal pagado; y viendo en tu rostro y en tu presencia que tu ser no es lo que muestra tu traje, porque ni viene el rostro con el vestido, ni las palabras con lo que procuras dar a entender, te he buscado, y hallo que tu rostro desmiente a todo, pues en la edad pasas de muchacho, y en las pocas señales de tu barba no muestras ser hombre; por lo cual te quiero pedir en cortesía me saques desta duda, asegurándote primero que si soy parte para tu remedio, no lo dexes por imposibles que lo estorben, ni me envíes desconsolado, que sentiré mucho hallar una mujer en tal parte y con ese traje y no saber la causa de su destierro, y ansí mismo no procurarle remedio.

Atento escuchaba el mozo al discreto Fabio, dexando

---

57. *caricias:* muestras de afecto (Covar.).

de cuando en cuando caer unas cansadas perlas,[58] que con lento paso buscaban por centro el suelo. Y como le vio callar, y que aguardaba respuesta, le dixo:

—No debe querer el cielo, señor caballero, que mis pasiones estén ocultas, o porque haya quien me las ayude a padecer, o porque se debe acercar el fin de mi cansada vida; y pretende que queden por exemplo y escarmiento a las gentes pues cuando creí que sólo Dios y estas peñas me escuchaban, te guió a ti, llevado de tu devoción, a esta parte, para que oyeses mis lástimas y pasiones, que son tantas y venidas por tan varios caminos, que tengo por cierto que te haré más favor en callarlas que en decirlas, por no darte que sentir; de más de que es tan larga mi historia, que perderás tiempo, si te quedas a escucharla.

—Antes —replicó Fabio— me has puesto en tanto cuidado y deseo de saberla, que si me pensase quedar hecho salvaje a morar entre estas peñas, mientras estuvieres en ellas, no he de dexarte hasta que me la digas, y te saque, si puedo, de esta vida, que sí podré, a lo que en ti miro, pues a quien tiene tanta discreción, no será dificultoso persuadirle que escoxa más descansada y menos peligrosa vida, pues no la tienes segura, respecto de las fieras que por aquí se crían, y de los bandoleros que en esta montaña hay; que si acaso tienen de tu hermosura el conocimiento que yo, de creer es que no estimarán tu persona con el respeto que yo la estimo. No me dilates este bien, que yo aguardaré los años de Ulises para gozarle.[59]

—Pues si así es —dixo el mozo—, siéntate, señor, y oye lo que hasta ahora no ha sabido nadie de mí, y estima el

58. *perlas:* lágrimas. Uso metafórico.
59. Veinte años, que son los que tardó Ulises, héroe de la *Odisea*, en volver a su patria después de la guerra de Troya.

fiar[60] de tu discreción y entendimiento, cosas tan prodigiosas y no sucedidas sino a quien nació para extremo de desventuras, que no hago poco sin conocerte, supuesto que de saber quién soy, corre peligro la opinión de muchos deudos nobles que tengo, y mi vida con ellos, pues es fuerza que por vengarse, me la quiten.

Agradeció Fabio lo mejor que supo, y supo bien, el quererle hacer archivo de sus secretos; y asegurándole, después de haberle dicho su nombre, de su peligro, y sentándose juntos cerca de la fuente, empezó el hermoso zagal su historia desta suerte:

—Mi nombre, discreto Fabio, es Jacinta, que no se engañaron tus ojos en mi conocimiento; mi patria Baeza, noble ciudad de la Andalucía, mis padres nobles, y mi hacienda bastante a sustentar la opinión de su nobleza. Nacimos en casa de mi padre un hermano y yo, él para eterna tristeza suya, y yo para su deshonra, tal es la flaqueza en que las mujeres somos criadas, pues no se puede fiar de nuestro valor nada, porque tenemos ojos, que, a nacer ciegas, menos sucesos hubiera visto el mundo, que al fin viviéramos seguras de engaños. Faltó mi madre al mejor tiempo, que no fue pequeña falta, pues su compañía, gobierno y vigilancia fuera más importante a mi honestidad, que los descuidos de mi padre, que le tuvo en mirar por mí y darme estado (yerro notable de los que aguardan a que sus hijas le tomen sin su gusto). Quería el mío[61] a mi hermano tiernísimamente, y esto era sólo su desvelo sin que le diese yo en cosa ninguna, no sé qué era su pensamiento, pues había hacienda bastante para todo lo que deseara y quisiera emprender.

60. *el fiar:* el que yo fíe. Infinitivo con función de forma personal (Keniston: 37.883).
61. Hay que sobreentender padre.

Diez y seis años tenía yo cuando una noche estando durmiendo, soñaba que iba por un bosque amenísimo, en cuya espesura hallé un hombre tan galán, que me pareció (¡ay de mí, y cómo hice despierta esperiencia dello!) no haberle visto en mi vida tal. Traía cubierto el rostro con el cabo de un ferreruelo leonado,[62] con pasamanos y alamares de plata. Paréme a mirarle, agradada del talle y deseosa de ver si el rostro confirmaba con él; con un atrevimiento airoso, llegué a quitarle el rebozo,[63] y apenas lo hice, cuando sacando una daga, me dio un golpe tan cruel por el corazón que me obligó el dolor a dar voces, a las cuales acudieron mis criadas, y despertándome del pesado sueño, me hallé sin la vista del que me hizo tal agravio, la más apasionada que puedas pensar, porque su retrato se quedó estampado en mi memoria, de suerte que en largos tiempos no se apartó ni se borró della. Deseaba yo, noble Fabio, hallar para dueño un hombre de su talle y gallardía, y traíame tan fuera de mí esta imaginación, que le pintaba en ella, y después razonaba con él, de suerte que a pocos lances me hallé enamorada sin saber de qué, porque me puedes creer que si fue Narciso[64] moreno, Narciso era el que vi.

Perdí con estos pensamientos el sueño y la comida, y tras esto el color de mi rostro, dando lugar a la mayor tristeza que en mi vida tuve, tanto que casi todos reparaban en mi mudanza. ¿Quién vio, Fabio, amar una som-

---

62. *ferreruelo leonado:* capa de color del pelo del león (Covar.); *pasamanos:* una guarnición en el borde del vestido o la capa (Covar.); *alamares:* véase la nota 30.

63. *rebozo:* toca con que se cubrían el rostro, más propia de mujeres, pero también la usaban en algunos sitios los hombres, especialmente en las montañas (Covar.).

64. *Narciso:* Dios griego muy hermoso que despreciaba el amor y que al ver su rostro reflejado en una fuente se enamoró de su propia imagen dejándose morir por no dejar de contemplarla.

bra, pues, aunque se cuenta de muchos que han amado cosas increíbles y monstruosas, por lo menos tenían forma a quien querer. Disculpa tiene conmigo Pigmaleón[65] que adoró la imagen que después Júpiter le animó; y el mancebo de Atenas,[66] y los que amaron el árbol y el delfín;[67] mas yo que no amaba sino una sombra y fantasía ¿qué sentirá de mí el mundo?, ¿quién duda que no creerá lo que digo, y si lo cree me llamará loca? Pues doyte mi palabra, a ley de noble, que ni en esto ni en los demás[68] que te dixere, adelanto nada más de[69] la verdad. Las consideraciones que hacía, las represiones que me daba créeme que eran muchas, y así mismo que miraba con atención los[70] más galanes mozos de mi patria, con deseo de aficionarme de alguno que me librase de mi cuidado; mas todo paraba en volverme a querer a mi amante soñado, no hallando en ninguno la gallardía que en aquél. Llegó a tanto mi amor, que me acuerdo que hice a mi adorada sombra unos versos, que si no te cansases de oirlos te los diré, que aunque son de mujer, tanto que más grandeza, porque a los hombres no es justo perdonarles los yerros que hicieren en ellos, pues los están adornando y purificando con arte y estudios; mas una mujer, que sólo se vale de su natural, ¿quién duda que merece disculpa en lo malo y alabanza en lo bueno?

65. *Pigmaleón:* rey de Chipre, que esculpió una mujer en marfil tan hermosa que se enamoró de ella; Afrodita, compadecida, la transformó en ser humano. En el texto es Júpiter el que la *animó,* es decir, le dio vida.

66. *El mancebo de Atenas:* un muchacho ateniense que se enamoró de una estatua de la diosa Fortuna.

67. *los que amaron el árbol y el delfín:* hace referencia a Jerjes que según un bulo muy difundido en el Siglo de Oro se enamoró de un árbol. Alude a la historia del delfín que enamorado de un niño de nombre Jacinto murió de pena al morir éste. Como homenaje al animal lo enterraron junto con el niño.

68. Hay que sobreentender comentarios, datos. Zeugma.

69. *de:* usado en lugar de que (Keniston: 2.327).

70. *los:* a los, complemento directo de persona sin la preposición *a;* uso normal en la época.

—Di, hermosa Jacinta, tus versos, dixo Fabio, que serán para mí de mucho gusto, porque aunque los sé hacer con algún acierto, préciome tan poco dellos, que te juro que siempre me parecen mejor los ajenos que los míos.

—Pues si así es —replicó Jacinta— mientras durare mi historia no he menester pedirte licencia para decir los que hicieren a propósito; y así digo que los que hice son éstos:

> Yo adoro lo que no veo,
> y no veo lo que adoro,
> de mi amor la causa ignoro
> y hallar la causa deseo.
> Mi confuso devaneo
> ¿quién le acertará a entender?,
> pues sin ver, vengo a querer
> por sola imaginación,
> inclinando mi afición
> a un ser que no tiene ser.
> Que enamore una pintura
> no será milagro nuevo,
> que aunque tal amor no apruebo,
> ya en efecto es hermosura;
> mas amar a una figura,
> que acaso el alma fingió,
> nadie tal locura vio:
> porque pensar que he de hallar
> causa que está por criar,
> ¿quién tal milagro pidió?
> La herida del corazón
> vierte sangre, mas no muero,
> la muerte con gusto espero
> por acabar mi pasión.
> De estado fuera razón
> cuando no muero, dormir,
> ¿mas cómo puedo pedir
> vida ni muerte a un sujeto,
> que no tuvo de perfecto,
> más ser que saber herir?

Dame, cielo, si has criado
aqueste ser que deseo,
de mi voluntad empleo,
y antes que nacido, amado;
¿mas qué pide un desdichado,
cuando sin suerte nació?,
porque, ¿a quién le sucedió
de amor milagro tan nuevo,
que le ocupase el deseo
amante que en sueños vio?

¿Quién pensara, Fabio, que había de ser el cielo tan liberal en darme aún lo que no le pedí? Porque como deseaba imposibles no se atrevía mi libertad a tanto, sino fue en estos versos, que fue más gala que petición. Mas cuando uno ha de ser desdichado, también el cielo permite su desdicha.

Vivía en mi mismo lugar un caballero natural de Sevilla, del nobilísimo linaje de los Ponce de León, apellido tan conocido como calificado, que habiendo hecho en su tierra algunas travesuras de mozo, se desnaturalizó della, y casó en Baeza con una señora su igual, en quien tuvo tres hijos, la mayor y menor hembras, y el de en medio varón. La mayor casó en Granada, y con la más pequeña entretenía la soledad y ausencia de don Félix, que éste era el nombre del gallardo hijo, que deseando que luciese en el valor y valentía de sus ilustres antecesores, seguía la guerra, dando ocasión con sus valerosos hechos a que sus deudos, que eran muchos y nobles, como lo publican a voces las excelentes casas de los Duques de Arcos y Condes de Bailén, le conociesen por rama de su descendencia. Llegó este noble caballero a la florida edad de veinticuatro años, y habiendo alcanzado por sus manos una bandera, y después de haberla servido tres años en Flandes, dio la vuelta a España para pretender sus acrecentamientos.[71]

71. *acrecentamientos:* crecimientos en las rentas (Covar.).

Y mientras en la Corte se disponían por mano de sus deudos, se fue a ver a sus padres, que había días[72] que no los había visto, y que vivían con este deseo.

Llegó don Félix a Baeza al tiempo que yo, sobre tarde[73] ocupaba un balcón, entretenida en mis pensamientos, y siendo forzoso haber de pasar por delante de mi casa, por ser la suya en la misma calle, pude, dexando mis imaginaciones (que con ellas fuera imposible), poner los ojos en las galas, criados y gentil presencia, y deteniéndome en ella más de lo justo, vi tal gallardía en él, que querértela significar fuera alargar esta historia y mi tormento. Vi en efecto el mismo dueño de mi sueño, y aun de mi alma, porque si no era él, no soy yo la misma Jacinta que le vio y le amó más que a la misma vida que poseo. No conocía yo a don Félix ni él a mí, respecto de que cuando fue a la guerra, quedé tan niña que era imposible acordarme,[74] aunque su hermana doña Isabel y yo éramos muy amigas. Miró don Félix al balcón, viendo que sólo mis ojos hacían fiesta a su venida. Y hallando amor ocasión y tiempo, executó en él el golpe de su dorada saeta, que en mí ya era excusado su trabajo por tenerle hecho. Y así de paso me dixo: «Tal joya será mía, o yo perderé la vida.» Quiso el alma decir: «Ya lo soy», mas la vergüenza fue tan grande como el amor, a quien pedí con hartas sumisiones y humildades que diesen ocasión y ventura, pues me había dado causa.

No dexó don Félix perder ninguna de las que la Fortuna le dio a las manos. Y fue la primera, que habiendo doña Isabel avisádome de la venida de su hermano, fue fuerza el visitarle y darle el parabién, en cuya visita me dio don Félix en los ojos y en las palabras a conocer su amor, tan a

---

72. *había días:* hacía tiempo (Keniston 32.35).
73. *sobre tarde:* lo último de la tarde antes de anochecer (Aut.).
74. *acordarme:* recordarme (Covar.).

las claras, que pudiera yo darle albricias de mi suerte, y como yo le amaba no pude negarle en tal ocasión justas correspondencias. Y con esto le di ocasión para pasear mi calle de día y de noche al son de una guitarra, con la dulce voz y algunos versos, en que era diestro, darme mejor a conocer su voluntad. Acuérdome, Fabio, que la primera vez que le hablé a solas por una rexa baxa, me dio causa[75] este soneto:

> Amar el día, aborrecer el día,
> llamar la noche y despreciarla luego,
> temer el fuego y acercarse al fuego,
> tener a un tiempo pena y alegría.
> Estar juntos valor y cobardía,
> el desprecio cruel y el blando ruego,
> tener valiente entendimiento ciego,
> atada la razón, libre osadía.
> Buscar lugar en que aliviar los males
> y no querer del mal hacer mudanza,
> desear sin saber que se desea.
> Tener el gusto y el disgusto iguales,
> y todo el bien librado en la esperanza,
> si aquesto no es amor, no sé qué sea.

Dispuesta tenía amor mi perdición, y así me iba poniendo los lazos en que me enredase, y los hoyos donde cayese, porque hallando la ocasión que yo misma buscaba desde que oí la música, me baxé a un aposento baxo de un criado de mi padre llamado Sarabia, más codicioso que leal, donde me era fácil hablar por tener una rexa baxa, tanto que no era difícil tomar las manos. Y viendo a don Félix cerca le dixe:

—Si tan acertadamente amáis como lo decís, dichosa será la dama que mereciere vuestra voluntad.

75. *me dio causa:* ¿Me dio por esta causa?

—Bien sabéis vos, señora mía —respondió don Félix—, de mis ojos, de mis deseos y de mis cuidados, que siempre manifiestan mi dulce perdición; que sé mejor querer que decirlo. Que vos sepáis que habéis de ser mi dueño mientras tuviere vida, es lo que procuro, y no acreditarme ni por buen poeta ni mejor músico.

—¿Y paréceos —repliqué yo— que me estará bien creer eso que vos decís?

—Sí —respondió mi amante—, porque hasta dexar quererse y querer al que ha de ser su marido tiene licencia una dama.

—¿Pues quién me asegura a mí que vos lo habéis de ser? —le torné a decir.

—Mi amor —dixo don Félix— y esta mano, que si la queréis en prendas de mi palabra, no será cobarde, aunque le cueste a su dueño la vida.

¿Quién se viera rogado con lo mismo que desea, amigo Fabio, o qué mujer despreció jamás la ocasión de casarse, y más del mismo que ama, que no acete luego cualquier partido? Pues no hay tal cebo para en que pique la perdición de una mujer que éste, y así no quise poner en condición mi dicha, que por tal la tuve, y tendré siempre que traiga a la memoria este día. Y sacando la mano por la rexa, tomé la que me ofrecía mi dueño, diciendo:

—Ya no es tiempo, señor don Félix, de buscar desdenes a fuerza de engaños, ni encubrir voluntades a costa de resistencias, disgustos, suspiros y lágrimas. Yo os quiero, no tan sólo desde el día que os vi, sino antes. Y para que no os tengan confuso mis palabras, os diré cosas que espanten—. Y luego le conté todo lo que te he dicho de mi sueño.

No hacía don Félix, mientras yo le decía estas novedades para él y para quienes lo oyen, sino besarme la mano, que tenía entre las suyas como en agradecimiento de mis penas; en cuya gloria nos cogiera el día, y aun el de hoy, si no hubiera llegado nuestro amor a más atrevimiento. Despedímonos con mil ternezas, quedando muy asentada nuestra voluntad, y con propósito de vernos todas las noches en la misma parte, venciendo con oro el imposible del criado, y con mi atrevimiento el poder llegar allí, respeto de haber de pasar por delante de la cama de mi padre y hermano, para salir de mi aposento.

Visitábame muy a menudo doña Isabel, obligándola a esto, después de su amistad, el dar gusto a su hermano, y servirle de fiel tercera[76] de su amor.

En este sabroso estado estaba el nuestro, sin tratar don Félix de volver por entonces a Italia, cuando entre las damas a quien rindió su gallarda presencia, que eran casi todas las de la ciudad, fue una prima suya llamada doña Adriana, la más hermosa que en toda aquella tierra se hallaba. Era esta señora hija de una hermana de su padre de don Félix, que como he dicho era de Sevilla, y tenía cuatro hermanas, las cuales por muerte de su padre había traído a Baeza, poniendo las dos menores en Religión. En la misma tierra casó la que seguía tras ellas, quedando la mayor sin querer tomar estado, con esta hermana, ya viuda, a quien le había quedado para heredera de más de cincuenta mil ducados esta sola hija, a la cual amaba como puedes pensar, siendo sola y tan hermosa como te he dicho. Pues como doña Adriana gozase muy a menudo de la conversación de mi don Félix, respeto del parentesco, le empezó a querer tan loca y desenfrenadamente, que no pudo ser más, como verás en lo que sucedió.

Conocía don Félix el amor de su prima, y como tenía tan llena el alma del mío, disimulaba cuanto podía, excusando el darle ocasión a perderse más de lo que estaba, y

76. *tercera:* intermediaria, alcahueta.

así cuantas muestras doña Adriana le daba de su voluntad, con un descuido desdeñoso se hacía desentendido. Tuvieron, pues, tanta fuerza con ella estos desdenes, que vencida de su amor, y combatida dellos dio consigo en la cama, dando a los médicos muy poca seguridad de su vida, porque demás de no comer ni dormir, no quería que se le hiciese ningún remedio. Con que tenía puesta a su madre en la mayor tristeza del mundo, que como discreta dio en pensar si sería alguna afición el mal de su hija, y con este pensamiento, obligando con ruegos una criada de quien doña Adriana se fiaba, supo todo el caso, y quiso como cuerda poner remedio.

Llamó a su sobrino, y después de darle a entender, con lágrimas la pena que tenía del mal de su querida hija, y la causa que la tenía en tal estado, le pidió encarecidamente que fuese su marido, pues en toda Baeza no podía hallar casamiento más rico; que ella alcanzaría de su hermano, que lo tuviese por bien.

No quiso don Félix ser causa de la muerte de su prima ni dar con una desabrida respuesta pena a su tía. Y en esta conformidad, le dixo, fiado en el tiempo que había de pasar en tratarse y venir la dispensación, que lo tratase con su padre, que como él quisiese, lo tendría por bien. Y entrando a ver a su prima, le llenó el alma de esperanzas, mostrando su contento en su mejoría, acudiendo a todas horas a su casa, que así se lo pedía su tía, con que doña Adriana cobró entera salud.

Faltaba don Félix a mis visitas, por acudir a las de su prima, y yo desesperada maltrataba mis ojos, y culpaba su lealtad. Y una noche, que quiso enteramente satisfacer mis celos, y que, por excusar murmuraciones de los vecinos, había facilitado con Sarabia el entrar dentro, viendo mis lágrimas, mis quexas y lastimosos sentimientos, como amante firme, inculpable en mis sospechas, me dio cuenta de todo lo que con su prima pasaba, enamorado, mas no cuerdo, porque si hasta allí eran sólo temores los míos, desde aquel punto fueron celos declarados. Y con una cólera de mujer celosa, que no lo pondero poco, le dixe que no me hablase ni viese en su vida, si no le decía a su prima que era mi esposo, y que no lo había de ser suyo. Quise con este enojo irme a mi aposento, y no lo consintió mi amante, mas amoroso y humilde, me prometió que no pasaría el día que aguardaba sin obedecerme, que ya lo hubiera hecho, si no fuera por guardarme el justo decoro. Y habiéndome dado nuevamente palabra delante del secretario de mis libertades, le di la posesión de mi alma y cuerpo, pareciéndome que así le tendría más seguro.

Pasó la noche más apriesa que nunca, porque había de seguirla el día de mis desdichas, para cuya mañana había determinado el médico, que doña Adriana, tomando un acerado[77] xarabe, saliese a hacer exercicio por el campo, porque como no podía verse el mal del alma, juzgaba por la perdida color que eran opilaciones.[78] Y para este tiempo llevaba también mi esposo, librado el desengaño de su amor y la satisfación de mis celos, porque como un hombre no tiene más de un cuerpo y un alma, aunque tenga muchos deseos, no puede acudir a lo uno sin hacer falta a lo otro, y la pasada noche mi don Félix por haberlo tenido conmigo, había faltado a su prima; y lo más cierto es que la fortuna que guiaba las cosas más a su gusto que a mi provecho, ordenó que doña Adriana madrugase a tomar su acerada bebida, y saliendo en compañía de su tía y criadas, la primera estación que hizo fue a casa de su primo, y entrando en ella con alegría de todos, que le daban

77. *acerado:* fuerte, penetrante (R.A.E.).
78. *opilaciones:* durezas que se hacen en el estómago; es enfermedad propia de doncellas y de gente que hace poco ejercicio (Covar.).

como a un sol el parabién de su venida y salud, se fue con doña Isabel al cuarto de su hermano, que estaba reposando lo que había perdido de sueño en sus amorosos empleos, y le empezó delante de su hermana, muy a lo de propia mujer, a pedirle cuenta de haber faltado la noche pasada, a quien don Félix no satisfizo; mas desengañó de suerte que en pocas palabras le dio a entender, que se cansaba en vano, porque demás de tener puesta su voluntad en mí, estaba ya desposado conmigo, y prendas de por medio, que si no era faltándole la vida era imposible que faltasen.

Cubrió a estas razones un desmayo los ojos de doña Adriana, que fue fuerza sacarla de allí y llevarla a la cama de su prima, la cual vuelta en sí, disimulando cuanto pudo las lágrimas, se despidió della, respondiendo a los consuelos que doña Isabel le daba con grandísima sequedad y despego.

Llegó a su casa, donde en venganza de su desprecio, hizo la mayor crueldad que se ha visto consigo misma, con su primo, y conmigo. ¡Oh celos, qué no haréis y más si os apoderáis de pecho de mujer! En lo que dio principio a su furiosa rabia fue en escribir a mi padre un papel, en que le daba cuenta de lo que pasaba, diciéndole que velase y tuviese cuenta con su casa, que había quien le quitaba el honor. Y con ello aguardó la mañana, que tomando su prima, y dando el papel a un criado que se le llevase a mi padre dándole a entender que era una carta de Madrid, ya con el manto puesto para salir a hacer exercicio, se llegó a su madre algo más enternecida que su cruel corazón le daba lugar, y le dixo:

—Madre mía, al campo voy, si volveré Dios lo sabe; por su vida, señora, que me abrace por si no la volviere a ver.

—Calla, Adriana —dixo algo alterada su madre—, no

digas tales disparates, si no es que tienes gusto de acabarme la vida; ¿por qué no me has de volver a ver, si ya estás
tan buena que ha muchos días que no te he visto mejor?
Vete, hija mía, con Dios y no aguardes a que entre el sol y
te haga daño.

—¿Pues qué, vuestra merced no me quiere abrazar?
—replicó doña Adriana.

Y volviendo, preñados de lágrimas los ojos, las espaldas, llegó a la puerta de la calle, y apenas salió por ella y
dio dos pasos, cuando arrojando un lastimoso ¡ay! se dexó
caer en el suelo.

Acudió su tía y sus criadas y su madre, que venía tras
ella, y pensando que era un desmayo, la llevaron a su
cama, llamando al médico para que hiciese las diligencias
posibles, mas no tuvo ninguna bastante, por ser su desmayo eterno; y declarando que era muerta, la desnudaron
para amortajarla, hundiéndose la casa a gritos; y apenas
la desabotonaron un jubón de tabí[79] de oro azul, que llevaba puesto, cuando entre sus hermosos pechos la hallaron un papel, que ella misma escribía a su madre, en que
le decía que ella propia se había quitado la vida con solimán[80] que había echado en el xarabe, porque más quería
morir que ver a su primo en brazos de otra.

Quien a este punto viera a la triste de su madre, de
creer es que se le partiera el corazón por medio de dolor,
porque ya de traspasada no podía llorar, y más cuando
vieron que después de frío el cuerpo, se puso muy hincha-
da, y negra, porque no sólo consideraba el ver muerta a su
hija, sino haber sido desesperadamente. Y así, puedes

---

79. *jubón de tabí:* vestido que se pone sobre la camisa y se ata a las calzas,
elaborado con tabí o tela de seda con ondas que forman aguas (Covar. y
R.A.E.).

80. *solimán:* un producto venenoso elaborado con mercurio y cloro
(R.A.E.).

considerar, Fabio, cuál estaría su casa, y la ciudad y yo que en compañía de doña Isabel fui a ver este espectáculo, inocente y descuidada de lo que estaba ordenado contra mí, aunque confusa de ser yo la causa de tal suceso, porque ya sabía por un papel de mi esposo, lo que había pasado con ella.

No se halló al entierro don Félix por no irritar al cielo en venganza de su crueldad, aunque yo lo eché a sentimiento, y lo uno y lo otro debía ser y era razón.

Enterraron la desgraciada y malograda dama, facilitando su riqueza y calidad los imposibles[81] que pudiera haber, habiéndose ella muerto por sus manos. Y con esto yo me torné a mi casa, deseando la noche para ver a don Félix, que apenas eran las nueve cuando Sarabia me avisó cómo ya estaba en su aposento (pluguiera a Dios le durara su pesar y no viniera), aunque a mi parecer se disponía mejor el verle que otras noches, porque mi cauteloso padre, que ya estaba avisado por el papel de doña Adriana, se acostó más temprano que otras veces, haciendo recoger a mi hermano y a la demás gente, y yo hice lo mismo para más disimulación, dando lugar a mi padre, que ayudado de sus develos y melancolía, a pesar de su cuidado, se durmió tan pesadamente, que le duró el sueño hasta las cuatro de la mañana.

Yo como le vi dormido me levanté, y descalza, con sólo un faldellín,[82] me fui a los brazos de mi esposo, y en ellos procuré quitarle, con caricias y ruegos el pesar que tenía, tratando con admiraciones el suceso de doña Adriana.

Estaba Sarabia asentado en la escalera, siendo vigilante

---

81. *imposibles:* impedimentos, en este caso, de la Iglesia que prohibía enterrar en tierra sagrada (cementerios) a los suicidas.

82. *faldellín:* faldas cortas y abiertas que se ponían sobre las enaguas y debajo de las sayas (Covar.).

espía de mis travesuras, a tiempo que mi padre despavorido despertó, y levantándose, fue a mi cama y como no me hallase en ella, tomó un pistolete y su espada, y llamando a mi hermano, le dio cuenta del caso, breve y sucintamente; mas no pudieron hacerlo con tanto silencio ni tan paso que una perrilla que había en casa, no avisase con sus voces a mi criado, el cual escuchando atento, como oyó pasos, llegó a nosotros, y nos dixo que si queríamos vivir le siguiésemos, porque éramos sentidos.

Hicímoslo así, aunque muy turbados, y antes que mi padre tuviese lugar de baxar la escalera, ya los tres estábamos en la calle, y la puerta cerrada por defuera, que esta astucia me enseñó mi necesidad.

Considérame, Fabio, con sólo el faldellín de damasco verde, con pasamanos de plata, y descalza, porque así había baxado la escalera a verme con mi deseado dueño. El cual con la mayor priesa que pudo me llevó al convento donde estaban sus tías, siendo ya de día. Llamó a la portería, y entrando dentro al torno, y en dándoles cuenta del suceso, en menos de una hora me hallé detrás de una red, llena de lágrimas y cercada de confusión, aunque don Félix me alentaba cuanto podía, y sus tías me consolaban asegurándome todas el buen suceso, pues pasada la cólera, tendría mi padre por bien el casamiento. Y por si le quisiese pedir a don Félix el escalamiento de la casa, se quedó retraído él y Sarabia en el mismo monasterio, en una sala, que para su estancia mandaron aderezar sus tías, desde donde avisó a su padre y hermana el suceso de sus amores.

Su padre, que ya por las señales se imaginaba que me quería, y no le pesaba dello, por conocer que en Baeza no podría su hijo hallar más principal ni rico casamiento, pareciéndole que todo vendría a parar en ser mi marido, fue luego a verme en compañía de doña Isabel, que proveída de vestidos y joyas, que supliesen la falta de las mías, mientras se hacían otras, llegó donde yo estaba, dándome mil consuelos y esperanzas.

Esto pasaba por mí, mientras mi padre, ofendido de acción tan escandalosa como haberme salido de su casa, si bien lo fuera más si yo aguardara su furia, pues por lo menos me costara la vida, remitió su venganza a sus manos, acción noble, sin querer por la justicia hacer ninguna diligencia, ni más alboroto ni más sentimiento, que si no le hubiera faltado la mejor joya de su casa y la mejor prenda de su honra. Y con este propósito honrado, puso espías a don Félix, de suerte que hasta sus intentos no se encubrían. Y antes de muchos días halló la ocasión que buscaba, aunque con tan poca suerte como las demás, por estar hasta entonces la fortuna de parte de don Félix. El cual una noche cansado ya de su reclusión, y estando cierto que yo estaba recogida en mi celda con sus tías, que me querían como hija, venciendo con dinero la facilidad de un mozo, que tenía las llaves de la puerta de la casa, le pidió que le dexase salir, que quería llegar hasta la de su padre, que no estaba lexos, que luego daría la vuelta. Hízolo el poco fiel guardador, previniéndole su peligro, y él facilitándolo todo lleno de armas y galas salió, y apenas puso los pies en la calle cuando dieron con él mi padre y hermano, las espadas desnudas, que hechos vigilantes espías de su opinión, no dormían sino a las puertas del convento. Era mi hermano atrevido cuanto don Félix prudente, causa para que a la primera ida y venida de las espadas, le atravesó don Félix la suya por el pecho, y sin tener lugar ni aun de llamar a Dios, cayó en el suelo de todo punto muerto.

El mozo que tenía las llaves, como aún no había cerrado la puerta, por ser todo en un instante, recogió a don Félix, antes que mi padre ni la justicia pudiesen hacer las diligencias, que les tocaban.

Vino el día, súpose el caso, dióse sepultura al malogrado y lugar a las murmuraciones. Y yo ignorante del caso, salí a un locutorio a ver a doña Isabel, que me estaba aguardando llena de lágrimas y sentimientos, porque pensaba ella, siendo yo mujer de su hermano, serlo del mío, a quien amó tiernamente. Prevínome del suceso y de la ausencia que don Félix quería hacer de Baeza y de toda España, porque se decía que el Corregidor[83] trataba de sacarle de la Iglesia, mientras venía un Alcalde de Corte,[84] por quien se había enviado a toda priesa.

Considera, Fabio, mis lágrimas y mis extremos con tan tristes nuevas, que fue mucho no costarme la vida, y más viendo que aquella misma noche había de ser la partida de mi querido dueño a Flandes, refugio de delincuentes y seguro de desdichados, como lo hizo, dexando orden en mi regalo,[85] y cuidado a su padre de amansar las partes y negociar su vuelta.

Con esto, por una puerta falsa, que se mandaba por la estancia de las monjas, y no se abría sino con grande ocasión, con licencia del Vicario y Abadesa, salió, dexándome en los brazos de su tía casi muerta, donde me trasladó de los suyos, por no aguardar a más ternezas, tomando el camino derecho de Barcelona, donde estaban las galeras que habían traído las compañías, que para la expulsión de los moriscos había mandado venir la Majestad de Felipe III, y aguardaban al Excelentísimo don Pedro Fernán-

83. *Corregidor:* magistrado o alcalde de una ciudad o pueblo nombrado directamente por el rey. Las autoridades civiles no podían prender a un fugitivo que se hubiera "acogido a sagrado", es decir, que se hubiera refugiado en una iglesia (R.A.E.).

84. *Alcalde:* juez ordinario que presidía también el Concejo. El de Corte es una de las categorías más altas, junto con los alcaldes de Casa y de Chancillería, y equivalía a juez togado (R.A.E.).

85. *regalo:* cuidado en la alimentación (Covar.).

dez de Castro, Conde de Lemos,[86] que iba a ser Virrey y Capitán General del Reino de Nápoles.

Supo mi padre la ausencia de don Félix, y como discreto, trazó, ya que no se podía vengar dél hacerlo, de mí. Y la primera traza que para esto dio fue tomar los caminos, para que ni a su padre ni a mí viniesen cartas, tomándolas todas, que el dinero lo puede todo, y no fue mal acuerdo, pues así sabía el camino que llevaba, que los caballeros de la calidad de mi padre, en todas partes tienen amigos, a quien cometer su venganza.

Pasaron quince o veinte días de ausencia, pareciéndome a mí veinte mil años, sin haber tenido nuevas de mi ausente. Y un día, que estaban mi suegro y cuñado, que me visitaban por momentos,[87] entró un cartero y dio a mi suegro una carta, diciendo ser de Barcelona, que a lo después supe, había sido echada en el correo. Decía así:

"Mucho siento haber de ser el primero que dé a V. m. tan malas nuevas, mas aunque quisiera excusarme no es justo dexar de acudir a mi amistad y obligación. Anoche, saliendo el alférez don Félix Ponce de León, su hijo de V. m. de una casa de juego, sin saber quién ni cómo, le dieron dos puñaladas, sin darle lugar ni aun de imaginar quién sea el agresor. Esta mañana le enterramos, y luego despacho ésta, para que V. m. lo sepa, a quien consuele Nuestro Señor, y dé la vida que sus servidores deseamos. A Sarabia pasaré conmigo a Nápoles, si V. m. no manda otra cosa. Barcelona 20 de junio. El Capitán Diego de Mesa."

---

86. Una de las alusiones al Conde de Lemos citadas en la introducción. Esto le permite la inclusión en el texto del tiempo referencial o histórico que añade realismo a la narración. El acontecimiento al que hace referencia, la expulsión de los moriscos, sucedió en 1609 y el virreinato de Pedro Fernández de Castro, VII Conde de Lemos, fue entre 1610 y 1616.
87. *por momentos:* no documentado, posiblemente a veces.

¡Ay, Fabio, y qué nuevas! No quiero traer a la memoria mis extremos, bastará decirte que las creí, por ser este capitán un muy particular amigo de don Félix, con quien él tenía correspondencia, y a quien pensaba seguir en este viaje. Y pues las creí, por esto podrás conjeturar mi sentimiento, y lágrimas. No quieras saber más, sino que sin hacer más información, otro día tomé el hábito de religiosa, y conmigo para consolarme y acompañarme doña Isabel, que me quería tiernamente.

Ve prevenido, discreto Fabio, de que mi padre fue el que hizo este engaño, y escribió esta carta, y cómo cogía todas las que venían. Porque don Félix como llegó a Barcelona, halló embarcado al Virrey, y sin tener lugar de escribir más que cuatro renglones, avisando de cómo ese día partían las galeras se embarcó y con él Sarabia, que no le había querido dexar, temeroso de su peligro. Pedía que le escribiésemos a Nápoles, donde pensaba llegar, y desde allí dar la vuelta a Flandes.

Pues como su padre y yo no recebimos esta carta, pues en su lugar vino la de su muerte, y la tuviésemos por tan cierta, no escribimos más, ni hicimos más diligencias, que, cumplido el año, hacer doña Isabel y yo nuestra profesión con mucho gusto, particularmente en mí pareciéndome que faltando don Félix no quedaba en el mundo quien me mereciese.

A un mes de mi profesión murió mi padre, dexándome heredera de cuatro mil ducados de renta, los cuales no me pudo quitar, por no tener hijos, y ser cristiano, que, aunque tenía enojo, en aquel punto acudió a su obligación. Éstos gastaba yo largamente en cosas del convento, y así era señora dél, sin que se hiciese en todo más que mi gusto.

Don Félix llegó a Nápoles, y no hallando cartas allí, como pensó, enojado de mi descuido y desamor, sin querer escribir, viendo que se partían cinco compañías a

Flandes, y que en una dellas le habían vuelto a dar la bandera, se partió; y en Bruselas, para desapasionarse de mis cuidados, dio los suyos a damas y juegos, en que se divirtió de manera, que en seis años no se acordó de España ni de la triste Jacinta, que había dexado en ella; ¡pluguiera a Dios que estuviera hasta hoy, y me hubiera dexado en mi quietud, sin haberme sujetado a tantas desdichas! Pues para traerme a ellas, al cabo deste tiempo, trayendo a la memoria sus obligaciones, dio la vuelta a España y a su tierra, donde entrando al anochecer, sin ir a la casa de sus padres, se fue derecho al convento, y llegando al torno al tiempo que querían cerrarle, preguntó por doña Jacinta, diciendo que le traía unas cartas de Flandes. Era tornera una de sus tías, y deseosa de saber lo que me quería, pareciéndole novedad que me buscase nadie fuera de su padre de don Félix, que era la visita que yo siempre tenía, se apartó un poco, y llegándose luego, preguntó:

—¿Quién busca a doña Jacinta, que yo soy?

—Ese engaño no a mí —dixo don Félix—, que el soldado que me dio las cartas, me dio también a conocer su voz.

Viendo la sutileza la mensajera, a toda diligencia me envió a llamar por saber tales enigmas, y como llegué, preguntando quién me buscaba, y conociese don Félix mi voz, se llegó más cerca diciendo:

—¿Era tiempo, Jacinta mía, de verte?

¡Oh Fabio, y qué voz para mí! Ahora parece que la escucho, y siento lo que sintiera aquel punto. Así como conocí en la habla a don Félix, no quieras más de que considerando en un punto las falsas nuevas de su muerte, mi estado, y la imposibilidad de gozarle, despertando mi amor que había estado dormido, di un grito, formando en él un ¡ay! tan lastimoso como triste, y di conmigo en el suelo, con un desmayo tan cruel, que me duró tres días estar como muerta, y aunque los médicos declaraban que tenía vida, por más remedios que se hacían no podían volverme en mí.

Recogióse don Félix en una cuadra, dentro de la casa, que debió de ser la misma en que primero estuvo, donde vio a su hermana, porque había en ella una rexa donde nos hablábamos, de quien supo lo hasta allí sucedido, que viendo que estaba profesa, fue milagro no perder la vida.

Encargóle el cuidado de mi salud, y el secreto de su venida, porque no quería que la supiese su padre, que ya su madre era muerta.

Yo volví del desmayo, mejoré del mal, porque guardaba el cielo mi vida para más desdichas, y salí a ver a mi don Félix.

Lloramos los dos, y concertamos de que Sarabia fuese a Roma por licencia para casarnos, pues la primera palabra era la valedera.

Mientras yo juntaba dineros que llevase, pasaron quince días, o un mes, en cuyo tiempo volvió a vivir amor, y los deseos a reinar, y las persuasiones de don Félix a tener la fuerza que siempre habían tenido, y mi flaqueza a rendirse. Y pareciéndonos que el Breve del Papa estaba seguro, fiándonos en la palabra dada antes de la profesión, di orden de haber la llave de la puerta falsa por donde salió don Félix para ir a Flandes (el cómo no me lo preguntes, si sabes cuánto puede el interés); la cual le di a mi amante, hallándose más glorioso que con un reino. ¡Oh caso atroz y riguroso! Pues todas o las más noches entraba a dormir conmigo. Esto era fácil, por haber una celda que yo había labrado de aquella parte. Cuando considero esto no me admiro, Fabio, de las desdichas que me siguen, y antes alabo y engrandezco el amor y la misericordia de Dios, en no enviar un rayo contra nosotros.

En este tiempo se partió Sarabia a Roma, quedándose

don Félix escondido, con determinación de que no se supiese que estaba allí, hasta que el Breve viniese.

Pues como Sarabia llegó a Roma, y presentó los papeles y un memorial que llevaba para dar a Su Santidad, en el cual se daba cuenta de toda la sustancia del negocio, y cómo entraba en el convento, caso tan riguroso a sus oídos, que mandó el Papa que pena de excomunión mayor *latae sententiae*,[88] pareciese[89] don Félix ante su tribunal, donde sabiendo el caso más por entero, daría la dispensación, dando por ella cuatro mil ducados.

Pues cuando aguardábamos el buen suceso, llegó Sarabia con estas nuevas; empecé[90] con mayores extremos el ausentarse don Félix, temiendo sus descuidos, el cual con la misma pena me pidió me saliese del convento y fuese con él a Roma, y que juntos alcanzaríamos más fácilmente la licencia para casarnos.

Díxolo a una mujer que amaba, que fue facilitar el caso, porque la siguiente noche, tomando yo gran cantidad de dineros y joyas que tenía, dexando escrita una carta a doña Isabel, y dexándole el cuidado y gobierno de mi hacienda, me puse en poder de don Félix, que en tres mulas que Sarabia tenía prevenidas, cuando llegó el día ya estábamos bien apartados de Baeza, y en otros doce nos hallábamos en Valencia; y tomando una falúa, con harto riesgo de las vidas, y mil trabajos, llegamos a Civita Vieja, y en ella tomamos tierra, y un coche en que llegamos a Roma.

Tenía don Félix amistad con el Embaxador de España y algunos Cardenales que habían estado en la insigne ciudad de Baeza, cabeza de la Cristiandad, con cuyo favor

---

88. *latae sententiae:* tipo de excomunión cuya absolución solía depender únicamente del Papa.
89. *pareciese:* se presentase (Covar.).
90. *empecé:* estorbé, dificulté (Covar.).

nos atrevimos a echarnos a los pies de Su Santidad, el cual mirando nuestro negocio con piedad, nos absolvió, mandando que diésemos dos mil ducados al Hospital Real de España, que hay en Roma; y luego nos desposó, con condición y en penitencia del pecado, que no nos juntásemos en un año, y si lo hiciésemos quedase la pena y castigo reservado a él mismo.

Estuvimos en Roma visitando aquellos santuarios, y confesándonos generalmente algunos días, en cuyo intermedio, supo don Félix, cómo la Condesa de Gelves, doña Leonor de Portugal, se embarcaba para venir a Zaragoza, de donde habían hecho a don Diego Pimentel, su marido, Virrey.[91] Y pareciéndole famosa ocasión para venir a España y a nuestra tierra a descansar de los trabajos pasados, me traxo a Nápoles, y acomodó por medio del Marqués de Santacruz, con las damas de la Condesa, y él se llegó a la tropa de los acompañantes.

Tuvo la fortuna el fin que se sabe, porque forzados de una cruel tormenta, nos obligó a venir por tierra. Bastaba yo, Fabio, venir allí. Finalmente mi esposo y yo vinimos a Madrid, y en ella me llevó a casa de una deuda suya, viuda, y que tenía una hija tan dama como hermosa, y tan discreta como gallarda, donde quiso que estuviese, respecto[92] de haber de estar lo que faltaba del año, apartados. Y él presentó los papeles de sus servicios en Consejo de Guerra, pidiendo una compañía, pareciéndole que con título de capitán y mi hacienda y la suya, sería rey en Baeza, premisas ciertas de su pretensión.

Tenía mi don Félix, cuando salió, orden de su Majestad que todos los soldados pretendientes fuesen a servirle a la

---

91. Nueva alusión a un hecho histórico para dar realismo al relato. El suceso al que hace referencia ocurrió en el reinado de Felipe III.

92. *respecto:* ver nota 42.

Mamora,[93] que a la vuelta les haría mercedes. Y como a él respecto de haber servido, también le honrasen por esta ocasión con el deseado cargo de capitán, no le dexaron sus honrados pensamientos acudir a las obligaciones de mi amor. Y así un día que se vio conmigo, delante de sus parientes, me dixo:

—Amada Jacinta, ya sabes en la ocasión que estoy, que no sólo a los caballeros obliga, más a los humildes, si nacieron con honra. Esta empresa no puede durar mucho tiempo, y caso que dure más de lo que agora se imagina, como un hombre tenga lo que ama consigo, y no le falte una posada honrada, vivir en Argel o en Constantinopla, todo es vivir, pues el amor hace los campos ciudades, y las chozas, palacios. Dígote esto, porque mi ausencia no se excusa por tan justos respectos, que si los atropellase, daría mucho que decir. Tan honrosa causa disculpa mi desamor, si quieres dar este nombre a mi partida. La confianza que tengo de ti, me excusa el llevarte, que si no fuera esto, me animara a que en mi compañía, empezaras a padecer de nuevo, o ya viéndome a mí cercado de trabajos, o llegando ocasión de morir juntos. Mas será Dios servido, que, en sosegándose estas revoluciones, yo tenga lugar de venir a gozarte, o por lo menos enviar por ti, donde me emplee en servirte, que bien sé la deuda en que estoy a tu amor y voluntad. Mi esposa eres, siete meses nos quedan para poder yo libremente tenerte por mía. La honra y acrecentamiento que yo tuviere, es tuya. Ten por bien, señora mía, esta jornada, pues ahorrarás con esto parte del pesar que has de tener, y yo tengo. En casa de mi tía quedas, y con la deuda de ser quien eres, y quien

93. *Mamora:* ciudad costera en el occidente de Marruecos hoy Mehdia. Hubo varias expediciones para su conquista entre 1611 y 1614, fecha en la que se rindió.

soy. Lo necesario para tu regalo no te ha de faltar. A mi padre y hermana dexo escrito, dándoles cuenta de mis sucesos, a ti vendrán las cartas y dineros. Con esto y las tuyas, tendré más ánimo en las ocasiones, y más esperanzas de volverte a ver. Yo me he de partir esta tarde, que no he querido hasta este punto decirte nada, porque no hagas el mal con vigilia. Por tu vida y la mía, que mostrando en esta ocasión el valor que en las demás has tenido, excuses el sentimiento, y no me niegues la licencia que te pido con un mar de lágrimas en mis ojos.

Escuché, discreto Fabio, a mi don Félix, pareciéndome en aquel punto más galán, más cuerdo y más amoroso, y mi amor mayor que nunca; habíale de perder, ¡qué mucho que para atormentarme urdiese mi mala suerte esta cautela! Queríale responder, y no me daba lugar la pasión; y en este tiempo consideré que tenía razón en lo que decía; y así, le dixe con muy turbadas palabras que mis ojos respondían por mí, pues claro era que consentía el gusto y la voluntad, pues que ellos hacían tal sentimiento, pasando entre los dos palabras muy amorosas, más para aumentar la pena, que para considerarla.[94] Llegó la hora en que le había de perder para siempre, partióse al fin don Félix, y quedé como el que ha perdido el juicio, porque ni podía llorar, ni hablar, ni oír los consuelos que me daba doña Guiomar y su madre, que me decían mil cosas y consuelos para desembelesarme. Finalmente, me costó la pérdida de mi dueño tres meses de enfermedad, que estuve ya para desamparar la vida. ¡Pluguiera al Cielo que me hiciera este bien! ¿Mas cuando le reciben los desdichados, ni aún de quien tiene tantos que dar?[95]

En todo este tiempo no tuve cartas de don Félix, y aun-

94. *considerarla:* reflexionar sobre ella.
95. Se refiere a Dios.

que pudieran consolarme las de su padre y hermana, que alegres de saber el fin de tantas desdichas, y prevenidas de mil regalos y dineros que me daban el parabién, pidiéndome que en volviendo don Félix, tratásemos de irnos a descansar en su compañía, no era posible que hinchiesen el vacío de mi cuidadosa voluntad, la cual me daba mil sospechas de mi desdicha, porque tengo para mí, que no hay más ciertos astrólogos que los amantes.

Más habían pasado de cuatro meses que pasaba esta vida, cuando una noche, que parece que el sueño se había apoderado de mí más que otras (porque como la Fortuna me dio a don Félix en sueños, quiso quitármele de la misma suerte) soñaba que recebía una carta suya, y una caxa que a la cuenta parecía traer algunas joyas, y en yéndola a abrir, hallé dentro la cabeza de mi esposo. Considera, Fabio, que fueron los gritos y las voces que di tan grandes, despertando con tantas lágrimas y congoxas y ansias, que parecía que se me acababa la vida, ya desmayándome, y ya tornando en mí, a puras veces que me daba doña Guiomar, y agua que me echaba en el rostro, que era la mayor compasión del mundo. Contéles el sueño, y ella y su madre, y criadas no osaban apartar de mí, por el temor con que estaba, pareciéndome que a todas partes que volvía la cabeza, vía la de don Félix.

Hasta que se llegó la mañana, que determinaron llevarme a mi confesor, para que me confesase, por ser un sacerdote muy bien entendido y teólogo. Al tiempo de salir de mi casa, oí una voz, aunque las demás no la oyeron:

—Muerto es, sin duda, don Félix, ya es muerto.

Con tales agüeros, puedes creer que no hallé consuelo en el confesor, ni la tenía en cosa criada.

Pasé así algunos días, al cabo de los cuales vinieron las nuevas de lo que sucedió en la Mamora, y con ellas la relación de los que en ella se ahogaron, viniendo casi en los primeros don Félix. De allí algunos días llegó Sarabia, que fue la nueva más cierta, el cual contó, cómo yendo a tomar puerto las naves, en competencia unas con otras, dos dellas se hicieron pedazos, y abriéndose por medio, se fueron a pique, sin poderse salvar de los que iban en ella ni tan sólo un hombre. En una de éstas iba mi don Félix, armado de unas armas dobles, causa de que cayendo en la mar, no volvió a parecer más; echó algunos fuera, él no fue visto; así acabó la vida en tan desgraciada ocasión, el más galán mozo que tuvo la Andalucía, esto sin pasión, porque a treinta y cuatro años acompañaban las más gallardas partes que pudo formar la Naturaleza.

Cansarte en contar mi sentimiento, mis ansias, mi llanto, mi luto, sería pagarte mal el gusto con que me escuchas, sólo te digo, que en tres años ni supe qué fué alegría, ni salud.

Supieron su padre y hermana el suceso, trataron de llevarme y restituirme a mi convento; mas yo, aunque sentía con tantas veras la muerte de mi esposo, no lo aceté, por no volver a los ojos de mis deudos sin su amparo, ni menos con las monjas, respecto de haber sido causa de su escándalo; demás que mi poca salud no me daba lugar de ponerme en camino, ni volver de nuevo a ser novicia, y sufrir la carga de la Religión, antes di órdenes que Sarabia, a quien yo tenía por compañero de mis fortunas, se fuese a gobernar mi hacienda, y yo me quedé en compañía de doña Guiomar, y su madre, que me tenían en lugar de hija, y no hacían mucho, pues yo gastaba con ellas mi renta, bien largamente.

Aconsejábanme algunas amigas que me casase, mas yo no hallaba otro don Félix, que satisfaciese mis ojos ni hinchiese el vacío de mi corazón, que aunque no lo estaba de su memoria, ni mis compañeras quisieran que le hallara;

mas para mi desdicha le halló amor, que quizá estaba agraviado de mi descuido.

Visitaba a doña Guiomar un mancebo, noble, rico y galán, cuyo nombre es Celio, tan cuerdo como falso, pues sabía amar cuando quería, y olvidar cuando le daba gusto, porque en él las virtudes y los engaños están como los ramilletes de Madrid, mezclados ya los olorosos claveles, como hermosas mosquetas,[96] con las flores campesinas, sin olor ni virtud ninguna. Hablaba bien y escribía mejor, siendo tan diestro en amar como en aborrecer. Este mancebo que digo, en mucho tiempo que entró en mi casa, jamás se le conoció designio ninguno, porque con llaneza y amistad entretenía la conversación, siendo tal vez el más puntual en prevenirme consuelos a mi tristeza, unas veces jugando con doña Guiomar, y otras diciendo algunos versos, en que era muy diestro y acertado. Pasaba el tiempo, teniendo en todo lo que intentaba más acierto que yo quisiera. Igualmente nos alababa, sin ofender a ninguna nos quería, ya engrandecía la doncella, ya encarecía la viuda; y como yo también hacía versos, competía conmigo y me desafiaba en ellos; admirándole, no el que yo los compusiese, pues no es milagro en una mujer, cuya alma es la misma que la del hombre, o porque naturaleza quiso hacer esa maravilla, o porque los hombres no se desvaneciesen,[97] siendo ellos solos los que gozan de sus grandezas, sino porque los hacía con algún acierto.

Jamás miré a Celio para amarle, aunque nunca procuré aborrecerle, porque si me agradaba de sus gracias, temía de sus despegos, de que él mismo nos daba noticia, particularmente un día, que nos contó cómo era querido de una dama, y que la aborrecía con las mismas veras que la

---

96. *mosquetas:* zarza cultivada cuyas flores dan suavísimo olor (Covar.).
97. *desvaneciesen:* envaneciesen (Covar.).

amaba; gloriándose de las sinrazones con que le pagaba mil ternezas. ¡Quién pensara, Fabio, que esto despertara mi cuidado, no para amarle, sino para mirarle con más atención que fuera justo! De mirar su gallardía, nació en mí un poco de deseo, y con desear, se empezaron a enxugar mis ojos, y fui cobrando salud, porque la memoria empezó a divertirse tanto, que del todo le vine a querer, deseando que fuera mi marido, si bien callaba mi amor, por no parecer liviana, hasta que él mismo traxo la ocasión por los cabellos, y fue pedirme que hiciera un soneto a una dama, que mirándose a un espejo, dio en el sol, y la deslumbró. Y yo aprovechándome della, hice este soneto:

> En el claro cristal del desengaño
> se miraba Jacinta descuidada,
> contenta de no amar, ni ser amada,
> viendo su bien en el ajeno daño.
>   Mira de los amantes el engaño,
> la voluntad, por firme, despreciada,
> y de haberla tenido escarmentada,
> huye de amor el proceder extraño.
>   Celio, sol desta edad, casi envidioso,
> de ver la libertad con que vivía,
> exenta de ofrecer a amor despojos,
>   Galán, discreto, amante y dadivoso,
> reflexos que animaron su osadía,
> dio en el espejo, y deslumbró sus ojos.
>   Sintió dulces enojos,
> y apartando el cristal, dixo piadosa:
>   Por no haber visto a Celio, fui animosa,
> y aunque llegue a abrasarme,
> no pienso de sus rayos apartarme.

Recibió Celio con tanto gusto este papel, que pensé que ya mi ventura era cierta, y no fue sino que a nadie le pesa de ser querido. Alabó su ventura, encareció su suerte, agradeció mi amor, dando claras muestras del suyo; y dándome a entender que me lo tenía, desde el día que me vio, solenizó la traza de darle a entender el mío, y finalmente, armó lazos en que acabase de caer, solenizando en un romance, mi hermosura, y su suerte. ¡Ay de mí, que cuando considero las estratagemas y ardides con los que los hombres rinden las mujeres y combaten su flaqueza, digo que todos son traidores, y el amor guerra y batalla campal, donde el amor combate a sangre y fuego al honor, alcaide de la fortaleza del alma! De mí te digo, Fabio, que aunque ciega, y más cautiva a esta voluntad, nunca dexó de conocer lo que he perdido por ella, pues cuando no sea, sino por haber dexado de ser cuerda, queriendo a quien me aborrece, basta este conocimiento para tenerme arrepentida, si durase este propósito.

En fin, Celio es el más sabio para engañar que yo he visto, porque empezó a dar tal color de verdadero a su amor, que le creyera, no sólo una mujer que sabía de la verdad de un hombre, que se preció de tratarla, sino a las más astutas y matreras.[98] Sus visitas eran continuas, porque mañana y tarde estaba en mi casa, tanto que sus amigos llegaron a conocer, en verle negarse a su conversación, que la tenía con persona que lo merecía, en particular uno de tu nombre, con quien la conservó más que ninguno, y a quien contaba sus empleos,[99] que según me dixo el mismo Celio, me tenía lástima, y le rogaba que no me hablase, si me había de dar el pago que a otras que le había conocido. Sus papeles tantos, que fueron bastantes a volverme loca. Sus regalos tantos y tan a tiempo, que parecía tenía de su mano los movimientos del cielo, para hacerlos a punto que me acabase de precipitar. Yo sim-

98. *matreras:* resabidas, pérfidas (R.A.E.).

99. *empleos:* ocupaciones, dedicación, también, dedicación amorosa a una mujer o a un hombre.

ple, ignorante destas traiciones, no hacía sino aumentar amor sobre amor, y si bien se le tuve siempre con propósito de hacerle mi esposo, que de otra manera, antes me dexara morir, que darle a entender mi voluntad; y en ello entendí hacerle harto favor, siendo quien soy. Celio no debía de pensar esto, según pareció, aunque no ignoraba lo que ganara con tal casamiento. Mas yo, con mi engaño, estaba tan contenta de ser suya, que ya de todo punto no me acordaba de don Félix; sólo en Celio estaban empleados mis sentidos, si bien temerosa de su amor, porque desde que le empecé a querer, temí perderle; y para asegurarme deste temor, un día que le vi más galán, y más amante que otros, le conté mi pensamiento, diciéndole, que si como tenía cuatro mil ducados de renta, tuviera juntas todas las que poseen todos los señores del mundo, y con ellas la Monarquía dél, de todas le hiciera señor.

Seguía Celio las letras, y en ellas tenía más acierto que yo ventura, con lo que cortó a mi pretensión la cabeza, diciendo que él había gastado sus años en estudios de letras divinas, con propósito de ordenarse de sacerdote, y que en eso tenían puesto sus padres los ojos, fuera de haber sido esta su voluntad; y que supuesto esto, que le mandase otras cosas de mi gusto, que no siendo esa,[100] las demás haría, aunque fuese perder la vida, y que en razón de asegurarme de perderle, me daba su fe y palabra de amarme mientras la tuviese.

Lo que sentí en ver defraudada mis esperanzas, confirmándose en todo mis temores, y recelos, pues siendo quien soy, no era justo querer si no era al que había de ser mi legítimo marido, y respecto desto, había de tener fin nuestra amistad. Dieron lágrimas mis ojos, y más viendo a Celio tan cruel, que en lugar de enxugarlas, pues no podía

100. Hay que sobreentender: casarse.

ignorar que nacían de amor, se levantó y se fue, dexándome bañada en ellas, y así estuve toda aquella noche y otro
día, que de los muchos recados, que otras veces me enviaba, en ésta faltó, no quien los traxese, sino la voluntad de
enviaros. Hasta que aquella tarde vino Celio a disculparse, con tanta tibieza, que en lugar de enxugarlas las au-
mentó. Esta fue la primera ingratitud que Celio usó conmigo; y como a una siguen muchas, empezó a descuidarse
de mi amor, de suerte que ya no me vía, sino de tarde en
tarde, ni respondía a mis papeles, siendo otras veces objeto de su alabanza. A estas tibiezas daba por disculpas sus
ocupaciones, y sus amigos, y con ellas ocasión a mis tristezas y desasosiegos, tanto, que ya las amigas, que adora-
ban mis donaires y entretenimientos, huían de mí, viéndome con tanto disgusto.

Acompañó su desamor, con darme celos. Visitaba damas y decíalo, que era lo peor, con que, irritando mi cólera y ocasionando mi furor, empecé a ganar en su opinión
nombre de mal acondicionada; y como su amor fue fingi-
do, antes de seis meses se halló tan libre dél como si nunca
le hubiera tenido, y como ingrato a mis obligaciones, dio
en visitar a una dama libre, y de las que tratan de tomar
placer y dineros, y hallóse tan bien con esta amistad, porque no le celaba, ni apretaba, que no se le dio nada que yo
lo supiese, ni hacía caso de las quexas, que yo le daba por
escrito y de palabra las veces que venía, que eran pocas.

Supe el caso por una criada mía que le siguió y supe los
pasos en que andaba. Escribí a la mujer un papel, pidiéndole no le dexase entrar en su casa. Lo que resultó desto,
fue no venir más a la mía, por darse más enteramente a la
otra. Yo triste y desesperada, me pasaba los días y las
noches llorando. ¿Mas para qué te canso en estas cosas?,
pues con decir que cerró ojos a todo, basta.

Fue fuerza en medio destos sucesos, irse a Salamanca, y

por no volver a verme se quedó allí aquel año. Lo que en esto sentí, te lo dirá este traxe, y este monte, donde, siendo quien sabes, me has hallado. Y fue desta suerte: a pocos días que estaba en Salamanca, supe que andaba de amores, por nuevo,[101] por galán y cortesano; cuyas nuevas sentí tanto que pensé perder el juicio. Escribíle algunas cartas, no tuve respuesta de ninguna. En fin, me determiné de ir a aquella famosa ciudad, y procurar con caricias, volver a su gracia, y ya que no estorbase sus amores, por lo menos llevaba determinación de quitarme la vida. Mira, Fabio, en qué ocasiones se vía mi opinión; mas, ¿qué no hará una mujer celosa?

Comuniqué mi pensamiento con doña Guiomar, con quien descansaba en mis desdichas, y viendo que estaba resuelta, no quiso dexarme partir sola. Entraba en casa un gentilhombre, cuya amistad y llaneza era de hermano, al cual rogó doña Guiomar y su madre me acompañase. Él lo acetó luego, y alquilando dos mulas, nos pusimos en ellas, y salimos de Madrid, bien prevenida de dineros y joyas. Y como yo sé tan poco de caminos (porque los que había andado con don Félix habían sido con más recato), en lugar de tomar el camino de Salamanca, el traidor que me acompañaba tomó el de Barcelona, y antes de llegar a ella media legua, en un monte, me quitó cuanto llevaba, y las mulas, y se volvió por do había venido.

Quedé en el campo sola y desesperada; con intentos de hacer un disparate. En fin, a pie y sola empecé a caminar, hasta que salí del monte al camino real, donde hallé gente a quien pregunté, qué tanto estaba de allí Salamanca. De cuya pregunta se rieron, respondiéndome que más cerca estaba de Barcelona; en lo que vi el engaño del traidor, que por robarme me traxo allí. En fin, me animé, y a pie

___
101. *por nuevo:* por recién llegado (Covar.).

llegué a Barcelona, donde vendiendo una sortijilla de hasta diez ducados, que por descuido me dexó el traidor en el dedo, compré este vestido, y me corté los cabellos, y desta suerte me vine a Monserrate, donde estuve tres días, pidiendo a aquella santa Imagen me ayudase en mis trabajos; y llegando a pedir a los padres alguna cosa que comer, me preguntaron si quería servir de zagal, para traer al monte este ganado que ves. Yo viendo tan buena ocasión, para que Celio ni nadie sepa de mí, y pueda sin embarazo gozar sus amores y yo llorar mis desdichas, aceté el partido, donde ha cuatro meses que estoy, con propósito de no volver eternamente donde sus ingratos ojos me vean.

Ésta es, discreto Fabio, la ocasión de mis desdichadas quexas, que te dieron motivo a buscarme; en estas ocasiones me ha puesto amor, y en ellas pienso que se acabará mi vida.

Atento había estado Fabio a las razones de Jacinta, y viendo que había dado fin, le respondió así:

—Por no cortar el hilo, discreta Jacinta, a tus lastimosos sucesos, tan bien sentidos, como bien dichos, no he querido decirte, hasta que les dieses fin, que soy Fabio el amigo de Celio que dixiste que estaba tan lastimado de tu empleo, cuanto deseoso de conocerte. Con tales colores has pintado su retrato, que cuando yo no supiera tus desdichas, y por ellas conociese desde que le nombraste, que eras el dueño de las que yo tengo tan sentidas como tú, conociera luego tu ingrato amante, a quien no culpo por ser esa su condición, y tan sujeto a ella, que jamás en eso se valió de su entendimiento, ni se inclina a vencerla. Muchas prendas le he conocido, y a todas ha dado ese mismo pago, y tenido esa misma correspondencia. De lo que puedo asegurarte, después de decirte que pienso que su estrella le inclina a querer donde es aborrecido, y aborrecer donde le quieren, es que siempre oí en su boca tus alabanzas, y en su veneración tu persona, tratando de ti con aquel respeto que mereces. Señal de que te estima, y si tú le quisieras menos de lo que le has querido, o no lo mostraras por lo menos, ni tú estuvieras tan quexosa, ni él hubiera sido tan ingrato. Mas ya no tiene remedio, porque si amas a Celio con intención de hacerle tu dueño, como de ser quien eres creo, y de tu discreción siempre presumí, ya es imposible; porque él tiene ya las puertas cerradas a esas pretensiones y a cualesquiera que sean desta calidad por tener ya órdenes, impedimento para casarse, como sabes. Para su condición, sólo este estado le conviene, porque imagino que si tuviera mujer propia, a puros rigores y desdenes la matara, por no poder sufrir estar siempre en una misma parte, ni gozar una misma cosa. Pues que quieras forzada de tu amor, lograrle de otra suerte, no lo consentirá el ser cristiana, tu nobleza y opinión, que será desdecir mucho della, pues no es justo que ni el padre de don Félix, ni su hermana, tus deudos, y el monasterio, donde estuviste y fuiste tanto tiempo verdadera religiosa, sepan de ti esa flaqueza, que imposible será incubrirse; y estar aquí, donde estás a peligro de ser conocida de los bandoleros desta montaña, y de la gente que para visitar estas Santas Ermitas la pasan, ni es decente, ni seguro; pues como yo te conocí, escuché y busqué, lo podrán hacer los demás. Tu hacienda está perdida, tus deudos, y los de tu muerto esposo confusos, y quizás sospechando de ti mayores males de los que tú piensas, ciega con la desesperación de amor, y la pasión de tus celos, tanto, que no das lugar a tu entendimiento para que te aconseje, y que elijas mejor modo de vida. Yo, que miro las cosas sin pasión, te suplico que consideres y que pienses que no me he de apartar de aquí sin llevarte conmigo, porque de lo contrario entendiera que el cielo me había de pedir cuenta de tu vida, pues antes que haga acción tan cruel, me quedaré aquí contigo; esto sin más interés, que el de la obligación en que me has puesto con decirme tu historia, y descubrirme tus pensamientos, la que tengo a ser quien soy, y la que debo a Celio, mi amigo, del cual pienso llevar muchos agradecimientos, si tengo suerte de apartarte deste intento, tan contrario a tu honor y fama, porque no me quiero persuadir a que te aborrece tanto, que no estime tu sosiego, tu vida y honra tanto como la suya. Esto te obligue, Jacinta hermosa, a desviarte de semejante disinio.[102] Vamos a la Corte, donde en un Monasterio principal della estarás más conforme a quien eres, y si acaso allí te saliese ocasión de casarte, hacienda tienes con que poder hacerlo, y vivir descansada; y discreción para olvidar, con las caricias verdaderas de tu legítimo esposo, las falsas y tibias de tu amante; y si olvidándole y conociendo las desdichas que has pasado, y las malas correspondencias de los hombres, tomases estado de religiosa, pues ya sabes la vida que es, y conoces que es la más perfeta, tanto más gusto darías a los que te conocemos. Ea, bella Jacinta, vamos al convento que se viene la noche, y entregarás a los frailes sus corderos, dichosos de ser apacentados de tal zagal, porque mañana poniéndote en tu traxe, pues ése no es decente a lo que mereces, recibirás una criada que te acompañe, y alquilaremos un coche para volver a Madrid, que desde hoy, con tu licencia, quiero que corra por mi cuenta tu opinión, y agradecerme a mí mismo el ser causa de tu remedio. Y si no puedes vivir sin Celio, yo haré que Celio te visite, trocando el amor imperfecto en amor de hermanos. Y mientras con esto entretienes tu amorosa pasión, querrá el cielo que mudes intento, y te envíe el remedio que yo deseo,

___

102. *disinio:* designio, propósito.

al cual ayudaré, como si fueras mi hermana, y como tal irás en mi compañía.

—Con estos brazos, noble y discreto Fabio —replicó Jacinta, llenos los ojos de lágrimas, enlazándolos al cuello del bien entendido mancebo—, quiero, si no pagar, agradecer la merced que me haces; y pues el cielo te traxo a tal tiempo por estos montes inhabitables, quiero pensar que no me tiene olvidada. Iré contigo más contenta de lo que piensas, y te obedeceré en todo lo que de mí quisieras ordenar, y no haré mucho, pues todo es tan a provecho mío. La entrada en el Monasterio aceto; sólo en lo que no podré obedecerte, será en tomar uno, ni otro estado, si no se muda mi voluntad, porque para admitir esposo, me lo estorba mi amor, y para ser de Dios, ser de Celio, porque aunque es la ganancia diferente, para dar la voluntad a tan divino Esposo es justo que esté muy libre y desocupada. Bien sé lo que gano por lo que pierdo, que es el cielo, o el infierno, que tal es el de mis pasiones; mas no fuera verdadero mi amor, si no me costara tanto. Hacienda tengo; bien podré estarme en el estado que poseo, sin mudarme dél. Soy Fénix de amor, quise a don Félix hasta que me le quitó la muerte, quiero y querré a Celio hasta que ella triunfe de mi vida. Hice elección de amar y con ella acabaré. Y si tú haces que Celio me vea, con eso estoy contenta, porque como yo vea a Celio, eso me basta, aunque sé que ni me ha de agradecer ni premiar esta fineza, esta voluntad, ni este amor; mas aventuraréme perdiendo, no porque crea que he de ganar, que ni él dexará de ser tan ingrato, como yo firme, ni yo tan desdichada como he sido, mas por lo menos comerá el alma el gusto de su vista, a pesar de sus despegos y deslealtades.

Con esto se levantaron y dieron la vuelta a la santa Iglesia, donde reposaron aquella noche, y otro día partieron a Barcelona, donde mudando Jacinta traje, y tomando un coche y una criada, dieron la vuelta a la Corte, donde hoy vive en un Monasterio della, tan contenta, que le parece que no tiene más bien que desear, ni más gusto que pedir. Tiene consigo a doña Guiomar, porque murió su madre, y antes desta muerte, le pidió que la amparase hasta casarse, de quien supe esta historia, para que la pusiese en este libro por maravilla, que lo es, y su caso tan verdadero, porque a no ser los nombres de todos supuestos, fueran de muchos conocidos, pues viven todos, sólo don Félix, que pagó la deuda a la muerte en lo mejor de su vida.

Con tanto donaire y agrado contó la hermosa Lisarda esta maravilla, que colgados los oyentes de sus dulces razones y prodigiosa historia, quisieran que durara toda la noche; y así, conformes y de un parecer, comenzaron a alabarla y a darle las gracias de favor tan señalado, y más don Juan, que como amante, se despeñaba en sus alabanzas, dándole a Lisis con cada una la muerte; tanto que por estorbarlo, tomando la guitarra que sobre la cama tenía, llorando el alma cuando cantaba el cuerpo, hizo señas a los músicos, los cuales atajaron a don Juan las alabanzas, y a Lisis el pesar de oírlas con este soneto:

> No desmaya mi amor con vuestro olvido,
> porque es gigante armado de firmeza,
> no os canséis en tratarle con tibieza,
> pues no le habéis de ver jamás vencido.
> Sois mientras más ingrato, más querido,
> que amar, por sólo amar, es gran fineza.
> Sin premio sirvo, y tengo por riqueza,
> lo que suelen llamar tiempo perdido.
> Si mis ojos en lágrimas bañados,
> quizá viendo otros ojos más queridos,
> se niegan a sí mismos el reposo,
> les digo: Amigos, fuistes desdichados;
> y pues no sois llamados ni escogidos,
> amar, por sólo amar, es premio honroso.

Pocos hubo en la sala que no entendieron que los versos cantados por la bella Lisis se dedicaron al desdén con que don Juan premiaba su amor, aficionado a Lisarda, y naturalmente les pesó de ver tan mal pagada la voluntad de la dama, y a don Juan tan ciego que no estimase tan noble casamiento, porque aunque Lisarda era deuda de Lisis, y en la nobleza y hermosura iguales, le aventajaba en la riqueza. Mas amor no mira en inconvenientes cuando es verdadero.

Quien más reparó en la pasión de Lisis fue don Diego, amigo de don Juan, caballero noble y rico, que sabía la voluntad de Lisis y despegos de don Juan, por haberle contado la dama sus deseos; y viendo ser tan honestos, que no pasaban los límites de la vergüenza, propuso, sintiendo ocupada el alma con la bella imagen de Lisis, pedirle a don Juan licencia para servirla, y tratar su casamiento. Y así, por principio, comenzó a engrandecer, ya los versos, ya la voz. Y Lisis, o agradecida o falsa quizá, con deseos de venganza, comenzó a estimar la merced que le hacía, con cuyo favor don Diego pidió licencia para que la última noche de la fiesta sus criados representasen algunos entremeses y bailes y dar la cena a todos los convidados. Y concedida, con muchos agradecimientos, tan contento, como don Juan enfadado de su atrevimiento, dio lugar a Matilde para contar su maravilla. La cual habiendo trocado con Lisarda el lugar, empezó así:

Ya que la bella Lisarda ha probado en su maravilla la firmeza de las mujeres cifrada en las desdichas de Jacinta, razón será que siguiendo yo su estilo, diga en la mía a lo que estamos obligadas, que es a no dexarnos engañar de las invenciones de los hombres, o ya que como flacas mal entendidas caigamos en sus engaños, saber buscar la venganza, pues la mancha del honor, sólo con sangre del que le ofendió sale. El caso sucedió en esta Corte, y empieza así:

# Noche segunda

Ya Febo[1] se recogía debaxo de las celestes cortinas, dando lugar a la noche que con su negro manto cubriese el mundo, cuando todos aquellos caballeros y damas que la primera noche fueron convidados a la fiesta se juntaron en casa de la noble Laura, siendo recebidos de la discreta señora y su hermosa hija con mil agrados y cortesías. Y así, por la misma orden que en la pasada noche se fueron sentando; avisados de don Diego que sus criados habían de dar principio a la fiesta, con algunos graciosos bailes y un entremés de repente[2] que quisieron hacer.

Y viendo aquellas señoras que no les tocaba danzar aquella noche, se acomodaron por su orden. Estaba Lisis vestida de una lama[3] de plata morada, y al cuello una firmeza[4] de diamantes, con una cifra[5] del nombre de Diego, joya que aquel mismo día le envió su nuevo amante, en

---

1. *Febo:* el sol. Es otro nombre del dios Apolo.
2. *de repente:* improvisado (Covar.).
3. *lama:* "tela de oro o plata en que los hilos de estos metales forman el tejido y brillan por su haz sin pasar al envés". (R.A.E.).
4. *firmeza:* joya o dije en figura triangular (Aut.).
5. *cifra:* resumen, letra inicial (Aut.).

cambio de una banda morada, que ella le dio para que prendiese la verde cruz que traía; dando esto motivo a don Juan para algún desasosiego, si bien Lisarda con sus favores le hacía que se arrepintiese de tenerle.

Ya se prevenía la bella Lisis de su instrumento, y de un romance que aquel día había hecho y puesto tono,[6] cuando los músicos le suplicaron los cantase aquella noche, guardando para la tercera fiesta sus versos, porque el señor don Juan los había prevenido[7] de lo que habían de cantar, que por ser parto de su entendimiento, era razón lograrlos.[8] A todos pareció bien, porque sabían que don Juan era en eso, como en lo demás, muy acertado, y dándoles lugar, cantaron así:

A la cabaña de Menga
Antón un disanto[9] fué,
ya está rostrituerta[10] Gila,
celos debe de tener.
Della se quexa el zagal,
bien justa su quexa es,
que sospechas sin razón
son desaires de la fe.
Sin culpa le da desvíos,
¡cómo no se ha de ofender!,
que ella los dé tan de balde,
costándole tanto a él.
Hablar a Menga agradable,
no es culpa, que bien se ve,
si no hay querer sin agrados,
que hay agrados sin querer.[11]

6. *tono:* música (Covar.).
7. *prevenido:* avisado con anticipación (Covar.).
8. *lograrlos:* realizarlos, llevarlos a buen fin (Covar.).
9. *disanto:* dia santo (Covar.).
10. *rostrituerta:* enojada (Covar.).
11. *sin querer:* sin intención; juego de palabras entre querer (amar) y → querer (intención).

Quisiera que huyese Antón
de Menga, rigor cruel,
darle lo favorecido
a precio de descortés.
No es la misma permisión
en el hombre y la mujer,
que en ellos es grosería
lo que en ellas es desdén.
No hay quien se ponga a razones
con los celos, y ¡pardiez!
gente que razón no escucha,
muy necia debe de ser.
Los vanos recelos, Gila,
no aseguran, que tal vez
temer donde no hay tropiezos,
dispone para caer.
Vedarle que mire a Menga,
si es cordura, no lo sé,
que una hermosura vedada
dicen que apetito es.
Sujeciones hay civiles,[12]
bastaba Antón, a mi ver,
estar sujeto a unos ojos
sin que a su engaño lo estés.
Esto es amor en los hombres,
ser su lisura[13] doblez,
sus inocencias delitos,
¡mal haya el amor!, amén.

Quien mirara a la bella Lisis, mientras se cantó este romance, conociera en su desasosiego la pasión con que le escuchaba, viendo cuán al descubierto don Juan reprehendía en él las sospechas que de Lisarda tenía, y a estarle bien respondiera. Mas cobrándose de su descuido,[14] vien-

---

12. *sujeciones civiles:* ataduras ruines (Aut.).
13. *lisura:* llaneza (Covar.).
14. *descuido:* abandono, olvido (Covar.).

do a don Diego melancólico de verla inquieta, alegró el rostro y serenó el semblante, mandando como presidente de fiesta a don Álvaro, que dixese su maravilla; el cual, obedeciendo, dixo así.

—Es la miseria[15] la más perniciosa costumbre que se puede hallar en un hombre, pues en siendo miserable, luego es necio, enfadoso y cansado, y tan aborrecible a todos, sin que haya ninguno que no guste de atropellarle, y con razón. Esto se verá claramente en mi maravilla, la cual es desta suerte.

15. *miseria:* avaricia (Covar.).

# El castigo de la miseria

# El castigo de la miseria[16]

A servir a un grande desta Corte vino de un lugar de Navarra un hidalgo, tan alto de pensamientos como humilde de bienes de fortuna, pues no le concedió esta madrastra de nacidos más riqueza que una pobre cama, en la cual se recogía a dormir y se sentaba a comer este mozo, a quien llamaremos don Marcos, y un padre viejo, y tanto que sus años le servían de renta para sustentarse,[17] pues con ellos enternecía los más empedernidos corazones. Era don Marcos, cuando vino a este honroso entretenimiento,[18] de doce años, habiendo casi los mismos que perdió a su madre de un repentino dolor de costado, y mereció en casa deste Príncipe la plaza de paje, y con ella los usados atributos, picardía, porquería, sarna y miseria. Y aunque don Marcos se graduó en todas, en esta última echó el resto, condenándose él mismo de su voluntad a la mayor laceria[19] que pudo padecer un padre del

16. *miseria:* ver nota anterior.
17. *sus años le servían de renta para sustentarse:* era mendigo. Toda la primera parte de esta novela está muy influida por *El Buscón* de Quevedo.
18. *entretenimiento:* ocupación placentera (Covar.).
19. *laceria:* pobreza, necesidad (Covar.).

yermo,[20] gastando los dieciocho cuartos que le daban con tanta moderación, que si podía, aunque fuese a costa de su estómago y de la comida de sus compañeros, procuraba que no se disminuyesen, o ya que algo gastase, no de suerte que se viese mucho su falta.

Era don Marcos de mediana estatura, y con la sutileza de la comida, se vino a transformar de hombre en espárrago. Cuando sacaba de mal año su vientre, era el día que le tocaba servir la mesa de su amo, porque quitaba de trabajo a los mozos de plata, llevándoles la que caía en sus manos más limpia que ellos la habían puesto en la mesa, proveyendo sus faltriqueras de todo aquello que sin peligro se podía guardar para otro día.

Con esta miseria pasó la niñez, acompañando a su dueño en muchas ocasiones, dentro y fuera de España, donde tuvo principales cargos. Vino a merecer don Marcos pasar de paje a gentilhombre, haciendo en esto su amo en él lo que no hizo el cielo. Trocó pues los dieciocho cuartos por cinco reales y tantos maravedís;[21] pero ni mudó de vida, ni alargó la ración a su cuerpo, antes, como tenía más obligaciones, iba dando más nudos a su bolsa.[22] Jamás se encendió en su casa luz, y si alguna vez se hacía esta fiesta, era el que le concedía su diligencia y el descuido del repostero[23] algún cabo de vela, el cual iba gastando con tanta cordura, que desde la calle se iba desnudando, y en llegando a casa dexaba caer los vestidos, y al punto le

20. *padre del yermo:* padre del desierto, anacoreta (R.A.E.).

21. *maravedís:* unidad monetaria básica de valor cambiante, valía 2 blancas; *cuartos:* moneda de cobre que equivalía a 4 maravedís (Aut.); *reales:* monedas de plata que equivalen a 34 maravedís (Covar.);

22. *dando nudos a su bolsa:* cerrando la bolsa del dinero; en sentido figurado: se hacía más roñoso.

23. *repostero:* oficial en casa de los señores que tiene cuidado de la plata y del servicio de mesa (Covar.).

Palacio del Buen Retiro, Madrid, por Leonardo José. Siglo XVII.

Dos parejas nobles.

daba la muerte.[24] Cuando se levantaba por la mañana tomaba un jarro que tenía sin asa, y se salía a la puerta de la calle, esperando los aguadores, y al primero que vía, le pedía remediase su necesidad, y esto le duraba dos o tres días, porque lo gastaba con mucha estrecheza. Luego se llegaba donde jugaban los muchachos, y por un cuarto llevaba uno que le hacía la cama y barría el aposento; y si tenía criado, se concertaba con él, que no le había de dar ración más de dos cuartos,[25] y un pedazo de estera en que dormir. Y cuando estas cosas le faltaban llevaba un pícaro de cocina que lo hacía todo, y le vertiese una extraordinaria vasija en que hacía las inexcusables necesidades; era del modo de un arcaduz[26] de noria, porque había sido en un tiempo jarro de miel, que hasta en verter sus excrementos guardó la regla de la observancia.[27] Su comida era un panecillo de un cuarto, media libra de vaca, un cuarto de zarandajas,[28] y otro que daba al cocinero, porque tuviese cuidado de guisarlo limpiamente, y esto no era cada día, sino sólo los feriados, que lo ordinario era un cuarto de pan y otro de queso. Entraba en el estado[29] donde comían sus compañeros, y llegaba al primero y decía:

—Buena debe de estar la olla, que da un olor que consuela. En verdad que la he de probar.

Y diciendo y haciendo sacaba una presa;[30] y desta suerte daba la vuelta de uno en uno a todos los platos; que hubo día que en viéndole venir, el que podía se comía de

24. Hay que sobreentender a la vela, es decir, apagaba la vela.

25. Moneda, ver nota 21.

26. *arcaduz:* o cangilón, recipiente de hierro que contiene el agua de la noria (R.A.E.).

27. Ironía; observancia de la regla de la tacañería.

28. *zarandajas:* desperdicio de las reses (R.A.E.).

29. *estado:* categoría social y también los lugares o pertenencias propios de esa categoría social.

30. *presa:* trozo se ave (Covar.).

un bocado lo que tenía delante, y el que no ponía la mano sobre su plato.

Con el que tenía más amistad era con un gentilhombre de casa, que estaba aguardando verle entrar a comer o cenar, y luego con su pan y queso en la mano, entraba diciendo:

—Por cenar en conversación os vengo a cansar.

Y con esto se sentaba en la mesa y alcanzaba de lo que había.

Vino en su vida lo compró, aunque lo bebía algunas veces, en esta forma: poníase a la puerta de la calle, y como iban pasando las mozas y muchachos con el vino, les pedía en cortesía se lo dexasen probar, obligándoles lo mismo a hacerlo. Si la moza o muchacho eran agradables les pedía licencia para otro traguillo. Viniendo a Madrid en una mula y con un mozo, que, por venir en su compañía, se había aplicado a servirle por ahorrar de gasto, le envió en un lugar por un cuarto de vino, y mientras que fue el mozo por él, se puso a caballo y se partió, obligando al mozo a venir pidiendo limosna. Jamás en las posadas le faltó algún pariente que haciéndose gorra[31] con él, le ahorraba de la comida. Vez hubo que dio a su mula la paja del xergón[32] que tenía en la cama, todo a fin de no gastar.

Varios cuentos se decían de don Marcos, con que su amo y sus amigos pasaban tiempo y alegraban sus corazones, tanto que ya era conocido en toda la Corte, por el hombre más reglado[33] de los que conocían en el mundo; porque guardaba castidad, que decía él, que en costando dineros, no hay mujer hermosa, y en siendo de balde no la

---

31. *haciéndose gorra:* de gorra, invitándose con engaño (Covar.).
32. *xergón:* jergón, colchón de paja (R.A.E.).
33. *reglado:* regulado, ordenado (Covar.).

hay fea, y mucho más si contribuía para cuellos y lienzos,[34] presentes de mujeres aseadas.

Vino don Marcos desta suerte, cuando llegó a los treinta años, pues vino a juntar, a costa de su opinión y hurtándoselo a su cuerpo, seis mil ducados, los cuales se tenía siempre consigo, porque temía mucho las retiradas de los ginoveses;[35] pues cuando más descuidado ven a un hombre, le dan manotada como zorro. Y como don Marcos no tenía fama de jugador, ni amancebado, cada día se le ofrecían varias ocasiones de casarse, aunque él lo regateaba, temiendo algún mal suceso. Parecíales a las señoras que lo deseaban para marido más falta ser gastador que guardoso, que con este nombre calificaron su miseria.

Entre muchas que desearon ser suyas fue una señora que no había sido casada, si bien estaba en opinión[36] de viuda, mujer de buen gusto y de alguna edad, aunque la encubría con las galas, adornos, industria, porque era viuda galana, con su monjil[37] de tercianesa, tocas[38] de reina, y su poquito de moño. Era esta señora, cuyo nombre es doña Isidora, muy rica según decían, y su modo de tratarse lo mostraba. Y en esto siempre se adelantaba el vulgo más de lo que era razón. Propusiéronle a don Marcos este matrimonio, pintándole la novia con tan perfetas colores, y asegurándole que tenía más de catorce o quince mil ducados, diciéndole ser el muerto consorte suyo un caballero de lo mejor de Andalucía, que así mismo decía serlo la señora, dándole por patria a la famosa ciu-

---

34. *lienzos:* pañuelos (Covar.).
35. *las retiradas de los ginoveses:* se refiere a los robos; genovés era sinónimo de ladrón.
36. *estaba en opinión:* se la consideraba (Covar.).
37. *monjil:* hábito o traje de lana que usaban por luto las mujeres (R.A.E.).
38. *tocas:* "los velos de la cabeza de la mujer" (Covar.).

dad de Sevilla, con lo cual nuestro don Marcos se dio por casado.

El que trataba el casamiento era un gran socarrón, tercero[39] no sólo de casamientos, sino de todas mercaderías, tratante en gruesos de buenos rostros y mejores bolsos, pues jamás ignoraba lo malo y lo bueno desta Corte, y era la causa haberle prometido doña Isidora, buenas albricias[40] si salía[41] con esta pretensión, y así dio orden en llevar a don Marcos a vistas,[42] y lo hizo esa misma tarde que se lo propuso, porque no hubiese peligro en la tardanza.

Entró don Marcos en casa de doña Isidora, casi admirado de ver la casa, tantos cuartos, tan bien labrada, y con tanta hermosura; y miróla con atención, porque le dixeron que era su dueña la misma que lo había de ser de su alma. A la cual halló entre tantos damascos, escritorios y cuadros, que más parecía casa de señora de Título que de particular; con un estrado tan rico, y la casa con tanto aseo, y olor y limpieza, que parecía, no tierra, sino cielo, y ella tan aseada y bien prendida, como dice un poeta amigo,[43] que pienso que por ella se tomó este motivo de llamar así a los aseados.

Tenía consigo dos criadas, una de labor,[44] y otra de todo y para todo, que, a no ser nuestro hidalgo tan compuesto y tenerle el poco comer tan mortificado, por solo ellas pudiera casarse con su ama, porque tenían tan buenas caras como desenfado, en particular la fregona, que pudiera ser reina, si se dieran los reinos por hermosura.

39. *tercero:* alcahuete, intermediario (Covar.).
40. *albricias:* regalo que se da al que trae buenas noticias o albricias (Covar.).
41. *salía:* conseguía, sacaba adelante.
42. *a vistas:* "Ir a vistas es propio de los que tratan casamiento para que el uno se satisfaga del otro" (Covar.).
43. Se refiere a Lope de Vega.
44. *criada de labor:* la moza que sirve de costurera (Covar.).

Admiróle sobre todo el agrado y discreción de doña Isidora, que parecía la misma gracia, tanto en donaires como en amores, razones que fueron tantas y tan bien dichas, las que dixo a don Marcos, que no sólo se agradó, mas le enamoró, mostrando en sus agradecimientos el alma, que la tenía el buen señor bien sencilla y sin dobleces.

Agradeció doña Isidora al casamentero la merced que le hacía en querer emplearla[45] tan bien, acabando de hacer tropezar a don Marcos en una aseada y costosa merienda, en la cual hizo alarde de la baxilla rica y olorosa ropa blanca, con las demás cosas que en una casa tan rica como la de doña Isidora era fuerza hubiese.

Hallóse a la merienda un mozo galán, desenvuelto y que de bien entendido picaba en pícaro, al cual doña Isidora regalaba, a título de sobrino, cuyo nombre era Agustinico, que así le llamaba su señora tía. Servía a[46] la mesa Inés, porque Marcela, que así se llamaba la doncella, por mandado de su señora, ya tenía en las manos un instrumento, en el cual era tan diestra, que no se la ganaba el mejor músico de la Corte, y esto acompañaba con una voz que más parecía ángel que mujer, y a la cuenta era todo. La cual, con tanto donaire como desenvoltura, sin aguardar a que la rogasen, porque estaba cierta que lo haría bien, o fuese a caso o de pensado, cantó esta letra:

Claras fuentecillas,
pues que murmuráis,
*murmurad*[47] *a Narciso,*[48]

45. *emplearla:* buscarle empleo, buscarle marido (Aut.).

46. *a:* uso pleonástico, se entiende mejor si se elimina.

47. *murmurais-murmurad:* juego de palabras con los dos sentidos que tiene: el ruido del agua en la fuente y el hablar en bajo mal de otros (Covar.).

48. *Narciso:* Ver *Aventurarse perdiendo,* nota 64.

*que no sabe amar.*
Murmurad, que vive
libre y descuidado,
y que mi cuidado
en el agua escribe,
que pena recibe,
si sabe mi pena;
que es dulce cadena
de mi libertad.
*Murmurad a Narciso,*
*que no sabe amar.*
Murmurad que tiene,
el pecho de hielo,
y que por consuelo,
penas me previene;
responde, que pene,
si favor le pido,
y se hace dormido,
si pido piedad.
*Murmurad a Narciso,*
*que no sabe amar.*
Murmurad que llama
cielos, otros ojos;
mas por darme enojos
que porque los ama,
que mi ardiente llama
paga con desdén,
y quererle bien,
con quererme mal.
*Murmurad a Narciso,*
*que no sabe amar;*
y si en cortesía[49]
responde a mi amor,
nunca su favor
duró más de un día.
De la pena mía,
ríe lisonjero,

49. *en cortesía:* por cortesía.

y aunque ve que muero,
no tiene piedad.
*Murmurad a Narciso,*
*que no sabe amar.*
Murmurad, que ha días
tiene la firmeza,
y que con tibiezas
paga mis porfías.
Mis melancolías
le causan contento,
y si mudo intento,[50]
muestra voluntad.
*Murmurad a Narciso,*
*que no sabe amar.*
Murmurad que he sido
Eco[51] desdichada,
aunque despreciada,
siempre le he seguido,
y que si le pido
que escuche mi quexa,
desdeñoso dexa,
mis ojos llorar.
*Murmurad a Narciso,*
*que no sabe amar.*
Murmurad que altivo,
libre y desdeñoso
vive, y sin reposo;
por amarle, vivo;
que no da recibo
a mi eterno amor,
antes con rigor
me intenta matar.
*Murmurad a Narciso,*
*que no sabe amar.*

50. *intento:* fin o propósito (Covar.).

51. *Eco:* nombre de una ninfa de los bosques enamorada en vano de Narciso, al morir se convierte en una voz que repite las últimas sílabas de las palabras que se pronuncian.

Murmurad sus ojos
graves y severos,
aunque bien ligeros
para darme enojos;
que rinden despojos[52]
a su gentileza,
cuya altiva alteza
no halla su igual.
*Murmurad a Narciso,*
*que no sabe amar.*
Murmurad que ha dado
con alegre risa,
la gloria a Belisa,
que a mí me ha quitado;
no de enamorado,
sino de traidor,
que aunque finge amor,
miente en la mitad.
*Murmurad a Narciso,*
*que no sabe amar.*
Murmurad mis celos
y penas rabiosas,
¡ay fuentes hermosas
a mis ojos cielos!,
y mis desconsuelos,
penas y disgustos,
mis perdidos gustos
fuentes murmurad,
y también a Narciso,
*que no sabe amar.*

No me atreveré a determinar en qué halló nuestro don Marcos más gusto, si en las empanadas y hermosas tortadas,[53] lo uno picante y lo otro dulce, si en el sabroso per-

52. *despojos:* lo que se trae tomado del enemigo vencido: armas, alhajas o tesoros (Covar.).
53. *tortadas:* "tortas grandes de masa delicada, rellena de carne, huevos, dulce, etc." (R.A.E.).

nil y fruta fresca y gustosa, acompañado todo con el licor del santo,[54] remedio de los pobres, que a fuerza de brazos estaba vertiendo hielo, siendo ello mismo fuego, que por eso llamaba un su[55] aficionado a las cantimploras, remedio contra el fuego; o en la dulce voz de Marcela, porque al son de su letra él no hacía sino comer, tan regalado de doña Isidora y de Agustinico, que no lo pudiera ser más si él fuera el Rey, porque si en la voz hallaba gusto para los oídos, en la merienda recreo para su estómago, tan ayuno de regalos como de sustento. Regalaba también doña Isidora a don Agustín, sin que don Marcos, como poco escrupuloso reparase en nada más de[56] sacar de mal año sus tripas, porque creo sin levantarle testimonio, que sirvió la merienda de aquella tarde, de ahorro de seis días de ración, y más con los buenos bocados que doña Isidora y su sobrino atestaban y embutían en el baúl vacío del buen hidalgo, provisión bastante para no comer en mucho tiempo.

Fenecióse la merienda con el día, y estando ya prevenidas cuatro buxías en otros tantos hermosos candeleros, a la luz de las cuales, y al dulce son que Agustinico hizo en el instrumento que Marcela había tocado, bailaron ella y Inés lo rastreado y sotillo,[57] sin que se quedase la capona olvidada, con tal donaire y desenvoltura, que se llevaban entre los pies los ojos y el alma del honrado auditorio; y tornando Marcela a tomar la guitarra, a petición de don

---

54. *licor del santo:* se refiere al vino de S. Martín de Valdeiglesias que tenía fama de ser el mejor de España. Se bebía enfriado en unos recipientes con hielo, cantimploras, en los que se removía "a fuerza de brazos" para dejarlo muy frío.

55. *su:* uso pleonástico.

56. *de:* que (Keniston: 2.327).

57. *rastreado y sotillo:* bailes, sin documentar; *capona:* "baile a modo de la Mariona pero más rápido y bullicioso" (Aut.).

Marcos, que como estaba harto[58] quería bureo. Feneció la fiesta con este romance:

> Fuése Bras de la cabaña,
> sabe Dios si volverá,
> por ser firmísima Menga
> y ser muy ingrato Bras.
> Como no sabe ser firme
> desmayóle el verse amar;
> que quien no sabe querer
> tampoco sabe estimar.[59]
> No le ha dado Menga celos,
> que no se los supo dar,
> porque si supiera darlos
> supiera hacerse estimar.
> Es Bras de condición libre,
> no se quiere sujetar,
> y así viéndose querido
> supo el modo de olvidar.
> No sólo a sus gustos sigue,
> mas sábelos publicar,
> que quiere a fuerza de penas
> hacerse estimar en más.
> Que no volverá es muy cierto,
> que es cosa la voluntad
> que cuando llega a trocarse
> no vuelve a su ser jamás.
> Por gustos ajenos muere,
> pero no se morirá,
> que sabe fingir pasiones,
> hasta que llega alcanzar.
> Desdichada la Serrana,
> que en él se viene a emplear,[60]
> pues aunque siembre afición,[61]

---

58. *harto:* satisfecho.
59. *estimar:* apreciar, valorar (Covar.).
60. *emplear:* ver nota 45.
61. *afición:* amor (Covar.).

sólo penas cogerá.
De ser poco lo que pierde
certísima Menga está,
pues por mal que se aventure,
no puede tener más mal.
Es franco de disfavores,
de tibiezas liberal,
pródigo de demasías,[62]
escaso de voluntad.
Dice Menga que se alegra,
no sé si dice verdad,
que padecer despreciada,
es dudosa enfermedad.
Suelen publicar salud
cuando muriéndose están,
mas no niego que es cordura
el saber disimular.
Esconderse por no verla,
ni de sus cosas hablar,
no tratar de su alabanza,
indicios de salud da.
Pero vivir descontenta,
y allá en secreto llorar,
llevar mal que mire a otra
de amor parece señal.
Lo que por mi Teología[63]
he venido a pergeñar,[64]
es que aquel que dice injurias
cerca está de perdonar.
Préciase Menga de noble,
no sé si querrá olvidar,
que una vez elección hecha,
no es noble quien vuelve atrás.
Mas ella me ha dicho a mí,

62. *demasías:* agravios y descortesías (Covar.).
63. *Teología:* aquí, irónicamente, conocimientos amorosos.
64. *pergeñar:* disponer o ejecutar alguna cosa con habilidad y acierto (Aut.).

que en llegando a averiguar
injurias, celos y agravios,
afrenta el verle será.

Al dar fin al romance se levantó el corredor de desdichas,[65] y le dixo a don Marcos que era hora de que la señora doña Isidora reposase, y así se despidieron los dos della y de Agustinico y de las otras damiselas, y dieron la vuelta a su casa, yendo por la calle tratando lo bien que le había parecido doña Isidora, descubriendo el enamorado don Marcos, más del dinero que de la dama,[66] el deseo que tenía de verse ya su marido; y así le dixo que diera un dedo de la mano por verlo ya hecho, porque era sin duda que le estaba muy bien, aunque no pensaba tratarse después de casado con tanta ostentación ni grandeza, que aquello era bueno para un príncipe y no para un hidalgo particular como él era; pues con su ración y alguna otra cosa más, habría para el gasto; y que seis mil ducados que él tenía, y otros tantos más que podría hacer de cosas excusadas que vía en casa de doña Isidora, pues bastaba para la casa de un escudero de un señor cuatro cucharas, un jarro y una salva,[67] con una buena cama, y a este modo[68] cosas que no se pueden excusar, todo lo demás era cosa sin provecho, y que mejor estaría en dineros, y esos puestos en renta viviría como un príncipe, y podría dexar a sus hijos, si Dios se los diese, con que pasar honradamente; y cuando no los tuviese, pues doña Isidora tenía aquel sobrino, para él sería todo, si fuese tan obediente, que quisiese respetarle como a padre.

Hacía estos discursos don Marcos tan en su punto, que

65. *corredor de desdichas:* el casamentero.
66. *más del dinero que de la dama:* más por el dinero que por la dama.
67. *salva:* bandeja (Covar.).
68. *a este modo:* de este modo, así.

el casamentero le dio por concluido, y así le respondió que él hablaría otro día a doña Isidora, y se efectuaría el negocio, porque en estos casos de matrimonios tantos tienen deshechos las dilaciones como la muerte.

Con esto se despidieron, y él se volvió a contar a doña Isidora lo que con don Marcos había pasado, cudicioso de las albricias,[69] y él a casa de su amo, donde hallándolo todo en silencio por ser muy tarde, y sacando un cabo de vela de la faltriquera,[70] se llegó a una lámpara que estaba en la calle alumbrando una cruz, y puesta la vela en la punta de la espada la encendió; y después de haberle suplicado, con una breve oración, que fuese lo que se quería echar a cuestas para bien suyo, se entró en su posada y se acostó, aguardando con mil gustos el día, pareciéndole que se le había de despintar[71] tal ventura.

Dexémosle dormir, y vamos al casamentero, que vuelto a casa de doña Isidora, le contó lo que pasaba, y cuán bien le estaba. Ella que lo sabía mejor que no él, como adelante se dirá, dio luego[72] el sí, y cuatro escudos al tratante por principio, y le rogó que luego por la mañana volviese a don Marcos y le dixese cómo ella tenía a gran suerte el ser suya, que no le dexase de la mano, antes gustaría que se le traxese a comer con ella y su sobrino, para que se hiciesen las escripturas, y se sacasen los recados[73] ¡Qué dos nuevas para don Marcos, convidado y novio!

Con ellas, por ser tan buenas, madrugó el casamentero,

69. *cudicioso de las albricias:* deseoso de recibir el pago de las buenas noticias.

70. *faltriquera:* la bolsa que se introduce en la parte baja del sayo (Covar.).

71. *despintar:* "salir en vano la suerte de lo que se esperaba" (Covar.).

72. *luego:* pronto (Covar.).

73. *sacasen los recados:* "acudir al juez eclesiástico para que se hagan los autos matrimoniales y sacar el despacho para las amonestaciones" (Aut.).

y dio los buenos días a nuestro hidalgo, al cual halló ya vistiéndose (que amores de blanca niña no le dexan reposar). Recibió con los brazos a su buen amigo, que así llamaba al procurador de pesares,[74] y con el alma la resolución de su ventura, y acabándose de vestir con las más costosas galas que su miseria le consentía, se fue con su norte de desdichas a casa de su dueño y su señora, donde fue recibido de aquella sirena con la agradable música de sus caricias, y de don Agustín, que se estaba vistiendo, con mil modos de cortesías y agrados; donde en buena conversación y agradecimientos de su ventura, y sumisiones del cauto mozo, en agradecimientos del lugar que de hijo le daba, pasaron hasta que fue hora de comer, que de la sala del estrado se entraron a otra cuadra[75] más adentro, donde estaba puesta la mesa y aparador como pudiera[76] en casa de un gran señor.

No tuvo necesidad doña Isidora de gastar muchas arengas, para obligar a don Marcos a sentarse a la mesa, porque antes él rogó a los demás que lo hiciesen, sacándolos desta penalidad, que no es pequeña. Satisfizo el señor convidado su apetito en la bien sazonada cuanto abundante comida, y sus deseos en el compuesto aparador, tornando en su memoria a hacer otros tantos discursos, como la noche pasada, y más, como vía a doña Isidora tan liberal y cumplida, como aquella que se pensaba pagar de su mano,[77] le parecía aquella grandeza vanidad excusada, y dinero perdido.

Acabóse la comida, y preguntaron a don Marcos, si

---

74. *procurador de pesares, norte de desdichas:* calificando de esta manera al casamentero el narrador adelanta los hechos dolorosos que van a suceder. Prolepsis.
75. *cuadra:* habitación (Covar.).
76. *pudiera:* hay que entender: pudiera estar.
77. *pagar de su mano:* pagarse por su mano (Aut.).

quería en lugar de dormir la siesta, por no haber en aquella casa cama para huéspedes, jugar al hombre.[78] A lo cual respondió que servía a un señor tan virtuoso y cristiano, que si supiera que criado suyo jugaba, ni aun al quince,[79] que no estuviera una hora en su casa, y que, como él sabía esto, había tomado por regla el darle gusto; demás de ser su inclinación buena y virtuosa, pues no tan solamente no sabía jugar al hombre, más que no conocía ni una carta, y que verdaderamente hallaba por su cuenta que valía el no saber jugar muchos ducados por año.

—Pues el señor don Marcos —dixo doña Isidora— es tan virtuoso que no sabe jugar, que bien le digo yo a Agustinico que es lo que está mejor al alma y a la hacienda, ve niño y dile a Marcela que se dé priesa a comer y traiga su guitarra, y Inesica sus castañuelas, y en eso entretendremos la fiesta hasta que venga el Notario que el señor Gamarra (que así se llamaba el casamentero) tiene prevenido para hacer las capitulaciones.

Fue Agustinico a lo que su señora tía le mandaba, y mientras venía prosiguió don Marcos asiendo la plática desde arriba:

—Pues en verdad que puede Agustín, si pretende darme gusto, no tratar de jugar ni salir de noche, y con eso seremos amigos; y de no hacerlo habrá mil rencillas, porque soy muy amigo de recogerme temprano la noche que no hay que hacer, y que en entrando, no sólo se cierre la puerta, mas se clave, no porque soy celoso, que harto ignorante es el que lo es teniendo mujer honrada, mas porque las casas ricas nunca están seguras de ladrones, y

78. *hombre:* "juego de naipes entre varias personas con elección de palo que sea triunfo" (R.A.E.).

79. *quince:* "juego de naipes cuyo fin es hacer quince puntos, con las cartas que se reparten una a una, y si no se hacen gana el que tiene más puntos sin pasar de las quince. Juégase regularmente envidado" (Aut.).

no quiero que me lleve con sus manos lavadas[80] el ladrón, sin más trabajo que tomarlo, lo que a mí me costó el ganarlo tanto afán y fatiga; y así yo le quitaré el vicio, o sobre eso será el diablo.

Vio doña Isidora tan colérico a don Marcos, que fue menester mucho de su despejo,[81] para desenoxarle; y así le dixo que no se disgustase, que el muchacho haría todo lo que fuese su gusto, porque era el mozo más dócil que en su vida había tratado, que al tiempo daba por testigo.

—Eso le importa —replicó don Marcos.

Y atajó la plática don Agustín, y las damiselas, que venía cada una prevenida con su instrumento. Y la desenvuelta Marcela dio principio a la fiesta con estas décimas:

Lauro, si cuando te amaba
y tu rigor me ofendía,
triste de noche y de día
tu ingrato trato lloraba;
si en ninguna parte hallaba
remedio de mi dolor,
pues cuando sólo un favor
era paz de mis enojos,
siempre en tus ingratos ojos,
hallé crueldad por amor.
Si cuando pedí a los cielos
la muerte por no mirarte,
y maltratarme y culparte
eran todos mis desvelos;
si perseguida de celos,
mereciendo ser querida,
quise quitarme la vida,
dime ¿cómo puede haber
otro mayor mal que ser
cruelmente aborrecida?

80. *manos lavadas:* que no han trabajado (Covar.).
81. *despejo:* desenfado, donaire y brío (Aut.).

Yo le tengo por mayor
que no vivir olvidada,
que siéndolo no te enfada
como otras veces mi amor.
Tenga el verte por favor,
que tu descuido me ofrece
la paz, que aquel que aborrece
niega el que adorando está;
luego el olvido será
menor daño que parece.
Y así, pedirte favor
con disfavor me convidas,
porque al fin como me olvidas,
no te ofendes de mi amor,
que alguna vez tu rigor
vendrá tomar por partido
amar en lugar de olvido;
y si me has de aborrecer,
más quiero, Lauro, no ser,[82]
que aborrecida haber sido.

No sabré decir si lo que agradó a los oyentes fue la suave voz de Marcela o los versos que cantó. Finalmente, a todo dieron alabanza, pues aunque las décimas no eran las más cultas ni más cendradas,[83] el donaire de Marcela les dio tanta sal, que supliera mayores faltas. Y porque mandaba doña Isidora a Inés que bailase con Agustín, le previno don Marcos que fenecido el baile volviese a cantar, pues lo hacía tan divinamente. Lo cual Marcela hizo con mucho gusto, dándosele[84] al señor don Marcos, con este romance:

Ya de mis desdichas
*el colmo veo,*
*y en ajenos favores*

---

82. *no ser:* hay que sobreentender amada.
83. *cendradas:* limpias, purificadas (Aut.).
84. *dándosele:* hay que sobreentender el gusto.

*miro mis celos.*
Ya no tengo que esperar
de tu amor; ingrato Ardenio,
aunque tus muchas tibiezas
mida con mi sufrimiento.
Ya, que en mi fuego te yeles,
ni que me encienda en tu yelo,
que mueran mis esperanzas,
ni que viva mi tormento.
Como en mi confusa pena,
no hay alivio ni remedio,
ni le busco ni le pido,
desesperada padezco.
*Pues de mis desdichas*
*el colmo veo,*
*y en ajenos favores*
*miro mis celos.*
¿Qué tengo ya que esperar
ni cómo obligar pretendo
a quien de sólo matarme
atrevido lleva intento?
A los hermanos[85] imito,
que por pena en el Infierno,
tienen trabajos sin fruto,
y servir fuera de tiempo.
Acaba, saca la espada,
pasa mi constante pecho,
acabaré de penar,
si no es mi tormento eterno.
*Pues de mis desdichas*
*el colmo veo,*
*y en ajenos favores*
*miro mis celos.*
Quiérote bien, ¡qué delito
para castigo tan fiero!,

---

85. *A los hermanos:* sin documentar en masculino. Si fuera errata (a las hermanas) podría ser una referencia a las Danaides, condenadas a llenar eternamente un tonel sin fondo.

pero tú te desobligas,
cuando yo obligarte pienso.
¡Quién creyera que mis partes,[86]
que alguno estimó por cielos,
son infiernos a tus ojos,
pues dellas andas huyendo!
Siempre decís que buscáis
los hombres algún sujeto
que sea en aquesta edad
de constancia claro exemplo.
Y si acaso halláis alguno
le hacéis tal tratamiento,
que aventura por vengarse
no una honra, sino ciento.
Míralo en ti y en mi amor,
no quieras más claro espejo,
y verás cómo hay mujeres,
con amor y sufrimiento.
*Pues de mis desdichas*
*el colmo veo,*
*y en ajenos favores*
*miro mis celos.*
Hasta aquí pensé callar,
tus sinrazones sufriendo,
mas pues voluntad publicas,
¿cómo callaré con celos?
Sepa el mundo que te quise,
sepa el mundo que me has muerto,
y sépalo esa tirana,
de mi gusto y de mi dueño.
Poco es brasas como Porcia,[87]
poco es como Elisa[88] acero,

86. *partes:* "Usado en plural se llaman las prendas y dotes naturales que adornan a alguna persona" (Aut.).
87. *Porcia:* esposa de Bruto, era considerada modelo de amante fiel ya que se suicidó al conocer la derrota y posterior suicidio de su marido, ingiriendo brasas encendidas (Valerio Máximo).
88. *Elisa:* uno de los nombres de Dido, reina de Cartago que se mató con la espada de Eneas y luego se arrojó a una pira en llamas.

más es morir de sospechas,
fuego que en el alma siento.
*Pues de mis desdichas*
*el colmo veo,*
*y en ajenos favores*
*miro mis celos.*
Poco pude, Ardenio ingrato,
y hoy pienso que puedo menos,
pues sufriendo no te obligo
ni te obligué padeciendo.
Yo gusto que tengas gustos,
pero tenlos con respecto,
de que me llamaste tuya,
o de veras o fingiendo.
Cuando en tus ojos me miro,
en ellos miro otro dueño,
¿pues qué has menester decirme
lo que yo tengo por cierto?
*Pues de mis desdichas*
*el colmo veo,*
*y en ajenos favores*
*miro mis celos.*
Ingrato, si ya tus glorias
no te caben en el pecho,
guárdalas, que para mí
son más que glorias venenos.
Mas tú debes de gustar
de verme vivir muriendo,
que el querer y aborrecer
en ti viene a ser extremo.
Y si de matarme gustas,
acaba, mátame presto;
pero si celosa vivo,
¿para qué otra muerte quiero?
*Pues de mis desdichas*
*el colmo veo,*
*y en ajenos favores*
*miro mis celos.*

140

Como era don Marcos de los sanos de Castilla y sencillo como un tafetán[89] de la China, no se le hizo largo este romance, antes quisiera que durara mucho más, porque la llaneza de su ingenio no era como los fileteados de la Corte, que en pasando de seis estancias[90] se enfadan. Dio las gracias a Marcela, y le pidiera que pasara adelante, si a este punto no entrara Gamarra con un hombre que dixo ser Notario; si bien más parecía lacayo que otra cosa, y se hicieron las escrituras y conciertos, poniendo doña Isidora en la dote doce mil ducados y aquellas casas. Y como don Marcos era hombre tan sin malicias, no se metió en más averiguaciones, con lo que el buen hidalgo estaba tan contento, que posponiendo su autoridad, bailó con su querida esposa, que así llamaba a doña Isidora: tan tierno le tenía.

Cenaron aquella noche con el mismo aplauso y ostentación que habían comido, si bien todavía el tema de don Marcos era la moderación del gasto, pareciéndole como dueño de aquella casa y hacienda, que si de aquella suerte iba, no había dote para cuatro días, mas hubo de callar hasta mejor ocasión.

Llegó la hora de recogerse, y por excusar el trabajo de ir a su posada, quiso quedarse con su señora. Mas ella con muy honesto recato dixo que no había de poner hombre el pie en el casto lecho, que fue de su difunto señor, mientras no tuviese las bendiciones de la Iglesia.

Con lo que tuvo por bien don Marcos de irse a dormir a su casa (que no sé si diga, que más fue velar, supuesto que el cuidado de sacar las amonestaciones le tenía ya vestido a las cinco). En fin, se sacaron, y en tres días de fiesta, que la fortuna traxo de los cabellos, que a la cuenta sería

89. *tafetán:* tela de seda delgada (Covar.).
90. *estancias:* "es la división del canto, como capítulo y también... la octava de ocho versos heroicos"... (Aut.).

el mes de agosto, que las trae de dos en dos,[91] se amonestaron, dexando para el lunes, que en las desgracias no tuvo que envidiar al martes,[92] el desposarse y velarse todo junto, a uso de grandes. Lo cual se hizo con mucha fiesta y muy grande aparato y grandeza, así de galas como en lo demás; porque don Marcos humillando su condición, y venciendo su miseria, sacó fiado, por no descabalar los seis mil ducados, un rico vestido y faldellín[93] para su esposa, haciendo cuenta que con él y la mortaja cumplía; no porque se la vino al pensamiento la muerte de doña Isidora, sino por parecerle que poniéndoselo sólo de una Navidad a otra, habría vestido hasta el día del Juicio. Traxo asimismo de casa de su amo padrinos, que todos alababan su elección, y engrandecían su ventura, pareciéndoles acertamiento[94] haber hallado una mujer de tan buen parecer y tan rica, pues aunque doña Isidora era de más edad que el novio, contra el parecer de Aristóteles, y otros filósofos antiguos, lo disimulaba de suerte, que era milagro verla tan bien aderezada.

Pasada la comida, y estando ya sobre tarde[95] alegrando con bailes la fiesta, en los cuales Inés y don Agustín mantenían la tela,[96] mandó doña Isidora a Marcela que la engrandeciese con su divina voz, a lo cual no haciéndose de rogar, con tanto desenfado como donaire, cantó así:

---

91. Hay que sobreentender las fiestas religiosas que son los únicos días en los que se hacían públicas las amonestaciones en las iglesias.

92. *martes:* día aciago y de mal agüero (Aut.).

93. *faldellín:* faldas cortas y abiertas que se ponían sobre las enaguas y debajo de las sayas (Covar.).

94. *acertamiento:* acierto (Aut.).

95. *sobre tarde:* lo último de la tarde antes de anochecer (Aut.).

96. *mantenían la tela:* ser el centro de la conversación (Covar.).

Si se ríe el Alba,
de mí se ríe,
*porque adoro tibiezas,*
*y muero firme.*
Cuando el Alba miro
con alegre risa
mis penas me avisa,
mis males, suspiros;
pero no me admiro
de verla reír,
ni de presumir
que de mí se ríe;
*porque adoro tibiezas*
*y muero firme.*
Ríese de verme
con cien mil pesares,
los ojos dos mares;
viendo aborrecerme,[97]
cuando ingrato duerme
mi querido dueño,
mi dolor al sueño
triste despide,[98]
*porque adoro tibiezas*
*y muero firme.*
Ríe al ver que digo
que no tengo amor,
cuando su rigor
de secreto sigo,
para ver si obligo
a tratarme bien
al mismo desdén
que en matarme vive;
*porque adoro tibiezas,*
*y muero firme.*
Ríe que me alexo
de aquello que sigo,

97. *viendo aborrecerme:* viéndome aborrecida.
98. Es decir que no duerme.

llamando enemigo,
por lo que me quexo,
que pido consejo,
amando sin él,
despido cruel,
lo que me sigue;
*porque adoro tibiezas,*
*y muero firme.*
Ríe al ver mis ojos
publicar tibieza,
cuando mi firmeza
les da mil enojos,
ofrecer despojos
y encubrir pasión,
mirar a traición,
unos ojos libres;
*porque adoro tibiezas,*
*y muero firme.*
Ríe el que procuro
encubrir mis celos,
que estoy sin desvelos,
cuando miento y juro,
al descuido apuro
lo que me da pena,
porque amor ordena
mi muerte triste,
adorando tibiezas,
muriendo firme.

Llegóse en estos entretenimientos la noche, principio de la posesión de don Marcos, y más de sus desdichas;[99] pues antes de tomarla empezó la fortuna a darle con ellas en los ojos. Y así fue la primera darle a don Agustín un acidente; no me atrevo a decir si le causó el ver casada a su señora tía, sólo digo que puso la casa en alboroto, porque doña Isidora empezó a desconsolarse, acudiendo

99. Anticipación del narrador.

144

más tierna que fuera razón a desnudarle, para que se acostase, haciéndole tantas caricias y regalos, que casi dio celos al desposado. El cual, viendo ya al enfermo algo sosegado, mientras su esposa se acostaba, acudió a prevenir con cuidado, que se cerrasen las puertas, y echasen las aldabas a las ventanas; cuidado que puso en las desenvueltas criadas de su querida mujer, la mayor confusión y aborrecimiento que se puede pensar, pareciéndoles achaques de celoso, y no lo eran cierto, sino de avaro; porque como el buen señor había traído su ropa, y con ella sus seis mil ducados, que aun apenas habían visto la luz del cielo, quería acostarse seguro de que lo estaba su tesoro. En fin, él se acostó con su esposa, y las criadas en lugar de acostarse se pusieron a mormurar y a llorar, exagerando la prevenida y cuidadosa condición de su dueño. Empezó Marcela a decir:

—¿Qué te parece, Inés, a lo que nos ha traído la fortuna, pues de acostarnos a las tres y a las cuatro, oyendo músicas y requiebros, ya en la puerta de la calle, ya en las ventanas, rodando el dinero en nuestra casa, como en otras la arena, hemos venido a ver a las once cerradas las puertas y casi clavadas las ventanas, sin que haya atrevimiento en nosotras para abrirlas?

—Mal año abrirlas —dixo Inés— Dios es mi señor,[100] que tiene trazas nuestro amo de echarles siete candados, como a la cueva de Toledo.[101] Ya, hermana, esas fiestas que dices se acabaron, no hay sino echarnos dos hábitos, pues mi ama ha querido esto, que poca necesidad tenía de haberse casado, pues no le faltaba nada, y no ponernos a todas en esta vida, que no sé cómo no la ha enternecido ver al señor don Agustín cómo ha estado esta noche, que

---

100. *Dios es mi señor:* tan seguro como que Dios es mi señor.

101. Alude a las cuevas de Galiana donde según la leyenda estaba escrito el futuro de España cuando D. Rodrigo consintió su pérdida a causa de sus amores con La Cava.

para mí esta higa,[102] si no es la pena de verla casada el acidente que tiene; y no me espanto, que está enseñado a holgarse y regalarse, y viéndose ahora enxaulado como sirguerillo,[103] claro está que lo ha de sentir como yo lo siento; que malos años para mí, si no me pudieran ahogar con una hebra de seda cendalí.[104]

—Aún tú, Inés —replicó Marcela—, sales fuera por todo lo que es menester, no tienes que llorar; mas triste de quien por llevar adelante este mal afortunado nombre de doncella, ya que en lo demás haya tanto engaño, ha de estar sufriendo todos los infortunios de un celoso, que las hormiguillas le parecen gigantes; mas yo lo remediaré, supuesto que por mis habilidades no me ha de faltar la comida. Mala Pascua para el señor don Marcos, si yo tal sufriere.

—Yo Marcela —dixo Inés— será fuerza que sufra, porque si te he de confesar verdad, don Agustín es las cosas[105] que más quiero, si bien hasta ahora mi ama no me ha dado lugar de decirle nada, aunque conozco dél que no me mira mal, mas de aquí adelante será otra cosa, que al fin habrá de dar más tiempo acudiendo a su marido.

En estas pláticas estaban las criadas; y era el caso, que el señor don Agustín era galán de doña Isidora, y por comer, vestir y gastar a título de sobrino, no sólo llevaba la carga de la vieja, mas otras muchas, como eran las conversaciones de damas y galanes, juegos, bailes y otras cosillas de este jaez; y así pensaba sufrir la del marido, aun-

---

102. *que para mí esta higa:* que sea para mí la higa. Higa es un gesto de burla y desprecio que se hace con el puño sacando el pulgar entre los dedos índice y meñique y escondiendo el resto. Era en su origen un amuleto exorcizador del mal de ojo (Aut.).

103. *sirguerillo:* "avecica canora que por otro nombre se llama siete colores" (Covar.). Hoy jilguero (R.A.E.).

104. *cendalí:* de cendal, tela de seda o de lino muy delgada (Covar.).

105. *es las cosas:* es de las cosas.

que la mala costumbre de dormir acompañado le tenía aquella noche con alguna pasión; pues como Inés le quería, dixo que quería ir a ver si había menester algo, mientras se desnudaba Marcela, y fue tan buena su suerte, que como Agustín era muchacho, tenía miedo, y así le dixo:

—Por tu vida, Inés, que te acuestes aquí conmigo, porque estoy con el mayor asombro[106] del mundo; y si estoy solo, en toda la noche podré sosegar de temor.

Era piadosísima Inés, y túvole tanta lástima que al punto le obedeció, dándole las gracias de mandarla cosas de su gusto.

Llegóse la mañana, martes[107] al fin, y temiendo Inés que su señora se levantase y la cogiese con el hurto en las manos, se levantó más temprano que otras veces, y fue a contar a su amiga sus venturas. Y como no hallase a Marcela en su aposento, fue a buscarla por toda la casa, y llegando a una puertecilla falsa que estaba en un corral, algo a trasmano, la halló abierta; y era que Marcela tenía cierto requiebro,[108] para cuya correspondencia tenía llave de la puertecilla, por donde se había ido con él, quitándose de ruidos; y aposta, por dar a don Marcos más tártago,[109] la había dexado abierta. Y visto esto, fue dando voces a su señora, a las cuales despertó el miserable novio, y casi muerto de congoxa saltó de la cama, diciendo a doña Isidora que hiciese lo mismo, y mirase si le faltaba alguna cosa, abriendo a un mismo tiempo la ventana, y pensando hallar en la cama a su mujer, no halló sino una fantasma, o imagen de la muerte, porque la buena señora mostró las arrugas de la cara por entero, las que les encubría con el afeite, que tal vez suele ser encubridor de

106. *asombro:* susto, espanto (R.A.E.).
107. *martes:* ver nota 92.
108. *requiebro:* por requebrado, el galán.
109. *dar tártago:* acongojar (Covar.).

147

años, que a la cuenta estaban más cerca de cincuenta y cinco que de treinta y seis, como había puesto en la carta de dote, porque los cabellos eran pocos y blancos, por la nieve de los muchos inviernos pasados. Esta falta no era mucha, merced a los moños y a su autor, aunque en esta ocasión se la hizo[110] a la pobre dama respeto[111] de haberse caído sobre las almohadas, con el descuido del sueño, bien contra la voluntad de su dueño. Los dientes estaban esparcidos por la cama, porque como dixo el príncipe de los poetas, daba perlas de barato,[112] a cuya causa tenía don Marcos uno o dos[113] entre los bigotes, de más de que parecían tejado con escarcha,[114] de lo que habían participado de la amistad que con el rostro de su mujer habían hecho.

Cómo se quedaría el pobre hidalgo se dexa a consideración del pío lector, por no alargar pláticas en cosa que puede la imaginación suplir cualquiera falta; sólo digo que doña Isidora, que no estaba menos turbada de que sus gracias se manifesta[sen] tan a letra vista, asió con una presurosa congoxa su moño, mal enseñado a dexarse ver tan de mañana, y atestósele en la cabeza, quedando peor que sin él, porque con la priesa no pudo ver cómo le ponía, y así se le acomodó cerca de las cejas. ¡Oh maldita Marcela, causa de tantas desdichas; no te lo perdone Dios, amén! En fin, más alentada, aunque con menos razón, quiso tomar un faldellín para salir a buscar su fugitiva

110. *se la hizo:* hay que sobreentender la falta.
111. *respeto:* respecto, a causa de (Aut.).
112. *daba perlas de barato:* usar perlas como metáfora con demasiada facilidad. Dar de barato ver (Aut.). El príncipe de los poetas al que alude es posiblemente Lope de Vega.
113. *tenía uno o dos:* hay que sobreentender dientes.
114. *parecían tejado… con el rostro de su mujer habían hecho:* los bigotes estaban blanquecinos por haberles caído los polvos que su mujer llevaba en la cara. Sigue siendo muy notoria la influencia del *Buscón* de Quevedo.

criada; mas ni él, ni el vestido rico, con que se había casado, ni los chapines con viras,[115] ni otras joyas que estaban en una salva,[116] porque esto y el vestido de don Marcos, con una cadena de doscientos escudos,[117] que había traído puesta el día antes, la cual había sacado de su tesoro para solenizar su fiesta, no pareció,[118] porque la astuta Marcela no quiso ir desapercibida.

Lo que haría don Marcos en esta ocasión, ¿qué lengua bastará a decirlo, ni qué pluma a escribirlo? Quien supiere que a costa de su cuerpo lo había ganado, podría ver cuán al de su alma lo sentiría, y más no hallando consuelo en la belleza de su mujer, porque bastaba a desconsolar al mismo infierno. Si ponía los ojos en ella veía una estantigua,[119] si los apartaba, no vía sus vestidos y cadena, y con este pesar se paseaba muy apriesa, así en camisa por la sala, dando palmadas y suspiros.

Mientras él andaba así, y doña Isidora se fue al Jordán de su retrete,[120] y arquilla de baratijas, se levantó Agustín, a quien Inés había ido a contar lo que pasaba, riendo los dos la visión de doña Isidora, la pasión y la bellaquería de Marcela; y a medio vestir salió a consolar a su tío, diciéndole los consuelos que supo fingir y encadenar, más a lo socarrón que a lo necio. Animóle con que se buscaría la agresora del hurto, y obligóle a paciencia, que eran bienes de fortuna, con lo que cobró fuerzas para volver en sí

---

115. *chapines con viras:* calzado con la suela muy alta que usaban las mujeres casadas, en el que se insertaba un cordón de sujeción entre la suela de corcho y la piel (Covar.).

116. *salva:* ver nota 67.

117. *escudos:* monedas de oro que tenían grabados el escudo y las armas del rey (Covar.).

118. *pareció:* apareció (Covar.).

119. *estantigua:* fantasma (Covar.).

120. *al Jordán de su retrete:* a utilizar el "agua milagrosa" de su cuarto de aseo. "Jordán: cualquier cosa que remoza o rejuvenece" (Aut.).

y vestirse, y más como vio venir a doña Isidora tan otra de
lo que había visto, que casi creyó que se había engañado,
y que no era la misma.

Salieron juntos don Marcos y Agustín a buscar, por dicho de Inés, las guaridas de Marcela, y en verdad que si
no fueran, los tuviera[121] por más discretos, a lo menos a
don Marcos, que don Agustín, para mí, pienso que lo hacía de bellaco más que de bobo, que bien se dexa entender, que no se habría puesto en parte donde fuese hallada. Mas, viendo que no había remedio, se volvieron a
casa, conformándose con la voluntad de Dios a los santos,
y con la de Marcela, a lo de no poder más,[122] y mal de su
agrado hubo de cumplir nuestro miserable,[123] con las
obligaciones de la tornaboda,[124] aunque el más triste del
mundo, porque tenía atravesada en el alma su cadena.

Mas como no estaba contenta la fortuna, quiso proseguir en la persecución de su miseria. Y fue desta suerte,
que sentándose a comer entraron dos criados del señor
Almirante, diciendo que su señor besaba las manos de la
señora doña Isidora, y que se sirviese de enviarle la plata,
que para prestada bastaba un mes, que si no lo hacía, la
cobraría de otro modo.

Recibió la señora el recado, y la respuesta no pudo ser
otra, que entregarle todo cuando había, platos, fuentes, y
lo demás que lucía en la casa, y que había colmado las
esperanzas de don Marcos, el cual se quiso hacer fuerte,
diciendo que era hacienda suya, y que no se había de lle-

121. Intromisión del narrador que se introduce en el texto, al usar la
primera persona: *tuviera, para mí, pienso,* que utiliza para valorar las actuaciones de los personajes. Es una característica muy propia de Zayas cuando
se aleja de sus modelos narrativos.

122. *a lo de no poder más:* no podía hacer otra cosa.

123. *miserable:* avaricioso, usurero (Covar.).

124. *tornaboda:* cuando la fiesta de la boda, habiéndose hecho en casa de
uno se vuelve a hacer en la casa del otro (Covar.).

var, y otras cosas que le parecían a propósito, tanto que fue menester que el[125] un criado fuese a llamar al mayordomo, y el otro se quedase en resguardo de la plata.

Al fin la plata se llevó, y don Marcos se quebró la cabeza en vano, el cual ciego de pasión y de cólera, empezó a decir y hacer cosas como hombre fuera del sí. Quexábase de tal engaño, y prometía que había de poner pleito de divorcio, a lo cual doña Isidora, con mucha humildad, le dixo por amansarle, que advirtiese que antes merecía gracias que ofensas, que por granjear un marido como él cualquiera cosa, aunque tocase en engaño, era cordura y discreción; que pues el pensar deshacerlo era imposible, que lo mejor era tener paciencia.

Húbolo de hacer el buen don Marcos, aunque desde aquel día no tuvieron paz ni comieron bocado con gusto. A todo esto don Agustín comía y callaba, metiendo las veces que se hallaba presente, paz; y pasando muy buenas noches con su Inés, con la cual se reía las gracias de doña Isidora y desventuras de don Marcos.

Con estas desdichas, si la fortuna le dexara en paz, con lo que le había quedado se diera por contento y lo pasara honradamente. Mas como se supo en Madrid el casamiento de doña Isidora, un alquilador de ropa, dueño del estrado y colgadura,[126] vino por tres meses que le debía de su ganancia, y asimismo a llevarlo, porque mujer que había casado tan bien, coligió que no lo habría menester, pues lo podría comprar y tenerlo por suyo.

A este trago acabó don Marcos de rematarse, llegó a las manos con su señora, andando el moño y los dientes de por medio, no con poco dolor de su señora, pues le llega-

125. *el:* uso pleonástico.
126. *colgadura:* "conjunto de tapices o telas con que se cubren y adornan las paredes interiores" (R.A.E.).

ba el verse sin él tan a lo vivo. Esto, y la injuria de verse maltratar tan recién casada, le dio ocasión de llorar, y hacer cargo a don Marcos de tratar así una mujer como ella, y por bienes de fortuna, que ella los da y los quita; pues aún en casos de honra era demasiado el castigo.

A esto respondía don Marcos que su honra era su dinero. Mas todo esto no sirvió de nada para que el dueño del estrado y colgadura no lo llevase, y con ello lo que se le debía, un real sobre otro, que se pagó del dinero de don Marcos, porque la señora, como ya había cesado su trato y visitas, no sabía de qué color era, ni los vía de sus ojos, más que la ración de don Marcos, que esa gastaba moderadamente, por no poder ser menos.

A las voces y gritos baxó el señor de la casa, la cual nuestro hidalgo pensaba ser suya, y que su mujer le había dicho que era huésped que le tenía alquilado aquel cuarto por un año, y le dixo, que si cada día había de haber aquellas voces que buscasen casa y se fuesen con Dios, que era amigo de su quietud.

—¿Cómo ir? —respondió don Marcos—, él es el que se ha de ir, que esta casa es mía.

—¿Cómo vuestra, loco? —respondió el dueño—. Atreguado,[127] idos con Dios, que yo os juro que si no mirara que lo sois, la ventana fuera vuestra puerta.

Enoxóse don Marcos, y con la cólera se atreviera, si no se metiera doña Isidora y don Agustín de por medio, desengañando al pobre don Marcos, y apaciguando al señor de la casa, con prometerle desembarazarla otro día.

¿Qué podía don Marcos hacer aquí? O callar o ahorcarse, porque lo demás ni él tenía ánimo para otra cosa, antes le tenía ya tantos pesares como atónito y fuera de sí. Y desta suerte tomó su capa y salióse de casa, y Agustín por

127. *Atreguado:* el loco que tiene treguas en su enfermedad (Covar.).

mandado de su tía con él, para que le reportase. En fin, los dos buscaron un par de aposentos cerca de Palacio, por serlo cerca de la casa de su amo, para mudarse; y dado señal, quedó la mudanza para otro día. Y así le dixo a Agustín que se fuese a comer, que no estaba para volver a ver aquella engañadora de su tía.

Hízolo así el mozo, dando la vuelta a casa, contando lo sucedido, y entre ellos dos trataron el modo de mudarse.

Vino el miserable a acostarse, rostrituerto[128] y muerto de hambre. Pasó la noche, y a la mañana le dixo doña Isidora, que se fuese a la casa nueva, para que recibiese la ropa, mientras Inés traía un carro en que llevarla.

Hízolo así, y apenas el buen necio salió, cuando la traidora de doña Isidora y su sobrino y criada, tomaron cuanto había, y lo metieron en un carro, y ellos con ello, y se partieron de Madrid la vuelta de Barcelona, dexando en casa las cosas, que no podían llevar, como platos, ollas y otros trastos.

Estuvo don Marcos hasta cerca de las doce aguardando; y viendo la tardanza, dio la vuelta a su casa, y como no los halló, preguntó a una vecina si eran idos.

Ella le respondió que rato había.

Con lo que pensando que ya estarían allá, tornó aguijando, porque no aguardasen. Llegó sudando y fatigado, y como no los halló, se quedó medio muerto, temiendo lo mismo que era, y sin parar tornó donde venía, y dando un puntapié a la puerta, que habían dexado cerrada. Y como[129] la abrió y entró dentro viese que no había más de lo que no valía nada, acabó de tener por cierta su desdicha. Empezó a dar voces, y carreras por las salas, dándose de camino algunas calabazadas por las paredes, decía:

128. *rostrituerto:* ver nota 10.
129. *como:* con valor temporal cuando.

—Desdichado de mí, mi mal es cierto, en mal punto se hizo este desdichado casamiento, que tan caro me cuesta; ¿adónde estás, engañosa Sirena y robadora de mi bien, y de todo cuanto yo, a costa de mí mismo, tengo granjeado, para pasar la vida con algún descanso?

Estas y otras cosas decía, a cuyos extremos entró alguna gente de la casa, y uno de los criados, sabiendo el caso, le dixo que tuviese por cierto el haberse ido, porque el carro en que iba la ropa y su mujer, sobrino y criada, era de camino, y no de mudanza, y que él preguntó que dónde se mudaba, y que le había respondido que se iba fuera de Madrid.

Acabó de rematar don Marcos con esto; mas como las esperanzas animan en mitad de las desdichas, salió con propósito de ir a los mesones a saber para qué parte había ido el carro en que iba su corazón entre seis mil ducados, que llevaban en él. Lo cual hizo; mas el dueño dél no era cosario,[130] sino labrador de aquí de Madrid, que en eso eran los que le habían alquilado más astutos que era menester; y así no pudo hallar noticia de nada; pues querer seguirlos, era negocio cansado, no sabiendo el camino que llevaban, ni hallándose con un cuarto,[131] si no lo buscaba prestado, y más hallándose cargado con la deuda del vestido y joyas de su mujer, que ni sabía cómo ni de dónde pagarlo.

Dio la vuelta marchito y con mil pensamientos a casa de su amo, y viniendo por la calle Mayor, encontró sin pensar con la cauta Marcela, y tan cara a cara, que aunque ella quiso encubrirse fue imposible, porque habiéndola conocido don Marcos asió della, descomponiendo su autoridad; diciéndole:

130. *cosario:* persona que lleva encargos. Transportistas.
131. *ni hallándose con un cuarto:* y hallándose sin un cuarto.

—Ahora, bellaca ladrona —decía nuestro don Marcos—, me daréis lo que me robastes la noche que os salistes de mi casa.

—¡Ay señor mío! —dixo Marcela llorando—, bien sabía yo que había de caer sobre mí la desdicha, desde el punto que mi señora me obligó a esto. Óigame, por Dios, antes que me deshonre, que estoy en buena opinión y concertada de casar, y sería grande mal que tal se dixese de mí, y más estando como estoy inocente. Entremos aquí en este portal, y óigame de espacio, y sabrá quién tiene su cadena y vestidos, que ya había yo sabido cómo V. m. sospecha su falta sobre mí; y lo mismo le previne a mi señora aquella noche, pero son dueños y yo criada. ¡Ay de los que sirven, y con qué pensión[132] ganan un pedazo de pan!

Era (como he dicho) don Marcos poco malicioso, y así dando crédito a sus lágrimas, se entró con ella en un portal de una casa grande, donde le contó quién era doña Isidora, su trato y costumbres, y el intento con que se había casado con él, que era engañándole, como ya don Marcos experimentaba, bien a su costa. Díxole asimismo, cómo don Agustín no era su sobrino, sino su galán, y que era un bellaco vagamundo,[133] que por comer y holgar, estaba como le vía amancebado con una mujer de tal trato y edad, y que ella había escondido su vestido y cadena, para dárselo junto con el suyo, y las demás joyas que le había mandado que se fuese y pusiese en parte donde él no la viese, dando fuerza a su enredo, con pensar que ella se lo había llevado.

Parecióle a Marcela ser don Marcos hombre poco pen-

---

132. *pensión:* trabajo (Aut.).
133. *vagamundo:* el que se anda ocioso o vagando por todas partes (Covar.). Hoy vagabundo.

dencioso, y así se atrevió a decirle tales cosas, sin temor de lo que podía suceder; o ya lo hizo por salir de entre sus manos, y no miró en más, o por ser criada, que era lo más cierto; en fin, concluyó su plática la traidora con decirle que viviese con cuenta,[134] porque le habían de llevar, cuando menos se pensase, su hacienda.

—Yo le he dicho a V. m. lo que me toca, y mi conciencia me dicta. Ahora —repetía Marcela— haga vuestra merced lo que fuere servido, que aquí estoy para cumplir todo lo que fuere su gusto.

—A buen tiempo me das el consejo —replicó don Marcos—, amiga Marcela, cuando no hay ya remedio, que ya la traidora y el ingrato mal nacido, se han ido y llevádome cuanto tenía.

Y luego le contó todo lo que había pasado con ellos, desde el día que se había ido de su casa.

—¿Es posible? —replicó Marcela—. ¿Hay mayor maldad? ¡Ay señor mío, y cómo no en balde le tenía ya lástima, mas no me atrevía a hablar, porque la noche en que mi señora me envió de su casa, quise avisar a vuestra merced, viendo lo que pasaba; mas temí, que aún entonces, porque le dixe que no escondiese la cadena, me trató de palabra y obra cual Dios sabe.

—Ya Marcela —decía don Marcos— he visto lo que dices, y es lo peor que no lo puedo remediar, ni saber dónde o cómo pueda hallar rastro dellos.

—No le dé eso pena, señor mío —dixo la fingida Marcela—, que yo conozco un hombre, y aún pienso, si Dios quiere, que ha de ser mi marido, que le dirá a vuestra merced dónde los hallará, como si los viera con los ojos, porque sabe conjurar demonios, y hace otras admirables cosas.

---

134. *con cuenta:* con cuidado, preparado (Aut.)

—¡Ay Marcela, y cómo te lo serviría yo y agradecería, si hiciese eso por mí! Duélete de mis desdichas, pues puedes.

Es muy propio de los malos, en viendo a uno de caída, ayudarle a que se despeñe más presto, y de los buenos creer luego.[135] Así creyó don Marcos a Marcela, y ella se determinó a engañarle y estafarle lo que pudiese, y con este pensamiento le respondió, que fuese luego, que no era muy lexos la casa.

Yendo juntos encontró don Marcos otro criado de su casa, a quien pidió cuatro reales de a ocho para dar al astrólogo, no por señal, sino de paga; y con esto llegaron a casa de la misma Marcela, donde estaba con un hombre, que dixo ser el sabio, y a la cuenta era su amante. Habló con él don Marcos, concertóse en ciento y cincuenta reales, y que volviese de allí a ocho días, que él haría que un demonio le dixese dónde estaban, y los hallaría; mas que advirtiese, que si no tenía ánimo que no habría nada hecho, que mejor era no ponerse en tal, o que viese en qué forma le quería ver,[136] si no se atrevía que fuese en la misma suya.

Parecióle a don Marcos, con el deseo de saber de su hacienda, que era ver un demonio ver un plato de manjar blanco. Y así, respondió que en la misma que tenía en el infierno, en esa se le enseñase, que aunque le vía llorar la pérdida de su hacienda como mujer, que entre otras cosas era muy hombre. Con esto, y darle los cuatro reales de a ocho se despidió dél y Marcela, y se recogió en casa de un amigo, si los miserables tienen alguno, a llorar su miseria.

Dexémosle aquí, y vamos al encantador (que así le

---

135. *luego:* pronto. Los criados suelen ser siempre "los malos" en las novelas de Zayas.

136. *ver:* hay que sobreentender: al demonio.

nombraremos) que para cumplir lo prometido, y hacer
una solene burla al miserable, que ya por la relación de
Marcela conocía el sujeto, hizo lo que diré. Tomó un
gato, y encerróle en un aposentillo, al modo de despensa,
correspondiente a una sala pequeña, la cual no tenía más
ventana que una del tamaño de un pliego de papel, alta
cuanto un estado de hombre,[137] en la cual puso una red de
cordel que fuese fuerte; y entrábase donde tenía el gato, y
castigábalo con un azote, teniendo cerrada una gatera que
hizo en la puerta, y cuando le tenía bravo destapaba la
gatera, y salía el gato corriendo y saltaba a la ventana,
donde cogido en la red le volvían a su lugar. Hizo esto
tantas veces, que ya sin castigarle, en abriéndole, iba derecho a la ventana.

Hecho esto avisó al miserable para que aquella noche,
en dando las once, le enseñaría lo que deseaba.

Había, venciendo su inclinación, buscado nuestro engañado lo que faltaba para los ciento y cincuenta reales,
prestado,[138] y con ello se vino a casa del encantador, al
cual puso en las manos el dinero, para animarle a que
fuese el conjuro más fuerte; el cual, después de haberle
vuelto a apercibir el ánimo y valor, se sentó de industria[139] en una silla debaxo de la ventana, la cual tenía ya
quitada la red. Era, como se ha dicho, después de las
once, y en la sala no había más luz que la que podía dar
una lamparilla que estaba a un lado, y dentro de la despensilla todo lleno de cohetes, y con él un mozo avisado
de darle a su tiempo fuego, y soltarse[140] a cierta seña, que
entre los dos estaba puesto[141] para soltarle a aquel tiem-

137. *un estado de hombre:* del tamaño de un hombre (Covar.).
138. *prestado:* hipérbaton, había buscado prestado.
139. *de industria:* a propósito (Covar.).
140. *soltarse:* soltarle al gato.
141. *puesto:* preparado (Aut.).

po.[142] Marcela se salió fuera, que ella no tenía ánimo para ver visiones. Y luego el astuto mágico se vistió una ropa de bocací[143] negro y una montera de lo mismo, y tomando un libro de unas letras góticas en la mano, algo viejo el pergamino para dar más crédito a su burla, hizo un cerco en el suelo y se metió dentro con una varilla en las manos, y empezó a leer entre dientes murmurando en tono melancólico y grave, y de cuando en cuando pronunciaba algunos nombres extravagantes y exquisitos, que jamás habían llegado a los oídos de don Marcos. El cual tenía abiertos (como dicen) los ojos de un palmo, mirando a todas partes si sentía ruido, para ver el demonio que le había de decir todo lo que deseaba. El encantador hería luego con la vara en el suelo, y en un brasero que estaba junto a él con lumbre echaba sal y azufre y pimiento; alzando la voz decía:

—Sal aquí, demonio Calquimorro, pues eres tú el que tienes cuidado de seguir a los caminantes, y les sabes sus desinios y guarida. Di aquí en presencia del señor don Marcos y mía qué camino lleva esta gente, y dónde y qué modo se tendrá de hallarlos. Sal presto o guárdate de mi castigo; ¿estás rebelde y no quieres obedecerme? pues aguarda que yo te apretaré hasta que lo hagas.

Y diciendo esto volvía a leer en el libro. A cabo de rato tornaba a herir con el palo en el suelo, refrescando el conjuro dicho y sahumerio,[144] de suerte que ya el pobre don Marcos estaba ahogándose. Y viendo ya ser hora de que saliese dixo:

—¡Oh tú que tienes las llaves de las puertas infernales,

---

142. *soltarle a aquel tiempo:* soltar (al gato) en aquel momento.
143. *bocací:* "tela de hilo, de color, más gorda y basta que la holandilla" (R.A.E.).
144. *sahumerio:* "el humo oloroso que se levanta del fuego, echándole alguna pastilla, o otra cosa de olor" (Covar.).

manda al Cervero[145] que dexe salir a Calquimorro, demonio de los caminos, para que diga dónde están estos caminantes, o si no te fatigaré cruelmente!

A este tiempo, ya el mozo que estaba por guardián del gato había dado fuego a los cohetes y abierto el abujero, que como vio arderse salió dando aullidos y truenos, acompañándolos de brincos y saltos; y como estaba enseñado a saltar en la ventana, quiso escaparse por ella, y sin tener respeto a don Marcos, que estaba sentado en la silla, por encima de su cabeza, abrasándole de camino las barbas y cabellos y parte de la cara, dio consigo en la calle, al cual suceso, pareciéndole que no había visto un diablo, sino todos los del infierno, dando muy grandes gritos, se dexó caer desmayado en el suelo, sin tener lugar de oír una voz que se dio a aquel punto, que dixo:

—En Granada los hallarás.

A los gritos de don Marcos, y maullidos del gato, viéndole dar bramidos y saltos por la calle, respeto[146] de estarse abrasando, acudió gente, y entre ellos la Justicia, y llamando entraron y hallaron a Marcela y a su amante, procurando a poder de agua,[147] volver en sí al desmayado, lo cual fue imposible hasta la mañana. Informóse del caso el Alguacil, y no satisfaciéndose, aunque le dixeron el enredo, echando sobre la cama del encantador a don Marcos, que parecía muerto, y dexando con él y Marcela dos guardas, por no saberle nadie otra posada, llevaron a la cárcel al embustero y su criado, que hallaron en la despensilla, dexándolos con un par de grillos a cada uno, a título[148] de hombre muerto en su casa.

---

145. *Cervero*: es el perro del infierno clásico, el Hades, y uno de los monstruos que protegían su entrada.

146. *respeto:* respecto, ver nota 111.

147. *a poder de agua:* a fuerza de agua (Keniston: 41.32).

148. *a título:* con pretexto de (Aut.).

Dieron a la mañana noticia a los señores alcaldes deste caso, los cuales mandaron salir a visita los dos presos, y que fuesen por Marcela, y viesen si el hombre había vuelto en sí o se había muerto.

A este tiempo don Marcos había vuelto en sí y sabía de Marcela el estado de sus cosas, y se confirmaba por el hombre más cobarde del mundo. Llevólos el Alguacil a la sala, y, preguntado por los señores[149] deste caso, dixo la verdad, conforme lo que sabía, trayendo a juicio el suceso de su casamiento, y cómo aquella moza le había traído a aquella casa, donde le dixo que le dirían los que llevaban su hacienda dónde los hallaría, y que él no sabía más, de que, después de largos conjuros que aquel hombre había hecho leyendo en un libro que tenía, había salido por un agujero un demonio tan feo y tan terrible, que no había bastado su ánimo a escuchar lo que decía entre dientes y los grandes aullidos que iba dando; y que no sólo esto, más que había embestido con él, y puéstole como vían, más que él no sabía qué se hizo, porque se le cubrió el corazón,[150] sin volver en sí hasta la mañana.

Admirados estaban los alcaldes, hasta que el encantador los desencantó, contándoles todo el caso como se ha dicho, confirmando lo mismo el mozo y Marcela, y el gato que truxeron de la calle, donde estaba abrasado y muerto. Y trayendo también dos o tres libros que en su casa tenían, dixeron a don Marcos conociese cuál dellos era el de los conjuros.

Él tomó el mismo, y lo dio a los señores alcaldes, y abierto vieron que era el de Amadís de Gaula, que por lo viejo y letras antiguas había pasado por libro de encantos; con lo que, enterados del caso, fue tanta la risa de todos,

---

149. *señores:* hay que sobreentender alcaldes.
150. *se le cubrió el corazón:* se desmayó. Uso metafórico (Aut.)

que en gran espacio no se sosegó la sala, estando don Marcos tan corrido, que quiso mil veces matar al encantador y luego hacer lo mismo de sí; y más cuando los Alcaldes le dixeron que no se creyese de ligero ni se dexase engañar a cada paso. Y así, los enviaron a todos con Dios, saliendo tal el miserable que no parecía el que antes era, sino un loco, tantos suspiros y extremos, que daba lástima a los que le vían. Fuese a casa de su amo, donde halló un cartero que le buscaba, con una carta con un real de porte,[151] que abierta vio que decía desta manera:

"A don Marcos Miseria, salud: Hombre que por ahorrar no come, hurtando a su cuerpo el sustento necesario, y por interés de dineros de casa, sin más información que si hay hacienda, bien merece el castigo que vuestra merced tiene, y el que se le espera andando el tiempo. Vuestra merced, señor, no comiendo sino como hasta aquí, ni tratando con más ventajas que siempre hizo a sus criados, y como ya sabe la media libra de vaca, un cuarto de pan, y otros dos de ración al que sirve y limpia la estrecha vasija en que hace sus necesidades vuelva a juntar otros seis mil ducados, y luego me avise, que yo vendré de mil amores a hacer con vuestra merced vida maridable, que bien lo merece marido tan aprovechado. —*Doña Isidora de la Venganza.*"

Fue tanta la pasión que don Marcos recibió con esta carta, que le dio una calentura acidental, de tal suerte que en pocos días acabó los suyos miserablemente.[152] A doña Isidora, estando en Barcelona aguardando galeras en qué

---

151. *porte:* "lo que se da por llevar alguna cosa de un lugar a otro" (Covar.).

152. En la primera edición de las *Novelas* el final de D. Marcos era el suicidio, ahorcado, aconsejado por un demonio. Todas las ediciones modernas siguen la segunda edición del mismo año e impresor en las que la muerte es por enfermedad.

embarcarse para Nápoles, una noche, don Agustín y su Inés la dexaron durmiendo, y con los seil mil ducados de don Marcos, y todo lo demás que tenían, se embarcaron. Y llegados a Nápoles, él asentó plaza de soldado, y la hermosa Inés, puesta en paños mayores, se hizo dama cortesana,[153] sustentando con este oficio en galas y regalos a su don Agustín. Doña Isidora se volvió a Madrid, donde, renunciando el moño y las galas, anda pidiendo limosna, cual[154] me contó más por entero esta maravilla, y yo me determiné a escribirla, para que vean los miserables el fin que tuvo éste, y no hagan lo mismo, escarmentando en cabeza ajena.

Con grandísimo gusto oyeron todos la maravilla que don Álvaro dixo, viendo castigado a don Marcos. Y viendo que don Alonso se prevenía para la suya, trocando su asiento con Álvaro, hizo don Juan señas a los músicos, los cuales cantaron así:

Visitas de Antón a Menga
y en su cabaña también,
a fe, si le ofende Gila,
que tiene mucho por qué.
El anticipar sus quexas
señal sospechosa es,
que quien con darlas previene,
quiere que no se las den.
Para mostrarse ofendida
sobra de la causa fue,
que es basilisco[155] un agravio,
y no ha de llegarse a ver
agradosa y sin amor,
zagales; pero creed,

---

153. *dama cortesana:* "La mujer libre que vive licenciosamente" (Aut.).
154. *cual:* tal como.
155. *basilisco:* una especie de serpiente venenosa (Covar.).

que conversación y agrado
son amagos de querer.
Descuidado el indicio,
no es poco, que ya se ve
que lo que es hablarse hoy
fue diligencia de ayer.
Mal fuego en su cortesía,
que saben los hombres bien,
para desmentir lo falso
valerse de lo cortés.
No hay temer, sino hay tropiezos;
mas Menga le busca a él:
los dos solos, ella hermosa,
si es tropiezo, no lo sé.
Si es vedarle que la mire,
riesgo en Antón, yo diré
que un amor tan achacoso
muy cerca está de caer.
Necios llaman a los celos,
mal los conocen pardiez,
que antes el celoso peca
de advertido y bachiller.
Esos agrados Antón,
sólo con Gila han de ser,
porque un crédito en balanzas,
muy lexos anda del fiel.[156]
¡Oh cuán bien saben los hombres
con disculpas ofender,
mas pues amor los descubre
bien haya el amor! Amén.

No sé si temeroso don Juan de la indignación de Lisis, quiso con este segundo romance disculparse de los agravios que le hacía en el primero, aunque a costa de los enojos de Lisarda, que enfadada déste, cuanto gloriosa del otro, le mostró en un gracioso ceño con que miró a

---

156. *fiel:* juego de palabras entre el fiel de la balanza y el fiel enamorado.

don Juan, de lo que el falso amante se holgaba, porque a no ser así, tratara con más secreto y cordura esta voluntad, y no tan al descubierto, que él mismo se preciaba de amante de Lisarda, y mal correspondiente de Lisis. La cual, ya cansada de batallar con tantos desengaños y sinrazones, se determinó, pasada la fiesta de aquellas alegres noches, por no estorbar el gusto que todas sus amigas tenían en ellas, supuesto que don Juan, de día y de noche, mañana y tarde, estaba en casa de Lisarda, decirle que excusase la venida a la suya, pues sus visitas no servían más que de amontonar tibiezas y pesares sobre pesares; y asimismo, si don Diego se determinase a ser su esposo, cerrar los ojos a los demás devaneos.

Del mismo parecer estaba don Diego, que no aguardaba sino el fin de la fiesta para dar principio a su pretensión, pues don Juan estaba (aunque de otro parecer) aguardando lo mismo, agraviado de que don Diego tuviese puesto sus pensamientos en Lisis, sabiendo que era prenda un tiempo de su cuidado, si bien ya de su olvido.

# El jardín engañoso

## El jardín engañoso

No ha muchos años que en la hermosísima y noble ciudad de Zaragoza, divino milagro de la Naturaleza y
glorioso trofeo del Reino de Aragón, vivía un caballero
noble y rico, y él por sus partes[1] merecedor de tener por
mujer una gallarda dama, igual en todo a sus virtudes y
nobleza, que éste es el más rico don que se puede alcanzar. Dióle el cielo por fruto de su matrimonio dos hermosísimos soles, que tal nombre se puede dar a dos bellas
hijas: la mayor llamada Constanza, y la menor Teodosia;
tan iguales en belleza, discreción y donaire, que no desde-
cía nada la una de la otra. Eran estas dos bellísimas damas
tan acabadas y perfectas, que eran llamadas, por renom-
bre de riqueza y hermosura, las dos niñas de los ojos de su
Patria.

Llegando, pues, a los años de discreción,[2] cuando en las
doncellas campea la belleza y donaire se aficionó de la
hermosa Constanza don Jorge, caballero asimismo natu-

1. *por sus partes:* "las prendas o dotes naturales que adornan a una persona" (Aut.).
2. *años de discreción:* "la edad en que se empieza a discernir las cosas y a
hacer juicio de ellas" (Aut.).

ral de la misma ciudad de Zaragoza, mozo, galán y rico, único heredero en la casa de sus padres, que aunque había otro hermano, cuyo nombre era Federico, como don Jorge era el mayorazgo,[3] le podemos llamar así.

Amaba Federico a Teodosia, si bien con tanto recato de su hermano, que jamás entendió dél esta voluntad, temiendo que como hermano mayor no le estorbase estos deseos, así por esto como por no llevarse muy bien los dos.

No miraba Constanza mal a don Jorge, porque agradecida a su voluntad le pagaba en tenérsela honestamente, pareciéndole, que habiendo sus padres de darle esposo, ninguno en el mundo la merecía como don Jorge. Y fiada en esto estimaba y favorecía sus deseos, teniendo por seguro el creer que apenas se la pediría a su padre, cuando tendría alegre y dichoso fin este amor, si bien le alentaba tan honesta y recatadamente, que dexaba lugar a su padre para que en caso que no fuese su gusto el dársele por dueño, ella pudiese, sin ofensa de su honor dexarse desta pretensión.

No le sucedió tan felizmente a Federico con Teodosia porque jamás alcanzó della un mínimo favor, antes le aborrecía con todo extremo, y era la causa amar perdida a don Jorge, tanto que empezó a trazar y buscar modos de apartarle de la voluntad de su hermana, envidiosa de verla amada, haciendo eso tan astuta y recatada que jamás le dio a entender ni al uno ni al otro su amor.

Andaba con estos disfavores don Federico tan triste, que ya era conocida, si no la causa, la tristeza. Reparando en ello Constanza, que por ser afable y amar tan honesta a don Jorge no le cabía poca parte a su hermano; y casi sospechando que sería Teodosia la causa de su pena por

---

3. *mayorazgo:* "el derecho de suceder el primogénito en los bienes" (Aut.).

Damas **nobles**.

Joven señora ante una mesa.

haber visto en los ojos de Federico algunas señales, la procuró saber y fuéle fácil, por ser los caballeros muy familiares amigos de su casa, y que siéndolo también los padres facilitaba cualquiera inconveniente.

Tuvo lugar la hermosa Constanza de hablar a Federico, sabiendo dél a pocos lances la voluntad que a su hermana tenía y los despegos con que ella le trataba. Mas con apercibimiento que no supiese este caso don Jorge, pues, como se ha dicho, se llevaban mal.

Espantóse Constanza de que su hermana desestimase a Federico, siendo por sus partes digno de ser amado. Mas como Teodosia tuviese tan oculta su afición, jamás creyó Constanza que fuese don Jorge la causa, antes daba la culpa a su desamorada condición, y así se lo aseguraba a Federico las veces que desto trataban, que eran muchas, con tanto enfado de don Jorge, que casi andaba celoso de su hermano, y más viendo a Constanza tan recatada en su amor, que jamás, aunque hubiese lugar, se lo dio de tomarle una mano.

Estos enfados de don Jorge despertaron el alma a Teodosia a dar modo como don Jorge aborreciese de todo punto a su hermana, pareciéndole a ella que el galán se contentaría con desamarla, y no buscaría más venganza, y con esto tendría ella el lugar que su hermana perdiese. Engaño común en todos los que hacen mal, pues sin mirar que le procuran al aborrecido, se le dan juntamente al amado.

Con este pensamiento, no temiendo el sangriento fin que podría tener tal desacierto, se determinó decir a don Jorge que Federico y Constanza se amaban, y pensado lo puso en execución, que amor ciego ciegamente gobierna y de ciegos se sirve; y así, quien como ciego no procede, no puede llamarse verdaderamente su cautivo.

La ocasión que la fortuna dio a Teodosia fue hallarse

solos Constanza y don Jorge, y el galán enfadado, y aún, si se puede decir, celoso de haberla hallado en conversación con su aborrecido hermano, dando a él la culpa de su tibia voluntad, no pudiendo creer que fuese recato honesto que la dama con él tenía, la dixo algunos pesares, con que obligó a la dama que le dixese estas palabras:

—Mucho siento, don Jorge, que no estiméis mi voluntad, y el favor que os hago en dexarme amar, sino que os atreváis a tenerme en tan poco, que sospechando de mí lo que no es razón, entre mal advertidos pensamientos, me digáis pesares celosos; y no contento con esto, os atreváis a pedirme más favores que los que os he hecho, sabiendo que no los tengo de hacer. A sospecha tan mal fundada como la vuestra no respondo, porque si para vos no soy más tierna de lo que veis, ¿por qué habéis de creer que lo soy de vuestro hermano? A lo demás que decís, quexándoos de mi desabrimiento y tibieza, os digo, para que no os canséis en importunarme, que mientras que no fuéredes mi esposo no habéis de alcanzar más de mí. Padres tengo, su voluntad es la mía, y la suya no debe de estar lexos de la vuestra mediante vuestro valor. En esto os he dicho todo lo que habéis de hacer, si queréis darme gusto, y en lo demás será al contrario.

Y diciendo esto, para no dar lugar a que don Jorge tuviera algunas desenvolturas amorosas, le dexó y entró en otra sala donde había criados y gente.

No aguardaba Teodosia otra ocasión más que la presente para urdir su enredo; y habiendo estado a la mira y oído lo que había pasado, viendo quedar a don Jorge desabrido y cuidadoso de la resolución de Constanza, se fue adonde estaba y le dixo:

—No puedo ya sufrir ni disimular, señor don Jorge, la pasión que tengo de veros tan perdido y enamorado de mi hermana, y tan engañado en esto como amante suyo; y así, si me dais palabra de no decir en ningún tiempo que yo os he dicho lo que sé y os importa saber, os diré la causa de la tibia voluntad de Constanza.

Alteróse don Jorge con esto, y sospechando lo mismo que la traidora Teodosia le quería decir, deseando saber lo que le había de pesar de saberlo, propria condición de amantes, le juró con bastantes juramentos tener secreto.

—Pues sabed —dixo Teodosia— que vuestro hermano Federico y Constanza se aman con tanta terneza y firme voluntad, que no hay para encarecerlo más que decir que tienen concertado de[4] casarse. Dada se tienen palabra, y aun creo que con más arraigadas prendas; testigo yo, que sin querer ellos que lo fuese, oí y vi cuanto os digo, cuidadosa de lo mismo que ha sucedido. Esto no tiene ya remedio, lo que yo os aconsejo es que como también entendido llevéis este disgusto, creyendo que Constanza no nació para vuestra, y que el cielo os tiene guardado sólo la que os merece. Voluntades que los cielos conciertan en vano las procuran apartar las gentes. A vos, como digo, no ha de faltar la que merecéis, ni a vuestro hermano el castigo de haberse atrevido a vuestra misma dama.

Con esto dio fin Teodosia a su traición, no queriendo, por entonces decirle nada de su voluntad, porque no sospechase su engaño. Y don Jorge principió a una celosa y desesperada cólera, porque en un punto ponderó el atrevimiento de su hermano, la deslealtad de Constanza, y haciendo juez a sus celos y fiscal a su amor, juntando con esto el aborrecimiento con que trataba a Federico, aun sin pensar en la ofensa, dio luego contra él rigurosa y cruel sentencia. Mas disimulando por no alborotar a Teodosia, le agradeció cortésmente la merced que le hacía, prometiendo el agradecimiento della, y por principio

---

4. *de:* pleonástico.

tomar su consejo y apartarse de la voluntad de Constanza, pues se empleaba en su hermano más acertadamente que en él.

Despidiéndose della, y dexándole en extremo alegre, pareciéndole que desfraudado[5] don Jorge de alcanzar a su hermana, le sería a ella fácil el haberle por esposo. Mas no le sucedió así, que un celoso cuanto más ofendido, entonces ama más.

Apenas se apartó don Jorge de la presencia de Teodosia, cuando se fue a buscar su aborrecido hermano, si bien primero llamó un paje de quien fiaba mayores secretos, y dándole cantidad de joyas y dineros con un caballo le mandó que le guardase fuera de la ciudad, en un señalado puesto.

Hecho esto, se fue a Federico, y le dixo que tenía ciertas cosas para tratar con él, para lo cual era necesario salir hacia el campo.

Hízolo Federico, no tan descuidado que no se recelase de su hermano, por conocer la poca amistad que le tenía. Mas la fortuna que hace sus cosas como le da gusto, sin mirar méritos ni inorancias, tenía ya echada la suerte por don Jorge contra el miserable[6] Federico, porque apenas llegaron a un lugar a propósito, apartado de la gente, cuando sacando don Jorge la espada, llamándole robador de su mayor descanso y bien, sin darle lugar a que sacase la suya, le dio una [tan] cruel estocada por el corazón, que la espada salió a las espaldas, rindiendo a un tiempo el desgraciado Federico el alma a Dios y el cuerpo a la tierra.

Muerto el malogrado mozo por la mano del cruel hermano, don Jorge acudió adonde le aguardaba su criado

5. *desfraudado:* defraudado.
6. *miserable:* desdichado (Covar.).

con el caballo, y subiendo en él con su secretario a las ancas, se fue a Barcelona, y de allí, hallando las galeras que se partían a Nápoles, se embarcó en ellas, despidiéndose para siempre de España.

Fue hallado esta misma noche el mal logrado Federico muerto y traído a sus padres, con tanto dolor suyo y de toda la ciudad, que a una lloraban su desgraciada muerte, ignorándose el agresor della, porque aunque faltaba su hermano, jamás creyeron que él fuese dueño de tal maldad, si bien por su fuga se creía haberse hallado en el desdichado suceso. Sola Teodosia, como la causa de tal desdicha, pudiera decir en esto la verdad; mas ella callaba, porque le importaba hacerlo.

Sintió mucho Constanza la ausencia de don Jorge, mas no de suerte que diese que sospechar cosa que no estuviese muy bien a su opinión, si bien entretenía el casarse, esperando saber algunas nuevas dél.

En este tiempo murió su padre, dexando a sus hermosas hijas con gran suma de riqueza, y a su madre por su amparo. La cual, ocupada en el gobierno de su hacienda, no trató de darlas estado en más de dos años, ni a ellas se les daba nada, ya por aguardar la venida de su amante, y parte por no perder los regalos que de su madre tenían, sin que en todo este tiempo se supiese cosa alguna de don Jorge; cuyo olvido fue haciendo su acostumbrado efecto en la voluntad de Constanza, lo que no pudo hacer en la de Teodosia, que siempre amante y siempre firme, deseaba ver casada a su hermana para vivir más segura si don Jorge pareciese.

Sucedió en este tiempo venir a algunos negocios a Zaragoza un hidalgo montañés, más rico de bienes de naturaleza que de fortuna, hombre de hasta treinta o treinta y seis años, galán, discreto y de muy amables partes, llamado Carlos.

Tomó posada enfrente de la casa de Constanza, y a la primera vez que vio la belleza de la dama, le dio en pago de haberla visto la libertad, dándole asiento en el alma, con tantas veras, que sólo la muerte le pudo sacar desta determinación, dando fuerzas a su amor el saber su noble nacimiento y riqueza, y el mirar su honesto agrado y hermosa gravedad.

Víase nuestro Carlos pobre y fuera de su patria, porque aunque le sobraba de noble lo que le faltaba de rico, no era bastante para atreverse a pedirla por mujer, seguro de que no se la habían de dar. Mas no hay amor sin astucias, ni cuerdo que no sepa aprovecharse dellas. Imaginó una que fue bastante a darle lo mismo que deseaba, y para conseguirla empezó a tomar amistad con Fabia, que así se llamaba su madre de Constanza, y a regalarla con algunas cosas que procuraba para este efecto, haciendo la noble señora en agradecimiento lo mismo. Visitábalas algunas veces, granjeando con su agrado y linda conversación la voluntad de todas, tanto que ya no se hallaban sin él.

En teniendo Carlos dispuesto este negocio tan a su gusto, descubrió su intento a una ama vieja que le servía, prometiéndole pagárselo muy bien, y desta suerte se empezó a fingir enfermo, y no sólo con achaque limitado, sino que de golpe se arrojó en la cama.

Tenía ya la vieja su ama prevenido un médico, a quien dieron un gran regalo, y así comenzó a curarle a título de un cruel tabardillo.[7] Supo la noble Fabia la enfermedad de su vecino, y con notable sentimiento le fue luego a ver, y le acudía como si fuera un hijo, a todo lo que era menester. Creció la fingida enfermedad, a dicho del médico y congoxas del enfermo, tanto que se le ordenó que hiciese

---

7. *tabardillo:* enfermedad peligrosa, también llamada pintas, porque se cubre el cuerpo con manchas y granos (Aut.).

testamento y recibiese los Sacramentos. Todo lo cual se hizo en presencia de Fabia, que sentía el mal de Carlos en el alma, a la cual el astuto Carlos, asidas las manos, estando para hacer testamento, dixo:

—Ya veis, señora mía, en el estado que está mi vida, más cerca de la muerte que de otra cosa. No la siento tanto por haberme venido en la mitad de mis años, cuanto por estorbarse con ella el deseo que siempre he tenido de serviros después que os conocí. Mas para que mi alma vaya con algún consuelo deste mundo, me habéis de dar licencia para descubriros un secreto.

La buena señora le respondió que dixese lo que fuese su gusto, seguro de que era oído y amado, como si fuera un hijo suyo.

—Seis meses ha, señora Fabia —prosiguió Carlos—, que vivo enfrente de vuestra casa, y esos mismos que adoro y deseo para mi mujer a mi señora doña Constanza, vuestra hija, por su hermosura y virtudes. No he querido tratar dello, aguardando la venida de un caballero deudo mío, a quien esperaba para que lo tratase; mas Dios, que sabe lo que más conviene, ha sido servido de atajar mis intentos de la manera que veis, sin dexarme gozar este deseado bien. La licencia que ahora me habéis de dar es, para que yo le dexe toda mi hacienda, y que ella la acepte, quedando vos, señora, por testamentaria; y después de cumplido mi testamento todo lo demás sea para su dote.

Agradecióle Fabia con palabras amorosas la merced que le hacía, sintiendo y solenizando con lágrimas el perderle.

Hizo Carlos su testamento, y por decirlo de una vez, él testó de[8] más de cien mil ducados, señalando en muchas partes de la montaña muy lucida hacienda. De todos dexó

8. *de:* por.

por heredera a Constanza, y a su madre tan lastimada, que pedía al cielo con lágrimas su vida.

En viendo Fabia a su hija, echándole al cuello los brazos, le dixo:

—¡Ay hija mía, en qué obligación estás a Carlos! Ya puedes desde hoy llamarte desdichada, perdiendo, como pierdes tal marido.

—No querrá tal el cielo, señora —decía la hermosa dama, muy agradada de las buenas partes de Carlos, y obligada contra la riqueza que le dexaba—, que Carlos muera, ni que yo sea de tan corta dicha que tal vea; yo espero de Dios que le ha de dar vida, para que todas sirvamos la voluntad que nos muestra.

Con estos buenos deseos, madre y hijas pedían a Dios su vida.

Dentro de pocos días empezó Carlos, como quien tenía en su mano su salud, a mejorar, y antes de un mes a estar del todo sano, y no sólo sano, sino esposo de la bella Constanza, porque Fabia, viéndole con salud, le llevó a su casa y desposó con su hija.

Granjeando este bien por medio de su engaño, y Constanza tan contenta, porque su esposo sabía granjear su voluntad con tantos regalos y caricias, que ya muy seguro de su amor, se atrevió a descubrirle su engaño, dando la culpa a su hermosura y al verdadero amor que desde que la vio la tuvo.

Era Constanza tan discreta, que en lugar de desconsolarse, juzgándose dichosa en tener tal marido, le dio por el engaño gracias, pareciéndole que aquélla había sido la voluntad del cielo, la cual no se puede excusar, por más que se procure hacerlo, dando a todos estos amorosos consuelos lugar la mucha y lucida hacienda que ella gozaba, pues sólo le faltaba a su hermosura, discreción y riqueza un dueño como el que tenía, de tanta discreción, noble sangre y gentileza, acompañado de tal agrado, que suegra y cuñada, viendo a Constanza tan contenta, y que con tantas veras se juzgaba dichosa, le amaban con tal extremo, que en lugar de sentir la burla, la juzgaban por dicha.

Cuatro años serían pasados de la ausencia de don Jorge, muerte de Federico y casamiento de Constanza, en cuyo tiempo la bellísima dama tenía por prendas de su querido esposo dos hermosos hijos, con los cuales, más alegre que primero, juzgaba perdidos los años que había gastado en otros devaneos, sin haber sido siempre de su Carlos, cuando don Jorge, habiendo andado toda Italia, Piamonte y Flandes, no pudiendo sufrir la ausencia de su amada señora, seguro, por algunas personas que había visto por donde había estado, de que no le atribuían a él la muerte del malogrado Federico, dio vuelta a su patria y se presentó a los ojos de sus padres, y si bien su ausencia había dado que sospechar, supo dar tal color a su fuga, llorando con fingidas lágrimas y disimulada pasión la muerte de su hermano, haciéndose muy nuevo en ella, que dislumbró[9] cualquiera indicio que pudiera haber.

Recibiéronle los amados padres como de quien de dos solas prendas que habían perdido en un día hallaban la una, cuando menos esperanza tenían de hallarla, acompañándolos en su alegría la hermosa Teodosia, que obligada de su amor, calló su delito a su mismo amante, por no hacerse sospechosa en él.

La que menos contento mostró en esta venida fue Constanza, porque casi adivinando lo que le había de suceder, como amaba tan de veras a su esposo, se entristeció de que los demás se alegraban, porque don Jorge, aunque sintió con las veras posibles hallarla casada, se animó a servirla y solicitarla de nuevo, ya que no para su

9. *dislumbró:* vislumbró.

esposa, pues era imposible, al menos para gozar de su hermosura, por no malograr tantos años de amor. Los paseos, los regalos, las músicas y finezas eran tantas, que casi se empezó a murmurar por la ciudad. Mas a todo la dama estaba sorda, porque jamás admitía ni estimaba cuanto el amante por ella hacía, antes las veces que en la iglesia o en los saraos y festines que en Zaragoza se usan la vía y hallaba cerca della, a cuantas quexas de haberse casado le daba, ni a las tiernas y sentidas palabras que le decía, jamás le respondía palabra. Y si alguna vez, ya cansada de oírle, le decía alguna, era tan desabrida y pesada, que más aumentaba su pena.

La que tenía Teodosia de ver estos extremos de amor en su querido don Jorge era tanta, que, a no alentarla los desdenes con que su hermana le trataba, mil veces perdiera la vida. Y tenía bastante causa, porque aunque muchas veces le dio a entender a don Jorge su amor, jamás oyó dél sino mil desabrimientos en respuesta, con lo cual vivía triste y desesperada.

No ignoraba Constanza de dónde le procedía a su hermana la pena, y deseaba que don Jorge se inclinase a remediarla, tanto por no verla padecer, como por no verse perseguida de sus importunaciones; mas cada hora lo hallaba más imposible, por estar ya don Jorge tan rematado y loco en solicitar su pretensión, que no sentía que en Zaragoza se murmurase ni que su esposo de Constanza lo sintiese.

Más de un año pasó don Jorge en esta tema, sin ser parte las veras con que Constanza excusaba su vista, no saliendo de su casa sino a misa, y esas veces acompañada de su marido, por quitarle el atrevimiento de hablarla, para que el precipitado mancebo se apartase de seguir su devaneo, cuando Teodosia, agravada de su tristeza, cayó en la cama de una peligrosa enfermedad, tanto que se llegó a tener muy poca esperanza de su vida. Constanza, que la amaba tiernamente, conociendo que el remedio de su pena estaba en don Jorge, se determinó a hablarle, forzando, por la vida de su hermana, su despegada y cruel condición. Así, un día que Carlos se había ido a caza, le envió a llamar. Loco de contento recibió don Jorge el venturoso recado de su querida dama, y por no perder esta ventura, fue a ver lo que el dueño de su alma le quería.

Con alegre rostro recibió Constanza a don Jorge, y sentándose con él en su estrado, lo más amorosa y honestamente que pudo, por obligarle y traerle a su voluntad, le dixo:

—No puedo negar, señor don Jorge, si miro desapasionadamente vuestros méritos y la voluntad que os debo, que fui desgraciada el día que os ausentasteis desta ciudad, pues con esto perdí el alcanzaros por esposo, cosa que jamás creí de la honesta afición con que admitía vuestros favores y finezas, si bien el que tengo es tan de mi gusto, que doy mil gracias al cielo por haberle merecido, y esto bien lo habéis conocido en el desprecio que de vuestro amor he hecho, después que vinistes; que aunque no puedo ni será justo negaros la obligación en que me habéis puesto, la de mi honra es tanta, que ha sido fuerza no dexarme vencer de vuestras importunaciones. Tampoco quiero negar que la voluntad primera no tiene gran fuerza, y si con mi honra y con la de mi esposo pudiera corresponder a ella, estad seguro de que ya os hubiera dado el premio que vuestra perseverancia merece. Mas supuesto que esto es imposible, pues en este caso os cansáis sin provecho, aunque amando estuvieseis un siglo obligándome, me ha parecido pagaros con dar en mi lugar otro yo, que de mi parte pague lo que en mí es sin remedio. En concederme este bien me ganáis, no sólo por verdadera amiga, sino por perpetua esclava. Y para no teneros suspenso, esta hermosura que, en cambio de la mía, que ya es de Carlos, os quiero dar, es mi hermana Teodosia, la cual, desesperada de vuestro desdén, está en lo último de su vida, sin haber otro remedio para dársela, sino vos mismo. Ahora es tiempo de que yo vea lo que valgo con vos, si alcanzo que nos honréis a todos, dándole la mano de esposo. Con esto quitáis al mundo de murmuraciones, a mi esposo de sospechas, a vos mismo de pena, y a mi querida hermana de las manos de la muerte, que faltándole este remedio, es sin duda que triunfará de su juventud y belleza. Y yo teniéndoos por hermano, podré pagar en agradecimiento lo que ahora niego por mi recato.

Turbado y perdido oyó don Jorge a Constanza, y precipitado en su pasión amorosa, le respondió:

—¿Éste es el premio, hermosa Constanza, que me tenías guardado al tormento que por ti paso y al firme amor que te tengo? Pues cuando entendí que obligada dél me llamabas para dármele, ¿me quieres imposibilitar de todo punto dél? Pues asegúrote que conmigo no tienen lugar sus ruegos, porque otra que no fuere Constanza no triunfará de mí. Amándote he de morir, y amándote viviré hasta que me salte la muerte. ¡Mira si cuando la deseo para mí, se la excusaré a tu hermana! Mejor será, amada señora mía, si no quieres que me la dé delante de tus ingratos ojos, que pues ahora tienes lugar, te duelas de mí, y me excuses tantas penas como por ti padezco.

Levantóse Constanza, oyendo esto, en pie, y en modo de burla, le dixo:

—Hagamos, señor don Jorge, un concierto; y sea que como vos me hagáis en esta placeta que está delante de mi casa, de aquí a la mañana, un jardín tan adornado de cuadros y olorosas flores, árboles y fuentes, que ni en su frescura ni belleza, ni en la diversidad de páxaros quien[10] él

10. *quien:* que.

haya, desdiga de los nombrados pensiles de Babilonia,[11] que Semíramis hizo sobre sus muros, yo me pondré en vuestro poder y haré por vos cuanto deseáis; y si no, que os habéis de dexar desta pretensión, otorgándome en pago el ser esposo de mi hermana, porque si no es a precio de arte imposible, no han de perder Carlos y Constanza su honor, granjeado con tanto cuidado y sustentado con tanto aumento. Éste es el precio de mi honra; manos a la labor; que a un amante tan fino como vos no hay nada imposible.

Con esto se entró donde estaba su hermana, bien descontenta del mal recado que llevaba de su pretensión, dexando a don Jorge tan desesperado, que fue milagro no quitarse la vida.

Salióse asimismo loco y perdido de casa de Constanza y con desconcertados pasos, sin mirar cómo ni por dónde iba, se fue al campo, y allí, maldiciendo su suerte y el día primero que la había visto y amado, se arrojó al pie de un árbol, ya, cuando empezaba a cerrar la noche, y allí dando tristes y lastimosos suspiros, llamándola cruel y rigurosa mujer, cercado de mortales pensamientos, vertiendo lágrimas, estuvo una pieza, unas veces dando voces como hombre sin juicio, y otras callando, se le puso, sin ver por dónde, ni cómo había venido, delante un hombre que le dixo:

—¿Qué tienes, don Jorge? ¿Por qué das voces y suspiros al viento, pudiendo remediar tu pasión de otra suerte? ¿Qué lágrimas femeniles son éstas? ¿No tiene más ánimo un hombre de tu valor que el que aquí muestras? ¿No echas de ver que, pues tu dama puso precio a tu pasión, que no está tan dificultoso tu remedio como piensas?

Mirándole estaba don Jorge mientras decía esto, espan-

---

11. Ver: *Aventurarse perdiendo*, nota 27.

tado de oírle decir lo que él apenas creía que sabía nadie, y así le respondió:

—¿Y quién eres tú, que sabes lo que aun yo mismo no sé, y que asimismo me prometes remedio, cuando le hallo tan dificultoso? ¿Qué puedes tú hacer, cuando aún al demonio es imposible?

—¿Y si yo fuese el mismo que dices —respondió el mismo que era— qué dirías? Ten ánimo, y mira qué me darás, si yo hago el jardín tan dificultoso que tu dama pide.

Juzgue cualquiera de los presentes, qué respondería un desesperado, que a trueque de alcanzar lo que deseaba, la vida y el alma tenía en poco. Y ansí le dixo:

—Pon tú el precio a lo que por mí quieres hacer, que aquí estoy presto a otorgarlo.

—Pues mándame el alma —dixo el demonio— y hazme una cédula firmada de tu mano de que será mía cuando se aparte del cuerpo, y vuélvete seguro que antes que amanezca podrás cumplir a tu dama su imposible deseo.

Amaba, noble y discreto auditorio, el mal aconsejado mozo, y así, no le fue difícil hacer cuanto el común enemigo de nuestro reposo le pedía. Prevenido venía el demonio de todo lo necesario, de suerte que poniéndole en la mano papel y escribanías, hizo la cédula de la manera que el demonio la ordenó, y firmando sin mirar lo que hacía, ni que por precio de un desordenado apetito daba una joya tan preciada y que tanto le costó al divino Criador della. ¡Oh mal aconsejado caballero! ¡Oh loco mozo! ¿y qué haces? ¡Mira cuánto pierdes y cuán poco ganas, que el gusto que compras se acabará en un instante, y la pena que tendrás será eternidades! Nada mira al deseo de ver a Constanza en su poder; mas él se arrepentirá[12] cuando no tenga remedio.

---

12. Anticipación, errónea, del narrador.

Hecho esto, don Jorge se fue a su posada, y el demonio a dar principio a su fabulosa fábrica.

Llegóse la mañana, y don Jorge, creyendo que había de ser la de su gloria, se levantó al amanecer, y vistiéndose lo más rica y costosamente que pudo, se fue a la parte donde el jardín se había de hacer, y llegando a la placeta que estaba de la casa de la bella Constanza el más contento que en su vida estuvo, viendo la más hermosa obra que jamás se vio, que a no ser mentira, como el autor della, pudiera ser recreación de cualquier monarca. Se entró dentro, y paseándose por entre sus hermosos cuadros y vistosas calles, estuvo aguardando que saliese su dama a ver cómo había cumplido su deseo.

Carlos, que, aunque la misma noche que Constanza habló con don Jorge, había venido de caza cansado, madrugó aquella mañana para acudir a un negocio que se le había ofrecido. Y como apenas fuese de día abrió una ventana que caía sobre la placeta, poniéndose a vestir en ella; y como en abriendo se le ofreciese a los ojos la máquina ordenada por el demonio para derribar la fortaleza del honor de su esposa, casi como admirado estuvo un rato, creyendo que soñaba. Mas viendo que ya que los ojos se pudieran engañar, no lo hacían los oídos, que absortos a la dulce armonía de tantos y tan diversos paxarillos como en el deleitoso jardín estaban, habiendo en el tiempo de su elevación notado la belleza dél, tantos cuadros, tan hermosos árboles, tan intrincados laberintos, vuelto como de sueño, empezó a dar voces, llamando a su esposa, y los demás de su casa, diciéndoles que se levantasen, verían la mayor maravilla que jamás se vio.

A las voces que Carlos dio, se levantó Constanza y su madre y cuantos en casa había, bien seguros de tal novedad, porque la dama ya no se acordaba de lo que había pedido a don Jorge, segura de que no lo había de hacer, y como descuidada llegase a ver qué la quería su esposo, y viese el jardín precio de su honor, tan adornado de flores y árboles, que aún le pareció que era menos lo que había pedido, según lo que le daban, pues las fuentes y hermosos cenadores, ponían espanto a quien las vía, y viese a don Jorge tan lleno de galas y bizarría pasearse por él, y en un punto considerase lo que había prometido, sin poderse tener en sus pies, vencida de un mortal desmayo, se dexó caer en el suelo, a cuyo golpe acudió su esposo y los demás, pareciéndoles que estaban encantados, según los prodigios que se vían. Y tomándola en sus brazos, como quien la amaba tiernamente, con grandísima priesa pedía que le llamasen los médicos, pareciéndole que estaba sin vida, por cuya causa su marido y hermana solenizaban con lágrimas y voces su muerte, a cuyos gritos subió mucha gente, que ya se había juntado a ver el jardín que en la placeta estaba, y entre ellos don Jorge, que luego imaginó lo que podía ser, ayudando él y todos al sentimiento que todos hacían.

Media hora estuvo la hermosa señora desta suerte, haciéndosele innumerables remedios, cuando estremeciéndose fuertemente tornó en sí, y viéndose en los brazos de su amado esposo, cercada de gente, y entre ellos a don Jorge, llorando amarga y hermosamente los ojos en Carlos, le empezó a decir así:

—Ya, señor mío, si quieres tener honra y que tus hijos la tengan y mis nobles deudos no la pierdan, sino que tú se la des, conviene que al punto me quites la vida, no porque a ti ni a ellos he ofendido, mas porque puse precio a tu honor y al suyo, sin mirar que no le tiene. Yo lo hiciera imitando a Lucrecia,[13] y aun dexándola atrás, pues si ella

13. *Lucrecia:* modelo de castidad del pueblo romano. Se suicidó clavándose un puñal después de haber sido violada por Sexto Tarquinio, hijo de Tarquino el Soberbio (Valerio Máximo).

se mató después de haber hecho la ofensa, yo muriera sin cometerla, sólo por haberla pensado; mas soy cristiana, y no es razón que ya que sin culpa pierdo la vida y te pierdo a ti, que eres mi propia vida, pierda el alma que tanto costó al Criador della.

Más espanto dieron estas razones a Carlos que lo demás que vía, y así, le pidió que les dixese la causa por qué lo decía y lloraba con tanto sentimiento.

Entonces Constanza, aquietándose un poco, contó públicamente cuanto con don Jorge le había pasado desde que la empezó a amar, hasta el punto que estaba, añadiendo, por fin, que pues ella había pedido a don Jorge un imposible, y él le había cumplido, aunque ignoraba el modo, que en aquel caso no había otro remedio sino su muerte; con la cual, dándosela su marido, como el más agraviado, tendría todo fin y don Jorge no podría tener quexa della.

Viendo Carlos un caso tan extraño, considerando que por su esposa se vía en tanto aumento de riqueza, cosa que muchas veces sucede ser freno a las inclinaciones de los hombres de desigualdad, pues el que escoge mujer más rica que él ni compra mujer sino señora; de la misma suerte, como aconseja Aristóteles, no trayendo la mujer más hacienda que su virtud, procura con ella y su humildad granjear la voluntad de su dueño. Y asimismo más enamorado que jamás lo había estado de la hermosa Constanza, le dixo:

—No puedo negar, señora mía, que hicistes mal en poner precio por lo que no le tiene, pues la virtud y castidad de la mujer, no hay en el mundo con qué se pueda pagar; pues aunque os fiastes de un imposible, pudiérades considerar que no lo hay para un amante que lo es de veras, y el premio de su amor lo ha de alcanzar con hacerlos. Mas esta culpa ya la pagáis con la pena que os veo, por tanto ni

187

yo os quitaré la vida ni os daré más pesadumbre de la que tenéis. El que ha de morir es Carlos, que, como desdichado, ya la fortuna, cansada de subirle, le quiere derribar. Vos prometistes dar a don Jorge el premio de su amor, si hacía este jardín. Él ha buscado modo para cumplir su palabra. Aquí no hay otro remedio sino que cumpláis la vuestra, que yo, con hacer esto que ahora veréis no os podré ser estorbo, a que vos cumpláis con vuestras obligaciones, y él goce el premio de tanto amor.

Diciendo esto sacó la espada, y fuésela a meter por los pechos, sin mirar que con tan desesperada acción perdía el alma, al tiempo que don Jorge, temiendo lo mismo que él quería hacer, había de un salto juntádose con él, y asiéndole el puño de la violenta espada, diciéndole:

—Tente, Carlos, tente.

Se la tuvo fuertemente. Así, como estaba, siguió contando cuanto con el demonio le había pasado hasta el punto que estaba, y pasando adelante, dixo:

—No es razón que a tan noble condición como la tuya yo haga ninguna ofensa, pues sólo con ver que te quitas la vida, porque yo no muera (pues no hay muerte para mí más cruel que privarme de gozar lo que tanto quiero y tan caro me cuesta, pues he dado por precio el alma), me ha obligado de suerte, que no una, sino mil perdiera, por no ofenderte. Tu esposa está ya libre de su obligación, que yo le alzo la palabra. Goce Constanza a Carlos, y Carlos a Constanza, pues el cielo los crió tan conformes, que sólo él es el que la merece, y ella la que es digna de ser suya, y muera don Jorge, pues nació tan desdichado, que no sólo ha perdido el gusto por amar, sino la joya que le costó a Dios morir en una Cruz.

A estas últimas palabras de don Jorge, se les apareció el Demonio con la cédula en la mano, y dando voces, les dixo:

—No me habéis de vencer, aunque más hagáis; pues donde un marido, atropellando su gusto y queriendo perder la vida, se vence a sí mismo, dando licencia a su mujer para que cumpla lo que prometió; y un loco amante, obligado desto, suelta la palabra, que le cuesta no menos que el alma, como en esta cédula se ve que me hace donación della, no he de hacer menos yo que ellos. Y así, para que el mundo se admire de que en mí pudo haber virtud, toma don Jorge: ves ahí tu cédula; yo te suelto la obligación, que no quiero alma de quien tan bien se sabe vencer.

Y diciendo esto, le arroxó la cédula, y dando un grandísimo estallido, desapareció y juntamente el jardín, quedando en su lugar, un espeso y hediondo humo, que duró un grande espacio.

Al ruido que hizo, que fue tan grande que parecía hundirse la ciudad, Constanza y Teodosia, con su madre y las demás criadas, que como absortas y embelesadas habían quedado con la vista del demonio, volvieron sobre sí, y viendo a don Jorge hincado de rodillas, dando con lágrimas gracias a Dios por la merced que le había hecho de librarle de tal peligro, creyendo, que por secretas causas, sólo a su Majestad Divina reservadas, había sucedido aquel caso, le ayudaron haciendo lo mismo.

Acabando don Jorge su devota oración, se volvió a Constanza, y le dixo:

—Ya, hermosa señora, conozco cuán acertada has andado en guardar el decoro que es justo al marido que tienes, y así, para que viva seguro de mí, pues de ti lo está y tiene tantas causas para hacerlo, después de pedirte perdón de los enfados que te he dado y de la opinión que te he quitado con mis importunas pasiones, te pido lo que tú ayer me dabas deseosa de mi bien, y yo como loco, desprecié, que es a la hermosa Teodosia por mujer; que con esto el noble Carlos quedará seguro, y esta ciudad enterada de tu valor y virtud.

En oyendo esto Constanza, se fue con los brazos abiertos a don Jorge, y echándoselos al cuello, casi juntó su hermosa boca con la frente del bien entendido mozo, que pudo por la virtud ganar lo que no pudo con el amor, diciendo:

—Este favor os doy como a hermano, siendo el primero que alcanzáis de mí cuanto ha que me amáis.

Todos ayudaban a este regocijo: unos con admiraciones, y otros con parabienes. Y ese mismo día fueron desposados don Jorge y la bella Teodosia, con general contento de cuantos llegaban a saber esta historia. Y otro día, que no quisieron dilatarlo más, se hicieron las solenes bodas, siendo padrinos Carlos y la bella Constanza. Hiciéronse muchas fiestas en la ciudad, solenizando el dichoso fin de tan enredado suceso, en las cuales don Jorge y Carlos se señalaron, dando muestras de su gentileza y gallardía, dando motivos a todos para tener por muy dichosas a las que los habían merecido por dueños.

Vivieron muchos años con hermosos hijos, sin que jamás se supiese que don Jorge hubiese sido el matador de Federico, hasta que después de muerto don Jorge, Teodosia contó el caso como quien tan bien lo sabía. A la cual, cuando murió, le hallaron escrita de su mano esta maravilla, dexando al fin della por premio al que dixese cuál hizo más destos tres: Carlos, don Jorge, o el demonio, el laurel de bien entendido. Cada uno le juzgue si le quisiere ganar, que yo quiero dar aquí fin al *Jardín engañoso*, título que da el suceso referido a esta maravilla.

Dio fin la noble y discreta Laura a su maravilla, y todas aquellas damas y caballeros principio a disputar cuál había hecho más, por quedar con la opinión de discreto; y porque la bella Lisis había puesto una joya para el que acertase. Cada uno daba su razón: unos alegaban que el marido, y otros que el amante, y todos juntos, que el demonio, por ser en él cosa nunca vista el hacer bien.

Esta opinión sustentó divinamente don Juan, llevando la joya prometida, no con pocos celos de don Diego y gloria de Lisarda, a quien la rindió al punto, dando a Lisis no pequeño pesar.

En esto entretuvieron gran parte de la noche, tanto que por no ser hora de representar la comedia, de común voto quedó para el día de la Circuncisión, que era el primero día del año, que se habían de desposar don Diego y la hermosa Lisis; y así, se fueron a las mesas que estaban puestas, y cenaron con mucho gusto, dando fin a la quinta noche, y yo a mi honesto y entretenido sarao, prometiendo si es admitido con el favor y gusto que espero, segunda parte, y en ésta el castigo de la ingratitud de don Juan, mudanza de Lisarda y boda de Lisis, si como espero, es estimado mi trabajo y agradecido mi deseo, y alabado, no mi tosco estilo, sino el deseo con que va escrito.

# DESENGAÑOS AMOROSOS

La esclava de su amante
La inocencia castigada
Estragos que causa el vicio

# Introducción

Para el primero día del año quedó, en la Primera Parte de mi "Entretenido Sarao", concertadas las bodas de la gallarda Lisis con el galán don Diego, tan dichoso en haber merecido esta suerte, como prometían las bellas partes[1] de la hermosa dama, y nuevas fiestas para solemnizarlas con más aplauso. Mas, cuando las cosas no están otorgadas del Cielo, poco sirven que las gentes concierten, si Dios no lo otorga; que como quien mira desapasionado lo que nos está bien, dispone a su voluntad, y no a la nuestra, aunque nosotros sintamos lo contrario; y así, o que fuese alguna desorden, como suele suceder en los suntuosos banquetes, o el pesar de considerarse Lisis ya en poder de extraño dueño, y que por sólo vengarse del desprecio que le parecía haberle hecho don Juan, amando a su prima Lisarda, usurpándole a ella las glorias de ser suya, mal hallada con dueño extraño de su voluntad, y ya casi en poder del no apetecido, se dejó rendir a tan crueles desesperaciones, castigando con verter perlas a sus divinos ojos, que amaneció otro día la hermosa dama con

---

1. *partes:* "las prendas y dotes naturales que adornan a alguna persona" (Aut.).

una mortal calentura, y tan desalentada y rendida a ella que los médicos, desconfiando de su vida, antes de hacerle otros remedios, le ordenaron los importantes al alma, mandándola confesar y recibir el divino Sacramento, como más cordial medicina, y luego procuraron con su ciencia hacer las importantes[2] al cuerpo, con cuya alteración y nuevos cuidados cesaron las fiestas ya dichas, y volvió el alegría de las pasadas noches en llantos y tristeza de su noble madre y queridas amigas, que lo sentían ternísimamente, y en principal don Diego; y no hay que maravillar, pues cuando ya se veía casi en posesión de su belleza, se hallaba temeroso de perderla para siempre. Bien sentía el ingrato don Juan ser él la causa de la enfermedad de Lisis, pues el frío de sus tibiezas eran la mayor calentura de la dama, y sentía faltase del mundo una estrella que le daba ser: tal era la belleza y discreción de Lisis, junto con otras mayores virtudes de que era dotada; mas estaba tan rendido a la hermosura de Lisarda, que presto hallaba en ella el consuelo de su pena. Y aunque muchas veces proponía, para alentarla, hacerle más caricias, y con esta intención la visitaba, como Lisarda jamás se apartaba de su prima, en viéndola el afectuoso amante, no se acordaba de los propósitos hechos. Aumentábase el mal de Lisis, faltando en todos las esperanzas de su salud, y más a la bien entendida señora, que como era quien la sentía y sabía mejor las circunstancias de él, pues unas veces se hallaba ya entre las manos de la muerte, y otras (aunque pocas) con más alivio, tuvo lugar su divino entendimiento de obrar en su alma nuevos propósitos, si bien a nadie lo daba a entender, guardando para su tiempo la disposición de su deseo, mostrando

2. *importantes:* el antecedente es remedios; el artículo debería ser los y no las.

a don Diego y a la demás familia, cuando se hallaba con mejorados accidentes,[3] un honesto agrado, con que enfrentaba cualquier deseo, y sólo le tenían puesto en verla con salud.

Más de un año duró la enfermedad con caídas y recaídas, sin tratarse en todo ese tiempo de otra cosa más de acudir a la presente causa, padeciendo don Diego el achaque de desesperado: tanto, que ya quisiera de cualquier suerte fuera suya Lisis, por estar seguro de él: mas si alguna vez lo proponía, hallaba en la dama un enojo agradable y una resistencia honesta, con que le obligaba a pedir perdón de haber intentado tal. En esta ocasión le trujeron a Lisis una hermosísima esclava, herrada[4] en el rostro, mas no porque la S y clavo que esmaltaba sus mejillas manchaba su belleza, que antes la descubría más. Era mora, y su nombre Zelima, de gallardo entendimiento y muchas gracias, como eran leer, escribir, cantar, tañer, bordar y, sobre todo, hacer excelentísimos versos. Este presente le hizo a Lisis una su tía, hermana de su madre, que vivía en la ciudad de Valencia; y aunque pudiera desdorar algo de la estimación de tal prenda el ser mora, sazonaba este género de desabrimiento con decir quería ser cristiana. Con esta hermosa mora se alegró tanto Lisis, que gozándose con sus habilidades y agrados, casi se olvidaba de la enfermedad, cobrándose tanto amor, que no era como de señora y esclava, sino de dos queridas hermanas: sabía muy bien Zelima granjear y atraer a sí la voluntad de Lisis, y Lisis pagárselo en quererla tanto, que apenas se hallaba sin ella. Entretenía Zelima a su señora haciendo alarde de sus habilidades, ya cantando y tañen-

---

3. *accidentes:* indisposiciones (Aut.).

4. *herrada en el rostro:* marcada en la cara con una S y un clavo, signo de su esclavitud. En España no se abolió oficialmente la esclavitud hasta 1870.

do, ya refiriéndole versos, y otras contándole cosas de Argel, su patria. Y aunque muchas veces la veía Lisis divertida, y tan transportada, que sin sentir se le caían las lágrimas de sus divinos ojos, creía Lisis serían memorias de su tierra, y tal vez que le preguntaba la causa, le respondía la discreta Zelima:

—A su tiempo, señora mía, la sabrás, y te admirarás de ella.[5]

Con que Lisis no la importunaba más. Sanó Lisis, convaleció Lisis, y volvió el sol de su hermosura a recobrar nuevos rayos; y apenas la vio don Diego con entera salud, cuando volvió de nuevo a sus pretensiones, hablando a Laura y pidiendo cumpliese la palabra de darle a Lisis por esposa. Comunicó la discreta señora con su hermosa hija lo que don Diego le había propuesto, y la sabia dama dio a su madre la respuesta que se podía esperar de su obediente proceder, añadiendo que, pues se allegaban los alegres días de las carnestolendas,[6] y en ellos se habían de celebrar sus bodas, que tenía gusto de que se mantuviese otro entretenido recreo como el pasado, empezando el domingo, para que el último día se desposase, y que le diese licencia para que lo dispusiese. Mucho se alegró su madre con la fiesta que quería hacer Lisis. Concedida facultad para ordenarlo, se dispuso de esta suerte; en primer lugar, que habían de ser las damas las que novelasen (y en esto acertó con la opinión de los hombres, pues siempre tienen a las mujeres por noveleras); y en segundo, que los que refiriesen fuesen casos verdaderos, y que tuviesen nombre de desengaños (en esto no sé[7] si los satis-

---

5. *de ella:* de la causa.

6. *carnestolendas:* los tres días que preceden al Miércoles de Ceniza en los que aún está permitido comer carne. Se solían hacer fiestas previas al ayuno cuaresmal (Aut.).

7. Intromisión del narrador personal.

fizo, porque como ellos procuran siempre engañarlas, sienten mucho se desengañen). Fue la pretensión de Lisis en esto volver por la fama de las mujeres (tan postrada y abatida por su mal juicio, que apenas hay quien hable bien de ellas). Y como son los hombres los que presiden en todo, jamás cuentan los malos pagos que dan, sino los que les dan; y si bien lo miran, ellos cometen la culpa, y ellas siguen tras su opinión, pensando que aciertan; que lo cierto es que no hubiera malas mujeres si no hubiera malos hombres. No hablo con los que no lo fueren, que de la misma manera que a la mujer falsa, inconstante, liviana y sin reputación que no se le ha de dar nombre de mujer, sino de bestia fiera, así el hombre cuerdo, bien intencionado, y que sabe en los mismos vicios aprovecharse de la virtud y nobleza a que está obligado, no será comprendido en mi represión; mas hablo de los que, olvidados de sus obligaciones, hacen diferente de lo que es justo; estos tales no serán hombres, sino monstruos; y si todos lo son, con todos hablo, advirtiendo que de las mujeres que hablaré en este libro no son de las comunes, y que tienen por oficio y granjería[8] el serlo, que ésas pasan por sabandijas, sino de las no merecedoras de desdichados sucesos.

Habíale pedido a Lisis Zelima por merced le fuese concedido que los versos que se cantasen los diese ella, de que Lisis se holgó, por excusarse de este trabajo, y que la primera que desengañase fuese ella. Y Lisis, imaginando la petición no acaso,[9] lo tuvo por bien, y así nombró para la primera noche a Zelima, y tras ella a su prima Lisarda, luego Nise, y tras ella, Filis. Para la segunda noche puso la primera a su madre; segunda, Matilde, y tercera y cuarta, a doña Luisa y doña Francisca, dos señoras hermanas que

8. *granjería:* negocio, ganancia (Aut.).
9. *no acaso:* no casual (Keniston: 39.6).

había poco vivían en su casa; la primera, viuda, y la otra doncella, mozas hermosas y bien entendidas. Y la tercera noche puso primero a doña Estefanía; ésta era una prima suya religiosa, que había con licencia salido del convento a curarse de unas peligrosas cuartanas, y ya sana de ellas, no aguardaba para volverse a él más de que se celebrasen las bodas de Lisis, y ella tomó para sí el postrero desengaño, para que hubiese lugar para su desposorio. Ordenado esto, convidó a todos los caballeros y damas citados en la Primera Parte y muchos más que vinieron avisados unos de otros. Con esto, se sacó licencia del Nuncio para que se desposasen sin amonestaciones, o por más secreto, o por mayor grandeza (que está ya el gusto tan empalagado de lo antiguo, que buscan lo más moderno, y lo tienen por sainete[10]). Se previnieron músicos, y entoldaron las salas de ricas tapicerías, suntuosos estrados, curiosos escritorios, vistosas sillas y taburetes, aliñados braseros, tanto de buenas lumbres como de diversas y olorosas perfumaderas, claros y resplandecientes faroles, muchas bujías, y sobre todo sabrosas y costosas colaciones, sin que faltase el amigo chocolate (que en todo se halla, como la mala ventura). Todo tan en su punto, que la hermosa sala no parecía sino abreviado cielo, y más cuando empezaron a ocuparle tantas jerarquías de serafines, prefiriendo a todas la divina Lisis, de negro, con muchos botones de oro; y si bien la dama no era más linda que todas, por la gallardía y entendimiento las pasaba. Acomodados todos en sus lugares, sin que faltase de los suyos el ingrato don Juan y el dichoso don Diego, y todos los hombres mal contentos de que, por no serles concedido el novelar, no podían dar muestra de las intenciones. Y quizá los que escriben deseosos de verse en ocasión de vengarse, como si a mí

10. *sainete:* cosa agradable, objeto preciado (Aut.).

me[11] importase algo, pues no les quito el entendimiento
que Dios les dio, por tenerle; si acaso escribir esto fuese
presunción, y no entretenimiento. Y las damas contentas
de que les llegaba la ocasión de satisfacerse de tantos agravios como les hacen en sentir mal de ellas, y juzgar a todas
por una, Zelima, que junto a Lisis estaba, se levantó, y
haciendo una cortés y humilde reverencia (habiendo prevenido los[12] músicos de lo que habían de hacer, como a
quien tocaba dar[13] los versos), se entró en una cuadra,[14] y
los músicos dieron principio a la fiesta con este romance:

> Mentiroso pastorcillo,
> que a los montes de Toledo
> llevaste mis alegrías
> y me dejaste mis celos.
>
> Dueño de quien soy esclava,
> y a quien reconoce imperio
> por confrontación de estrellas
> mi cautivo pensamiento.
>
> Deidad a cuyos altares
> sacrificada en deseos
> el alma, víctima humilde,
> es holocausto e incienso.
>
> ¿Qué dichosa te entretiene,
> que faltando el plazo puesto,
> consientes que estén mis ojos
> bañados en llanto tierno?
>
> Si los rigores de ausencia
> hicieran suerte[15] en tu pecho,
> ni tú estuvieras sin mí,
> ni yo estuviera con ellos.

11. Intromisión de un narrador en primera persona.
12. *los:* a los. Ver *Aventurarse perdiendo*, nota 70.
13. *dar:* decir (Aut.).
14. *cuadra:* habitación.
15. *hicieran suerte:* acertaran (Aut.).

Si cuando te despediste
callé el dolor que padezco,
ya que no, por no sentirle,
porque tú fueses contento.

Y con aqueste seguro,
ignorando mis tormentos,
la rienda a la ausencia alargas,
pensando que no la siento.

Vuelve a mirarte en los ojos,
que sueles llamar espejos,
y los verás por tu causa
caudalosas fuentes hechos.

Vuelve, y verás que las horas
las llamo siglos eternos;
los días, eternidades:
tanto es el dolor que tengo.

Quizá a la que te detiene,
estando sin mí contento,
quitarás de los favores
que a mis espaldas le has hecho.

Que según sin mí te hallas,
puedo llamar mis contentos
censos,[16] que son al quitar,
pues me los quitas tan presto.

Celos me abrasan el alma;
¡ay de mí!, valedme, cielos,
dad agua apriesa, ojos míos,
pues veis que crece el incendio.

Mas es fuego de alquitrán
este en que me estoy ardiendo,
que más se aviva la llama
mientras más lágrimas vierto.

16. *censos:* tributos, impuestos (Covar.).

Dicen algunos que son
los celos de amor hielo;
mas en mí vienen a ser
abrasado Mongibelo.[17]

¿Para qué quiero la vida?
¿Para qué el reposo quiero?
¡Ay, zagalejos del Tajo,
no ángeles, sino infierno!

Mirad que Salicio es mío,
en él vivo y por él muero,
y quitármele es sacar
el alma a mi triste cuerpo.

Violentamente gozáis
esa vida que poseo,
porque sus favores son
los bienes solos que tengo.

¡Ay, Dios!, a quien me quejo,
o a quien aquestas lágrimas ofrezco,
si mi ingrato Salicio está tan lejos.

Yo triste, y él contento,
él gozando otros gustos, yo con celos;
que soy inmortal Eseo,[18]
pues no me acaba este mortal veneno.

Largo les pareció el romance a los oyentes; mas como no
sabían el designio de Zelima, no,[19] porque ella de propósito
lo había prevenido así para tener lugar de hacer lo que ahora
se dirá; demás que los músicos de los libros son más piadosos
que los de las salas de los señores, que acortan los romances,
que les quitan el ser, y los dejan sin pies ni cabeza.

A los últimos acentos de los postreros versos salió Zelima de la cuadra, en tan diferente traje de lo que entró,

17. *Mongibelo:* nombre del volcán Etna (Sicilia), sinónimo de infierno.
18. *Eseo:* quizá Iseo, la enamorada de Tristán, protagonista de una famo-
sísima narración medieval.
19. *no:* pleonástico.

que a todos puso en admiración. Traía sobre una camisa de transparente cambray,[20] con grandes puntas y encajes, las mangas muy anchas de la parte de la mano; unas enaguas de lama[21] a flores azul y plata, con tres o cuatro relumbrones[22] que quitaban la vista, tan corta, que apenas llegaba a las gargantas de los pies, y en ellos unas andalias[23] de muchos lazos y listones de seda muy vistosos; sobre esto un vaquerillo[24] o albuja de otra telilla azul y plata muy vistosa, y asida al hombro una almalafa[25] de la misma tela. Tenía la aljuba o vaquerillo las mangas tan anchas, que igualaban con las de la camisa, mostrando sus blancos y torneados brazos con costosos carcajes o brazaletes; los largos, ondeados y hermosos cabellos, que ni eran oro ni ébano, sino un castaño tirante a rubio, tendidos por las espaldas, que le pasaban de la cintura una vara, y cogidos por la frente con una cinta o apretadorcillo de diamantes, y luego prendido a la mitad de la cabeza un velo azul y plata, que toda la cubría; la hermosura, el donaire, la majestad de sus airosos y concertados pasos no mostraba sino una princesa de Argel, una reina de Fez o Marruecos, o una sultana de Constantinopla.

Admirados quedaron damas y caballeros, y más la hermosa Lisis, de verla, y más con arreos que ella no había visto, y no acertaba a dar lugar al disfraz de su esclava, y así, no hizo más de callar y admirarse (como todos) de tal deidad, porque la contemplaba una ninfa o diosa de las antiguas fábulas. Pasó Zelima hasta el estrado, dejando a

20. *cambray:* ver *Aventurarse perdiendo,* nota 4.
21. *lama:* "tela de oro o plata..." (R.A.E.).
22. *relumbrones:* adornos reflectantes.
23. *andalias:* sandalias.
24. *vaquerillo o albuja:* vestido corto o jubón tipo pastoril. No es albuja sino aljuba.
25. *almalafa:* manto o capa de lino que usaban las moras (Aut.).

Vista de Madrid. Grabado del Museo Municipal.

Una elegante del Siglo XVII.

las damas muy envidiosas de su acabada y linda belleza, y a los galanes rendidos a ella, pues hubo más de dos que, con los clavos del rostro, sin reparar en ellos, la hicieron señora y poseedora de su persona y hacienda, y aun se juzgara indigno de merecerlo. Hizo Zelima una reverencia al auditorio, y otra a su señora Lisis, y sentóse en dos almohadas que estaban situadas en medio del estrado, lugar prevenido para la que había de desengañar, y vuelta a Lisis, dijo así:

—Mandásteme, señora mía, que contase esta noche un desengaño, para que las damas se avisen de los engaños y cautelas de los hombres, para que vuelvan por su fama en tiempo que la tienen tan perdida, que en ninguna ocasión hablan ni sienten de ellas bien, siendo su mayor entretenimiento decir mal de ellas: pues ni comedia se representa, ni libro se imprime que no sea todo en ofensa de las mujeres, sin que se reserve ninguna; y si bien no tienen ellos toda la culpa, que si como buscan las malas para sus deleites, y éstas no pueden dar más de lo que tienen, buscaran las buenas para admirarlas y alabarlas, las hallaran honorosas, cuerdas, firmes y verdaderas; mas es tal nuestra desdicha y el mal tiempo que alcanzamos, que a éstas tratan peor, y es que como las otras no los han menester, más de mientras los han menester, antes de que ellos tengan tiempo de tratarlas mal, ellas les dan con la ceniza en la cara.[26]

Muchos desengaños pudiera traer en apoyo de esto de las antiguas y modernas desdichas sucedidas a mujeres por los hombres. Quiero pasarlas en silencio, y contaros mis desdichados sucesos, para que escarmentando en mí, no haya tantas perdidas y tan pocas escarmentadas. Y porque lo mismo que contaré es la misma represión,[27] digo así.

---

26. *dan con la ceniza en la cara:* tachan de ingratos (Covar.).
27. *represión:* reprehensión, amonestación.

La esclava de su amante

## La esclava de su amante

Mi nombre es doña Isabel Fajardo, no Zelima, ni mora, como pensáis, sino cristiana, y hija de padres católicos, y de los más principales de la ciudad de Murcia; que estos hierros que veis en mi rostro no son sino sombras de los que ha puesto en mi calidad y fama la ingratitud de un hombre; y para que deis más crédito, veislos aquí quitados; así pudiera quitar los que han puesto en mi alma mis desventuras y poca cordura. Y diciendo esto, se los quitó y arrojó lejos de sí, quedando el claro cristal de su divino rostro sin mancha, sombra ni oscuridad, descubriendo aquel sol los esplendores de su hermosura sin nube. Y todos los que colgados de lo que intimaba[28] su hermosa boca, casi sin sentido, que apenas osaban apartar la vista por no perderla, pareciéndoles que como ángel se les podía esconder. Y por fin, los galanes más enamorados, y las damas más envidiosas, y todos compitiendo en la imaginación sobre si estaba mejor con hierros o sin hierros, y casi se determinaban a sentir[29] viéndola sin ellos,

28. *intimaba:* decía, publicaba (Aut.).
29. *sentir:* lamentar (Covar.).

209

por parecerles más fácil la empresa; y más Lisis, que como la quería con tanta ternura, dejó caer por sus ojos unos desperdicios;[30] mas, por no estorbarla, los recogió con sus hermosas manos. Con esto, la hermosa doña Isabel prosiguió su discurso, viendo que todos callaban, notando la suspensión de cada uno, y no de todos juntos.

—Nací en la casa de mis padres sola, para que fuese sola la perdición de ella: hermosa, ya lo veis; noble, ya lo he dicho; rica, lo que bastara, a ser yo cuerda, o a no ser desgraciada, a darme un noble marido. Crieme hasta llegar a los doce años entre las caricias y regalos de mis padres; que, claro es que no habiendo tenido otro de su matrimonio, serían muchos, enseñándome entre ellos las cosas más importantes a mi calidad. Ya se entenderá, tras las virtudes que forman una persona virtuosamente cristiana, los ejercicios honestos de leer, escribir, tañer y danzar, con todo lo demás competentes a una persona de mis prendas, y de todas aquellas que los padres desean ver enriquecidas a sus hijas; y más los míos, que, como no tenían otra, se afinaban en estos extremos; salí única en todo, y perdonadme que me alabe, que, como no tengo otro testigo, en tal ocasión no es justo pasen por desvanecimiento[31] mis alabanzas; bien se lo pagué, pero más bien lo he pagado. Yo fui en todo extremada, y más en hacer versos, que era el espanto de aquel reino, y la envidia de muchos no tan peritos en esta facultad; que hay algunos ignorantes que, como si las mujeres les quitaran el entendimiento por tenerle, se consumen de los aciertos ajenos. ¡Bárbaro, ignorante! si lo sabes hacer, hazlos, que no te roba nadie tu caudal; si son buenos los que no son tuyos, y más si son de dama, adóralos y alábalos; y si malos,

---

30. *desperdicios:* lágrimas.
31. *desvanecimientos:* envanecimientos (Covar.).

discúlpala, considerando que no tiene más caudal, y que es digna de más aplauso en una mujer que en un hombre, por adornarlos con menos arte.

Cuando llegué a los catorce años, ya tenía mi padre tantos pretensores[32] para mis bodas, que ya, enfadado, respondía que me dejasen ser mujer; mas como, según decían ellos, idolatraban en mi belleza, no se podían excusar de importunalle. Entre los más rendidos se mostró apasionadísimo un caballero, cuyo nombre es don Felipe, de pocos más años que yo, tan dotado de partes, de gentileza y nobleza, cuanto desposeído de los de fortuna, que parecía que, envidiosa de las gracias que le había dado el cielo, le había quitado los suyos. Era, en fin, pobre; y tanto, que en la ciudad era desconocido, desdicha que padecen muchos. Éste era el que más a fuerza de suspiros y lágrimas procuraba granjear mi voluntad; mas yo seguía la opinión de todos; y como los criados de mi casa me veían a él poco afecta, jamás le oyó[33] ninguno, ni fue mirado de mí, pues bastó[34] esto para ser poco conocido en otra ocasión; pluviera[35] el Cielo le miraba[36] yo bien, o fuera parte para que no me hubieran sucedido las desdichas que lloro; hubiera sabido excusar algunas; mas, siendo pobre, ¿cómo le había de mirar mi desvanecimiento,[37] pues tenía yo hacienda para él y para mí; mas mirábale de modo que jamás pude dar señas de su rostro, hasta que me vi engolfada en mis desventuras.

Sucedió en este tiempo el levantamiento de Catalu-

32. *pretensores:* pretendientes (Aut.).
33. *le oyó:* le hizo caso (Aut.).
34. *bastó:* fue causa.
35. *pluviera:* pluguiera, errata, subjuntivo del verbo placer: quisiera (Aut.).
36. *miraba:* mirara, errata.
37. *desvanecimiento:* ver nota 31.

ña,[38] para castigo de nuestros pecados, o sólo de los míos, que aunque han sido las pérdidas grandes, la mía es la mayor: que los muertos en esta ocasión ganaron eterna fama, y yo, que quedé viva, ignominiosa infamia. Súpose en Murcia cómo Su Majestad (Dios le guarde) iba al ilustre y leal reino de Aragón, para hallarse presente en estas civiles guerras; y mi padre, como quien había gastado lo mejor de su mocedad en servicio de su rey, conoció lo que le importaban a Su Majestad los hombres de su valor; se determinó a irle a servir, para que en tal ocasión le premiase los servicios pasados y presentes, como católico y agradecido rey; y con esto trató de su jornada, que sentimos mi madre y yo ternísimamente, y mi padre de la misma suerte; tanto, que a importunidades de mi madre y mías, trató llevarnos en su compañía, con que volvió nuestra pena en gozo, y más a mí, que, como niña, deseosa de ver tierras, o por mejor sentir mi desdichada suerte, que me guiaba a mi perdición, me llevaba contenta. Previnose la partida, y aderezado lo que se había de llevar, que fuese lo más importante, para, aunque a la ligera, mostrar mi padre quién era, y que era descendiente de los antiguos Fajardos de aquel reino. Partimos de Murcia, dejando con mi ausencia común y particular tristeza en aquel reino, solemnizando en versos y prosas todos los más divinos entendimientos la falta que hacía a aquel reino.

Llegamos a la nobilísima y suntuosa ciudad de Zaragoza, y aposentados en una de sus principales casas, ya descansada del camino salí a ver, y vi y fui vista. Mas no estuvo en esto mi pérdida, que dentro en mi casa estaba el

---

38. Uno de los graves problemas del reinado de Felipe IV que inició negativamente la década de los 40. La revuelta duró doce años y en ella se vio la incapacidad de la clase gobernante y aristocrática para hacer frente a los problemas del país. Ver nota 86.

incendio, pues sin salir me había ya visto mi desventura; y como si careciera esta noble ciudad de hermosuras, pues hay tantas que apenas hay plumas ni elocuencias que basten a alabarlas, pues son tantas que dan envidia a otros reinos, se empezó a exagerar la mía, como si no hubieran visto otra. No sé si es tanta como decían; sólo sé que fue la que bastó a perderme; mas, como dice el vulgar, "lo nuevo aplace". ¡Oh, quien no la hubiera tenido para excusar tantas fortunas! Habló mi padre a Su Majestad, que, informado de que había sido en la guerra tan gran soldado, y que aún no estaban amortiguados sus bríos y valor, y la buena cuenta que siempre había dado de lo que tenía a su cargo, le mandó asistiese al gobierno de un tercio de caballos, con título de maese[39] de campo, honrando primero sus pechos con un hábito de Calatrava; y así fue fuerza, viendo serlo,[40] el asistir allí, y enviar a Murcia por toda la hacienda que se podía traer, dejando la demás a cuenta de deudos nobles que tenía allá.

Era dueña de la casa en que vivíamos una señora viuda, muy principal y medianamente rica, que tenía un hijo y una hija; él mozo y galán y de buen discurso, así no fuera falso traidor, llamado don Manuel; no quiero decir su apellido, que mejor es callarle, pues no supo darle lo que merecía. ¡Ay, qué a costa mía he hecho experiencia de todo! ¡Ay, mujeres fáciles, y si supiésedes una por una, y todas juntas, a lo que os ponéis el día que os dejáis rendir a las falsas caricias de los hombres, y cómo quisiérades más haber nacido sin oídos y sin ojos; o si os desengañásedes en mí, de que más vais a perder, que a ganar! Era la hija moza, y medianamente hermosa, y concertada de ca-

---

39. *maese de campo:* maestre de campo, graduación militar inferior a general (Covar.).
40. *viendo serlo:* viendo que lo era (caballero de Calatrava).

sar con un primo, que estaba en las Indias y le aguardaban para celebrar sus bodas en la primera flota, cuyo nombre era doña Eufrasia. Ésta y yo nos tomamos tanto amor, como su madre y la mía, que de día ni de noche nos dividíamos, que, si no era para ir a dar el común reposo a los ojos, jamás nos apartábamos, o yo en su cuarto, o ella en el mío. No hay más que encarecerlo, sino que ya la ciudad nos celebraba con el nombre de "las dos amigas"; y de la misma suerte don Manuel dio en quererme, o en engañarme, que todo viene a ser uno. A los principios empecé a extrañar y resistir sus pretensiones y porfías, teniéndolos por atrevimientos contra mi autoridad y honestidad; tanto, que por atajarlos me excusaba y negaba a la amistad de su hermana, dejando de asistirla en su cuarto, todas las veces que sin nota[41] podía hacerlo; de que don Manuel hacía tantos sentimientos, mostrando andar muy melancólico y desesperado, que tal vez me obligaba a lástima, por ver que ya mis rigores se atrevían a su salud. No miraba yo mal (las veces que podía sin dárselo a entender) a don Manuel, y bien gustara, pues era fuerza tener dueño, fuera él a quien tocara la suerte; mas, ¡ay!, que él iba con otro intento, pues con haber tantos que pretendían este lugar,[42] jamás se opuso[43] a tal pretensión; y estaba mi padre tan desvanecido en mi amor, que aunque lo intentara, no fuera admitido, por haber otros de más partes que él, aunque don Manuel tenía muchas, ni yo me apartara del gusto de mi padre por cuanto vale el mundo. No había hasta entonces llegado amor a hacer suerte[44] en mi libertad; antes imagino que, ofendido de ella, hizo el estrago que tantas penas me cuesta. No había tenido don Manuel

41. *sin nota:* sin llamar la atención.
42. *lugar:* hay que sobreentender, de marido.
43. *opuso:* concurrió con los otros pretendientes (Covar.).
44. *hacer suerte:* acertar (Aut.).

lugar de decirme, más de con los ojos y descansos de su corazón su voluntad, porque yo no se le daba; hasta que una tarde, estando yo con su hermana en su cuarto, salió de su aposento, que estaba a la entrada de él, con un instrumento, y sentándose en el mismo estrado con nosotras, le rogó doña Eufrasia cantase alguna cosa, y él extrañándolo, se lo supliqué también por no parecer grosera; y él, que no deseaba otra cosa, cantó un soneto, que si no os cansa mi larga historia, diré con los demás que se ofrecieren en el discurso de ella.

Lisis, por todos, le rogó lo hiciese así, que les daría notable gusto, diciendo:

—¿Qué podréis decir, señora doña Isabel, que no sea de mucho agrado a los que escuchamos? Y así, en nombre de estas damas y caballeros, os suplico no excuséis nada de lo que os sucedió en vuestro prodigioso suceso, porque, de lo contrario, recibiremos gran pena.

—Pues con esa licencia —replicó doña Isabel—, digo que don Manuel cantó este soneto; advirtiendo que él a mí y yo a él nos nombrábamos por Belisa y Salicio.

A un diluvio la tierra condenada,
que toda se anegaba en sus enojos,
ríos fuera de madre eran sus ojos,
porque ya son las nubes mar airada.

La dulce Filomena[45] retirada,
como no ve del sol los rayos rojos,
no le rinde canciones en despojos,[46]
por verse sin su luz desconsolada.

45. *Filomena:* Filomela, hija de Pandión, hermana de Procne y esposa de Tereo (versión romana), inmoló a su hijo para castigar a Tereo que había violado a su hermana, Procne, y le había cortado la lengua para que no lo contase. Los dioses la transformaron en ruiseñor.

46. *despojos:* botín del vencedor, restos, ruinas (R.A.E.).

Progne[47] lamenta, el ruiseñor no canta,
sin belleza y olor están las flores,
y estando todo triste de este modo,

con tanta luz, que al mismo sol espanta,
toda donaire, discreción y amores,
salió Belisa, y serenóse todo.

Arrojó, acabando de cantar, el instrumento en el estrado, diciendo:

—¿Qué me importa a mí que salga el sol de Belisa en el oriente a dar alegría a cuantos la ven, si para mí está siempre convertida en triste ocaso?

Dióle, diciendo esto, un modo de desmayo, con que, alborotadas su madre, hermana y criadas, fue fuerza llevarle a su cama, y yo retraerme a mi cuarto, no sé si triste o alegre; sólo sabré asegurar que me conocí confusa, y determiné no ponerme más en ocasión de sus atrevimientos. Si me durara este propósito, acertara; mas ya empezaba en mi corazón a hacer suertes amor, alentando yo misma mi ingratitud, y más cuando supe, de allí a dos días, que don Manuel estaba con un accidente, que a los médicos había puesto en cuidado. Con todo eso, estuve sin ver a doña Eufrasia hasta otro día, no dándome por entendida, y fingiendo precisa ocupación con la estafeta[48] de mi tierra; hasta que doña Eufrasia, que hasta entonces no había tenido lugar asistiendo a su hermano, le dejó reposando y pasó a mi aposento, dándome muchas quejas de mi descuido y sospechosa amistad, de que me disculpé, haciéndome de nuevas y muy pesarosa de su disgusto. Al fin, acompañando a mi madre, hube de pasar aquella tar-

47. *Progne:* la hermana violada de Filomela que, al no poder hablar, bordó su historia en unas telas y consiguió comunicarse con ella. Los dioses la transformaron en golondrina.

48. *estafeta:* el correo ordinario, a caballo (Covar.).

de a verle; y como estaba cierta que su mal procedía de mis desdenes, procuré, más cariñosa y agradable, darle la salud que le había quitado con ellos, hablando donaires y burlas, que en don Manuel causaban varios efectos, ya de alegría, y ya de tristeza, que yo notaba con más cuidado que antes, si bien lo encubría con cauta disimulación. Llegó la hora de despedirnos, y llegando con mi madre a hacer la debida cortesía, y esforzarle con las esperanzas de la salud, que siempre se dan a los enfermos, me puso tan impensadamente en la mano un papel, que, o fuese la turbación del atrevimiento, o recato de mi madre y de la suya, que estaban cerca, que no pude hacer otra cosa más de encubrirle. Y como llegué a mi cuarto, me entré en mi aposento, y sentándome sobre mi cama, saqué el engañoso papel para hacerle pedazos sin leerle, y al punto que lo iba a conseguir, me llamaron, porque había venido mi padre, y hube de suspender por entonces su castigo, y no hubo lugar de dársele hasta que me fui a acostar, que habiéndome desnudado una doncella que me vestía y desnudaba, a quien yo quería mucho por habernos criado desde niñas, me acordé del papel y se le pedí, y que me llegase de camino la luz para abrasarle en ella.

Me dijo la cautelosa Claudia, que éste era su nombre, y bien le puedo dar también el de cautelosa, pues también estaba prevenida contra mí, y en favor del ingrato y desconocido don Manuel:

—¿Y acaso, señora mía, ha cometido este desdichado algún delito contra la fe, que le quieres dar tan riguroso castigo? Porque si es así, no será por malicia, sino con inocencia; porque antes entiendo que le sobra fe y no que le falta.

—Con todo mi honor le está cometiendo —dije yo—, y porque no haya más cómplices, será bien que éste muera.

—¿Pues a quién se condena sin oírle? —replicó Claudia—. Porque, a lo que miro, entero está como el día en que nació. Óyele, por tu vida, y luego, si mereciere pena, se la darás, y más si es tan poco venturoso como su dueño.

—¿Sabes tú cúyo es? —le torné a replicar.

—¿De quién puede ser, si no es admitido, sino del mal correspondido don Manuel, que por causa tuya está como está, sin gusto y salud, dos males que, a no ser desdichado, ya le hubieran muerto? Mas hasta la muerte huye de los que lo son.

—Sobornada parece que estás, pues abogas con tanta piedad por él.

—No estoy, por cierto —respondió Claudia—, sino enternecida, y aun, si dijera lastimada, acertara mejor.

—¿Pues de qué sabes tú que todas esas penas de que te lastimas tanto son por mí?

—Yo te lo diré —dijo la astuta Claudia—. Esta mañana me envió tu madre a saber cómo estaba, y el triste caballero vio los cielos abiertos en verme; contóme sus penas, dando de todas la culpa a tus desdenes, y esto con tantas lágrimas y suspiros, que me obligó a sentirlas como propias, solemnizando con suspiros los suyos y acompañando con lágrimas las suyas.

—Muy tierna eres, Claudia —repliqué yo—; presto crees a los hombres. Si fueras tú la querida, presto le consolaras.

—Y tan presto —dijo Claudia—, que ya estuviera sano y contento. Díjome más, que en estando para poderse levantar, se ha de ir donde a tus crueles ojos y ingratos oídos no lleguen nuevas de él.

—Ya quisiera que estuviera bueno, para que lo cumpliera —dije yo.

—¡Ay, señora mía! —respondió Claudia—, ¿es posible que en cuerpo tan lindo como el tuyo se aposenta alma tan cruel? No seas así, por Dios, que ya se pasó el tiempo de las damas andariegas que con corazones de diamantes *dejaban* morir los caballeros, sin tener piedad de ellos. Casada has de ser, que tus padres para ese estado te guardan; pues si es así, ¿qué desmerece don Manuel para que no gustes que sea tu esposo?

—Claudia —dije yo—, si don Manuel estuviera tan enamorado como dices, y tuviera tan castos pensamientos, ya me hubiera pedido a mi padre. Y pues no trata de eso, sino de que le corresponda, o por burlarme, o ver mi flaqueza, no me hables más en él, que me das notable enojo.

—Lo mismo que tú dices —volvió a replicar Claudia— le dije yo, y me respondió que cómo se había de atrever a pedirte por esposa incierto de tu voluntad; pues podrá ser que aunque tu padre lo acepte, no gustes tú de ello.

—El gusto de mi padre se hará el mío —dije yo.

—Ahora, señora —tornó a decir Claudia—, veamos ahora el papel, pues ni hace ni deshace el leerle, que pues lo demás corre por cuenta del cielo.

Estaba ya mi corazón más blando que cera, pues mientras Claudia me decía lo referido, había entre mí hecho varios discursos, y todos en abono de lo que me decía mi doncella, y en favor de don Manuel; mas, por no darla más atrevimientos, pues ya la juzgaba más de la parte contraria que de la mía, después de haberle mandado no hablase más en ello, ni fuese adonde don Manuel estaba, porfié a quemar el papel y ella a defenderle, hasta que, deseando yo lo mismo que ella quería, le abrí, amonestándola primero que no supiese don Manuel sino que le había rompido sin leerle, y ella prometídolo, vi que decía así:

"No sé, ingrata señora mía, de qué tienes hecho el corazón, pues a ser de diamante, ya le hubieran enternecido mis lágrimas; antes, sin mirar los riesgos que me vienen, le tienes cada día más endurecido; si yo te quisiera menos que para dueño de mí y de cuanto poseo, ya parece que se hallara disculpa a tu crueldad; mas, pues gustas que muera sin remedio, yo te prometo darte gusto, ausentándome del mundo y de tus ingratos ojos, como lo verás en levantándome de esta cama, y quizá entonces te pesará de no haber admitido mi voluntad.''

No decía más que esto el papel. Mas ¿qué más había de decir? Dios nos libre de un papel escrito a tiempo; saca fruto donde no le hay, y engendra voluntad aun sin ser visto. Mirad qué sería de mí, que ya no sólo había mirado, mas miraba los méritos de don Manuel todos juntos y cada uno por sí. ¡Ay, engañoso amante, ay, falso caballero, ay, verdugo de mi inocencia! ¡Y, ay, mujeres fáciles y mal aconsejadas, y cómo os dejáis vencer de mentiras bien afeitadas,[49] y que no les dura el oro con que van cubiertas más de mientras dura el apetito! ¡Ay, desengaño, que visto, no se podrá engañar ninguna! ¡Ay, hombres!, y ¿por qué siendo hechos de la misma masa y trabazón que nosotras, no teniendo más nuestra alma que vuestra alma, nos tratáis como si fuéramos hechas de otra pasta, sin que os obliguen los beneficios que desde el nacer al morir os hacemos? Pues si agradecierais los que recibís de vuestras madres, por ellas estimarais y reverenciarais a las demás; ya, ya lo tengo conocido a costa mía, que no lleváis otro designio sino perseguir nuestra inocencia, aviltar[50] nuestro entendimiento, derribar nuestra fortaleza, y haciéndonos viles y comunes, alzaros con el imperio de la inmortal fama. Abran las damas los ojos del entendimiento y no se dejen vencer de quien pueden temer el mal pago que a mí se me dio, para que dijesen en

---

49. *afeitadas:* adornadas, compuestas (Covar.).
50. *aviltar:* menospreciar (Covar.).

esta ocasión y tiempo estos desengaños, para ver si por mi causa cobrasen las mujeres la opinión perdida y no diesen lugar a los hombres para alabarse, ni hacer burla de ellas, ni sentir mal de sus flaquezas y malditos intereses, por los cuales hacen tantas, que, en lugar de ser amadas, son aborrecidas, aviltadas y vituperadas.

Volví de nuevo a mandar a Claudia y de camino rogarle no supiese don Manuel que había leído el papel, ni lo que había pasado entre las dos, y ella a prometerlo, y con esto se fue, dejándome divertida[51] en tantos y tan confusos pensamientos, que yo misma me aborrecía de tenerlos. Ya amaba, ya me arrepentía; ya me repetía piadosa, ya me hallaba mejor. Airada y[52] final, me determiné a no favorecer a don Manuel, de suerte que le diese lugar a atrevimientos; mas tampoco desdeñarle, de suerte que le obligase a algún desesperado suceso. Volví con esta determinación a continuar la amistad de doña Eufrasia, y a comunicarnos con la frecuencia que antes hacía gala. Si ella me llamaba cuñada, si bien no me pesaba de oírlo, escuchaba a don Manuel más apacible, y si no le respondía a su gusto, a lo menos no le afeaba el decirme su amor sin rebozo; y con lo que más le favorecía era decirle que me pidiese a mi padre por esposa, que le aseguraba de mi voluntad; mas como el traidor llevaba otros intentos, jamás lo puso en ejecución.

Llegóse en este tiempo el alegre de las carnestolendas,[53] tan solemnizado en todas partes, y más en aquella ciudad, que se dice, por ponderarlo más, "carnestolendas de Zaragoza". Andábamos todos de fiesta y regocijo, sin reparar los unos en los desaciertos ni aciertos de los otros.

---

51. *divertida:* distraída (Covar.).
52. *y:* ¿errata por al?
53. *carnestolendas:* ver nota 6.

Pues fue así, que pasando sobre tarde[54] al cuarto de doña Eufrasia a vestirme con ella de disfraz para una máscara[55] que teníamos prevenida, y ella y sus criadas y otras amigas ocupadas adentro en prevenir lo necesario, su traidor hermano, que debía de estar aguardando esta ocasión, me detuvo a la puerta de su aposento, que, como he dicho, era a la entrada de los de su madre, dándome la bienvenida, como hacía en toda cortesía otras veces; yo, descuidada, o, por mejor, incierta de que pasaría a más atrevimientos, si bien ya habían llegado a tenerme asida por una mano, y viéndome divertida,[56] tiró de mí, y sin poder ser parte a[57] hacerme fuerte, me entró dentro, cerrando la puerta con llave. Yo no sé lo que me sucedió, porque del susto me privó el sentido un mortal desmayo.

¡Ah, flaqueza femenil de las mujeres, acobardadas desde la infancia y aviltadas[58] las fuerzas con enseñarlas primero a hacer vainicas que a jugar las armas! ¡Oh, si no volviera jamás en mí, sino que de los brazos del mal caballero me traspasaran a la sepultura! Mas guardábame mi mala suerte para más desdichas, si puede haberlas mayores. Pues pasada poco más de media hora, volví en mí, y me hallé, mal digo, no me hallé, pues me hallé perdida, y tan perdida, que no me supe ni pude volver ni podré ganarme jamás y infundiendo en mí mi agravio una mortífera rabia, lo que en otra mujer pudiera causar lágrimas y desesperaciones, en mí fue un furor diabólico, con el cual, desasiéndome de sus infames lazos, arremetí a la espada que tenía a la cabecera de la cama, y sacándola de la vaina, se la fui a envainar en el cuerpo; hurtóle al golpe, y no

54. *sobre tarde:* a última hora de la tarde (Aut.).
55. *máscara:* baile con la cara tapada (Covar.).
56. *divertida:* ver nota 51.
57. *ser parte a:* ser capaz de.
58. *aviltadas:* ver nota 50.

fue milagro, que estaba diestro en hurtar, y abrazándose conmigo, me quitó la espada, que me la iba a entrar por el cuerpo por haber errado el del infame, diciendo de esta suerte: "Traidor, me vengo en mí, pues no he podido en ti, que las mujeres como yo así vengan sus agravios."

Procuró el cauteloso amante amansarme y satisfacerme, temeroso de que no diera fin a mi vida; disculpó su atrevimiento con decir que lo había hecho por tenerme segura; y ya con caricias, ya con enojos mezclados con halagos, me dio palabra de ser mi esposo. En fin, a su parecer más quieta, aunque no al mío, que estaba hecha una pisada serpiente, me dejó volver a mi aposento tan ahogada en lágrimas, que apenas tenía aliento para vivir. Este suceso dio conmigo en la cama, de una peligrosa enfermedad, que fomentada de mis ahogos y tristezas, me vino a poner a punto de muerte; estando de verme así tan penados mis padres, que lastimaban a quien los veía.

Lo que granjeó don Manuel con este atrevimiento fue que si antes me causaba algún agrado, ya aborrecía hasta su sombra. Y aunque Claudia hacía instancia por saber de mí la causa de este pesar que había en mí, no lo consiguió, ni jamás la quise escuchar palabra que de don Manuel procurase decirme, y las veces que su hermana me veía era para mí la misma muerte. En fin, yo estaba tan aborrecida, que si no me la di[59] yo misma, fue por no perder el alma. Bien conocía Claudia mi mal en mis sentimientos, y por asegurarse más, habló a don Manuel, de quien supo todo lo sucedido. Pidióle me aquietase y procurase desenojar, prometiéndole a ella lo que a mí, que no sería otra su esposa.

Permitió el Cielo que me mejorase de mi mal, porque aún me faltaban por pasar otros mayores. Y un día que

59. *la di:* se refiere a la muerte.

estaba Claudia sola conmigo, que mi madre ni las demás criadas estaban en casa, me dijo estas razones:

—No me espanto, señora mía, que tu sentimiento sea de la calidad que has mostrado y muestras; mas a los casos que la fortuna encamina y el Cielo permite para secretos suyos, que a nosotros no nos toca el saberlo, no se han de tomar tan a pechos y por el cabo, que se aventure a perder la vida y con ella el alma. Confieso que el atrevimiento del señor don Manuel fue el mayor que se puede imaginar; mas tu temeridad es más terrible, y supuesto que en este suceso, aunque has aventurado mucho, no has perdido nada, pues en siento *tu* esposo queda puesto el reparo, si tu pérdida se pudiera remediar con esos sentimientos y desesperaciones, fuera razón tenerlas. Ya no sirven desvíos para quien posee y es dueño de tu honor, pues con ellos das motivo para que, arrepentido y enfadado de tus sequedades, te deje burlada; pues no son las partes de tu ofensor de tan pocos méritos que no podrá conquistar con ellas cualquier hermosura de su patria. Puesto que más acertado es que se acuda al remedio, y no que cuando le busques no le halles, hoy me ha pedido que te amanse y te diga cuán mal lo haces con él y contigo misma, y que está con mucha pena de tu mal; que te alientes y procures cobrar salud, que tu voluntad es la suya, y no[60] saldrá en esto y en todo lo que ordenares de tu gusto. Mira, señora, que esto es lo que te está bien, y que se pongan medios con tus padres para que sea tu esposo, con que la quiebra de tu honor quedará soldada y satisfecha, y todo lo demás es locura y acabar de perderte.

Bien conocí que Claudia me aconsejaba lo cierto, supuesto que ya no se podía hallar otro remedio; mas estaba tan aborrecida de mí misma, que en muchos días no llevó

60. *no:* pleonástico.

de mí buena respuesta. Y aunque ya me empezaba a levantar, en más de dos meses no me dejé ver de mi atrevido amante, ni recado que me enviaba quería recibir, ni papel que llegaba a mis manos llevaba otra respuesta que hacerle pedazos. Tanto, que don Manuel, o fuese que en aquella ocasión me tenía alguna voluntad, o porque picado de mis desdenes quería llevar adelante sus traiciones, se descubrió a su hermana, y le contó lo que conmigo le había pasado y pasaba, de que doña Eufrasia, admirada y pesarosa, después de haberle afeado facción tan grosera y mal hecha, tomó por su cuenta quitarme el enojo. Finalmente ella y Claudia trabajaron tanto conmigo, que me rindieron. Y como sobre las pesadumbres entre amantes las paces aumentan el gusto, todo el aborrecimiento que tenía a don Manuel se volvió en amor, y en él el amor aborrecimiento: que los hombres, en estando en posesión, la voluntad se desvanece como humo. Un año pasé en estos desvanecimientos, sin poder acabar con don Manuel pusiese terceros con mi padre para que se efectuasen nuestras bodas; y otras muchas que a mi padre le trataban no llegaban a efecto, por conocer la poca voluntad que tenía de casarme. Mi amante me entretenía diciendo que en haciéndole Su Majestad merced de un hábito de Santiago que le había pedido, para que más justamente mi padre le admitiese por hijo, se cumplirían mis deseos y los suyos. Si bien yo sentía mucho estas dilaciones, y casi temía mal de ellas, por no disgustarle, no apretaba más la dificultad.

En este tiempo, en lugar de un criado que mi padre había despedido, entró a servir en casa un mancebo, que, como después supe, era aquel caballero pobre que jamás había sido bien visto de mis ojos. Mas ¿quién mira bien a un pobre? El cual, no pudiendo vivir sin mi presencia, mudado hábito y nombre, hizo esta transformación. Parecióme cuando le vi la primera vez que era el mismo que era; mas no hice reparo en ello, por parecerme imposible. Bien conoció Luis, que así dijo llamarse, a los primeros lances, la voluntad que yo y don Manuel nos teníamos, y no creyendo de la entereza de mi condición que pasaba a mas de honestos y recatados deseos, dirigidos al conyugal lazo. Y él estaba cierto que en esto no había de alcanzar, aunque fuera conocido por don Felipe, mas que los despegos que siempre callaba, por que no le privase de verme, sufriendo como amante aborrecido y desestimado, dándose por premiado en su amor con poderme hablar y ver a todas horas. De esta manera pasé algunos meses, que aunque don Manuel, según conocí después, no era su amor verdadero, sabía tan bien las artes de fingir, que yo me daba por contenta y pagada de mi voluntad. Así me duraran estos engaños. Mas ¿cómo puede la mentira pasar por verdad sin que al cabo se descubra? Acuérdome que una tarde que estábamos en el estrado de su hermana, burlando y diciendo burlas y entretenidos acentos[61] como otras veces, le llamaron, y él, al levantarse del asiento, me dejó caer la daga en las faldas, que se la había quitado por el estorbo que le hacía para estar sentado en bajo. A cuyo asunto hice este soneto:

> Toma tu acero cortador, no seas
> causa de algún exceso inadvertido,
> que puede ser, Salicio, que sea Dido,
> si por mi mal quisieses ser Eneas.[62]

---

61. *acentos:* tonos, intensidades; ¿trabalenguas?

62. *Dido:* fundadora de Cartago y enamorada de Eneas, cuando éste arriba allí a la vuelta de la guerra de Troya. Cuando Eneas reemprende su viaje y la abandona, Dido se suicida clavándose la espada de Eneas y luego se arroja a una pira encendida.

Cualquiera atrevimiento es bien que creas
de un pecho amante a tu valor rendido,
muy cerca está de ingrato el que es querido;
llévale, ingrato, si mi bien deseas.

Si a cualquiera rigor de aquesos ojos
te lloro Eneas y me temo Elisa,[63]
quítame la ocasión de darme muerte,

Que quieres la vida por despojos,
que me mates de amor, mi amor te avisa;
tú ganarás honor, yo dulce suerte.

Alabaron doña Eufrasia y su hermano más la presteza
de hacerle que el soneto, si bien don Manuel, tibiamente;
ya parecía que andaba su voluntad achacosa, y la mía temerosa de algún mal suceso en los míos, y a mis solas
daban mis ojos muestra de mis temores, quejábame de mi
mal pagado amor, dando al Cielo quejas de mi desdicha.
Y cuando don Manuel, viéndome triste y los ojos con las
señales de haberles dado el castigo que no merecían, pues
no tuvieron culpa en mi tragedia, me preguntaba la causa,
por no perder el decoro a mi gravedad, desmentía con él
los sentimientos de ellos, que eran tantos, que apenas los
podía disimular. Enamoréme, rogué, rendíme; vayan,
vengan penas, alcáncense unas a otras. Mas por una vio-
lencia estar sujeta a tantas desventuras, ¿a quién le ha
sucedido sino a mí? ¡Ay, damas, hermosas y avisadas, y
qué desengaño éste, si lo contempláis! Y ¡ay, hombres, y
qué afrenta para vuestros engaños! ¡Quién pensara que
don Manuel hiciera burla de una mujer como yo, supuesto que, aunque era noble y rico, aun para escudero de mi
casa no le admitieran mis padres!, que éste es el mayor
sentimiento que tengo, pues estaba segura de que no me
merecía y conocía que me desestimaba.

63. *Elisa:* otro nombre de la reina Dido. Ya citada.

Fue el caso que había[64] más de diez años que don Manuel hablaba una dama de la ciudad, ni la más hermosa, ni la más honesta, y aunque casada, no hacía ascos de ningún galanteo, porque su marido tenía buena condición: comía sin traerlo,[65] y por no estorbar, se iba fuera cuando era menester; que aun aquí había reprensión para los hombres; mas los comunes y bajos que viven de esto no son hombres, sino bestias. Cuando más engolfada estaba Alejandra, que así tenía nombre esta dama, en la amistad de don Manuel, quiso el Cielo, para castigarla, o para destruirme, darle una peligrosa enfermedad, de quien, viéndose en peligro de muerte, prometió a Dios apartarse de tan ilícito trato, haciendo voto de cumplirlo. Sustentó esta devota promesa, viéndose con la deseada salud, año y medio, que fue el tiempo en que don Manuel buscó mi perdición, viéndose despedido de Alejandra; bien que, como después supe, la visitaba en toda cortesía, y la regalaba por la obligación pasada. ¡Ah, mal hayan estas correspondencias corteses, que tan caras cuestan a muchas! Y entretenido en mi galanteo, faltó a la asistencia de Alejandra, conociendo el poco fruto que sacaba de ella; pues esta mujer, en faltar de su casa, como solía mi ingrato dueño, conoció que era la ocasión otro empleo, y buscando la causa, o que de criadas pagadas de la casa de don Manuel, o mi desventura que se lo debió de decir, supo cómo don Manuel trataba su casamiento conmigo. Entró aquí alabarle mi hermosura y su rendimiento, y como jamás se apartaba de idolatrar en mi imagen, que cuando se cuentan los sucesos, y más si han de dañar, con menos ponderación son suficientes. En fin, Alejandra, celosa y envidiosa de mis dichas, faltó a Dios lo que había prome-

---

64. *había:* hacia (Keniston 32.35).
65. *comía sin traerlo:* vivía a costa de su mujer.

tido, para sobrarme a mí en penas; que si faltó a Dios,
¿cómo no me había de sobrar a mí? Era atrevida y resuelta, y lo primero a que se atrevió fue a verme. Pasemos
adelante, que fuera hacer este desengaño eterno, y no es
tan corto el tormento que padezco en referirle que me
saboree tan despacio en él. Acarició a don Manuel, solici-
tó volviese a su amistad, consiguió lo que deseó, y volvió
de nuevo a reiterar la ofensa, faltando en lo que a Dios
había prometido de poner enmienda. Parecerá, señores,
que me deleito en nombrar a menudo el nombre de este
ingrato, pues no es sino que como ya para mí es veneno,
quisiera que trayéndole en mis labios, me acabara de quitar la vida. Volvióse, en fin, a adormecer y transportar en
los engañosos encantos de esta Circe.[66] Como una división causa mayores deseos entre los que se aman, fue con
tanta puntualidad el asistencia en su casa, que fue fuerza
hiciese falta en la mía. Tanto, que ni en los perezosos días
de verano, ni en las cansadas noches del invierno no había
una hora para mí. Y con esto empecé a sentir las penas
que una desvalida y mal pagada mujer puede sentir, porque si a fuerza de quejas y sentimientos había un instante
para estar conmigo, era con tanta frialdad y tibieza, que
se apagaban en ella los encendidos fuegos de mi voluntad,
no para apartarme de tenerla, sino para darle las sazones[67] que merecía. Y últimamente empecé a temer; del
temer nace el celar, y del celar buscar las desdichas y ha-
llarlas. No le quiero prometer a un corazón amante más
perdición que venir a tropezar en celos, que es cierto que
la caída será para no levantarse más; porque si calla los

66. *Circe:* mujer maga, hija del Sol y nieta del Océano, es reina de la isla
de Ea a la que llega Ulises. Éste tiene que desencantar a sus compañeros
convertidos en animales por Circe y lo hace gracias a la ayuda de Hermes.
Luego se convierten en amantes y tienen varios hijos.
67. *sazones:* gustos, satisfacciones (Aut.).

agravios, juzgando que los ignora, no se recatan de hacerlos; y si habla más descubiertamente, pierden el respeto, como me sucedió a mí, que no pudiendo ya disimular las sinrazones de don Manuel, empecé a desenfadarme[68] y reprenderlas y de esto pasar a reñirle, con que me califiqué por enfadosa y de mala condición, y a pocos pasos que di, me hallé en los lances de aborrecida. Ofréceseme a la memoria un soneto que hice, hallándome un día muy apasionada, que, aunque os canse, le he de decir:

No vivas, no, dichosa, muy segura
de que has de ser toda la vida amada;
llegará el tiempo que la nieve helada
agote de tu dicha la hermosura.

Yo, como tú, gocé también ventura,
ya soy, como me ves, bien desdichada;
querida fui, rogada y estimada
del que tu gusto y mi dolor procura.

Consuela mi pasión, que el dueño mío,
que ahora es tuyo, fue conmigo ingrato,
también contigo lo será, dichosa.

Pagarásme el agravio en su desvío;
no pienses que has feriado[69] muy barato,
que te has de ver, como yo estoy, celosa.

Admitía estas finezas don Manuel, como quien ya no las estimaba; antes con enojos quería desvanecer mis sospechas, afirmándolas por falsas. Y dándose más cada día a sus desaciertos, venimos él y yo a tener tantos disgustos y desasosiegos, que más era muerte que amor el que había

---

68. *desenfadarme:* el sentido es enfadarme, ¿errata?
69. *feriado:* comprado (Aut.).

entre los dos; y con esto me dispuse a averiguar la verdad de todo, porque no me desmintiese, y de camino, por si podía hallar remedio a tan manifiesto daño, mandé a Claudia seguirle, con que se acabó de perder todo. Porque una tarde que le vi algo inquieto, y que ni por ruegos ni lágrimas mías, ni pedírselo su hermana, no se pudo estorbar que no saliese de casa, mandé a Claudia viese dónde iba, la cual le siguió hasta verle entrar en casa de Alejandra. Y aguardando a ver en lo que resultaba, vio que ella con otras amigas y don Manuel se entraron en un coche y se fueron a un jardín. Y no pudiendo ya la fiel Claudia sufrir tantas libertades cometidas en ofensa mía, se fue tras ellos, y al entrar en el vergel, dejándose ver, le dijo lo que fue justo, si, como fue bien dicho, fuera bien admitido. Porque don Manuel, si bien corrido de ser descubierto, afeó y trató mal a Claudia, riñéndola más como dueño que como amante mío; con lo cual la atrevida Alejandra, tomándose la licencia de valida,[70] se atrevió a Claudia con palabras y obras, dándose por sabidora de quién era yo, cómo me llamaba y, en fin, cuanto por mí había pasado, mezclando entre estas libertades las amenazas de que daría cuenta a mi padre de todo. Y aunque no cumplió esto, hizo otros atrevimientos tan grandes o mayores, como era venir a la posada de don Manuel a todas horas. Entraba atropellándolo todo, y diciendo mil libertades; tanto, que en diversas ocasiones se puso Claudia con ella a mil riesgos. En fin, para no cansaros, lo diré de una vez. Ella era mujer que no temía a Dios, ni a su marido, pues llegó su atrevimiento a tratar quitarme la vida con sus propias manos. De todos estos atrevimientos no daba don Manuel la culpa a Alejandra, sino a mí, y tenía razón, pues yo, por mis peligros, debía sufrir más;

70. *valida:* favorecida (Aut.).

estaba ya tan precipitada, que ninguno se me hacía áspero, ni peligroso, pues me entraba por todos sin temor de ningún riesgo. Todo era afligirme, todo llorar y todo dar a don Manuel quejas; unas veces, con caricias, y otras con despegos, determinándome tal vez a dejarle y no tratar más de esto, aunque me quedase perdida, y otras pidiéndole hablase a mis padres, para que siendo su mujer cesasen estas revoluciones. Mas como ya no quería, todas estas desdichas sentía y temía doña Eufrasia, porque había de venir a parar en peligro de su hermano; mas no hallaba remedio, aunque le buscaba. A todas estas desventuras hice unas décimas, que os quiero referir, porque en ellas veréis mis sentimientos mejor pintados, y con más finos colores, que dicen así:

Ya de mi dolor rendida,
con los sentidos en calma,
estoy deteniendo el alma,
que anda buscando salida;
ya parece que la vida,
como la candela que arde
y en verse morir cobarde
vuelve otra vez a vivir,
porque aunque desea morir,
procura que sea más tarde.

Llorando noches y días,
doy a mis ojos enojos,
como si fueran mis ojos
causa de las ansias mías.
¿Adónde estáis, alegrías?
Decidme, ¿dónde os perdí?
Responded, ¿qué causa os di?
Mas ¿qué causa puede haber
mayor que no merecer
el bien que se fue de mí?
Sol fui de algún cielo ingrato,
si acaso hay ingrato cielo;

fuego fue, volvióse hielo;
sol fui, luna me retrato,
mi menguante fue su trato;
mas si la deidad mayor
está en mí, que es el amor,
y éste no puede menguar,
difícil será alcanzar
lo que intenta su rigor.

Celos tuve, mas, querida,
de los celos me burlaba:
antes en ellos hallaba
sainetes[71] para la vida;
ya, sola y aborrecida,
Tántalo[72] en sus glorias soy;
rabiando de sed estoy,
¡ay, qué penas! ¡ay, qué agravios!,
pues con el agua a los labios,
mayor tormento me doy.

¿Qué mujer habrá tan loca,
que viéndose aborrecer,
no le canse el padecer
y esté como firme roca?
Yo sola, porque no toca
a mí la ley de olvidar,
venga pesar a pesar,
a un rigor otro rigor,
que ha de conocer amor
que sé cómo se ha de amar.

Ingrato, que al hielo excedes;
nieve, que a la nieve hielas,
si mi muerte no recelas,
desde hoy más temerla puedes,
regatea las mercedes,

71. *sainetes:* ver nota 10.
72. *Tántalo:* hijo de Zeus y Pluto. Fue castigado por Zeus en los infiernos a padecer terrible hambre y sed pese a estar sumergido en el agua y rodeado de sabrosos frutos que se retiraban cuando se acercaba a cogerlos.

aprieta más el cordel,
mata esta vida con él,
sigue tu ingrata porfía;
que te pesará algún día
de haber sido tan cruel.

Sigue, cruel, el encanto
de esa engañosa sirena,[73]
que por llevarte a su pena,
te adormece con su canto;
huye mi amoroso llanto,
no te obligues de mi fe,
porque así yo esperaré
que has de ser como deseo
de aquella arpía Fineo,[74]
para que vengada esté.

Préciate de tu tibieza,
no te obliguen mis enojos,
pon más capote a los ojos,
cánsate de mi firmeza;
ultraja más mi nobleza,
ni sigas a la razón;
que yo, que en mi corazón
amor carácter ha sido,
pelearé con tu olvido,
muriendo por tu ocasión.

Bien sé que tu confianza
es de mi desdicha parte,
y fuera mejor matarte
a pura desconfianza;
todo cruel se me alcanza,
que como te ves querido,

---

73. *sirena:* animales mitológicos mitad mujer mitad aves o peces, según qué tradición, que con sus cantos atraían a los navegantes a lugares peligrosos donde naufragaban y los devoraban.

74. *Fineo:* adivino ciego al que torturaban las Harpías (en el texto: arpía), voraces pájaros de presa con cabeza de mujer.

tratas mi amor con olvido,
porque una noble mujer,
o no llegar a querer,
o ser lo que siempre ha sido.

Ojos, llorad, pues no tiene
ya remedio vuestro mal;
ya vuelve el dolor fatal,
ya el alma a la boca viene;
ya sólo morir conviene,
porque triunfe el que me mata;
ya la vida se desata
del lazo que al alma dio,
y con ver que me mató,
no olvido al que me maltrata.

Alma, buscad dónde estar,
que mi palabra os empeño,
que en vuestra posada hay dueño
que quiere en todo mandar.
Ya, ¿qué tenéis que aguardar,
si vuestro dueño os despide,
y en vuestro lugar recibe
otra alma que más estima?
¿No veis que en ella se anima
y con más contento vive?

¡Oh cuántas glorias perdidas
en esa casa dejáis!
¿Cómo ninguna sacáis?
Pues no por mal adquiridas,
mal premiadas, bien servidas,
que en eso ninguna os gana;
pero si es tan inhumana
la impiedad del que os arroja,
pues veis que en veros se enoja,
idos vos de buena gana.

Sin las potencias[75] salís,
¿cómo esos bienes dejáis?,

75. *potencias:* memoria, entendimiento y voluntad (Aut.).

235

que a cualquier parte que vais
no os querrán, si lo advertís.
Mas oigo que me decís
que sois como el que se abrasa,
que viendo que el fuego pasa
a ejecutarle en la vida,
deja la hacienda perdida,
que se abrase con la casa.

Pensando en mi desventura,
casi a la muerte he llegado;
ya mi hacienda se ha abrasado,
que eran bienes sin ventura.
¡Oh tú, que vives segura
y contenta en casa ajena!
de mi fuego queda llena,
y algún día vivirá,
y la tuya abrasará;
toma escarmiento en mi pena.

Mira, y siente cuál estoy,
tu caída piensa en mí,
que ayer maravilla fui,
y hoy sombra mía no soy:[76]
lo que va de ayer a hoy
podrá ser de hoy a mañana.
Estás contenta y lozana;
pues de un mudable señor
el fiarse es grande error:
no estés tan alegre, Juana.

Gloria mis ojos llamó;
mis palabras, gusto y cielos.
Dióme celos, y tomélos
al punto que me los dio.
¡Ah, mal haya quien amó
celosa, firme y rendida,

---

76. Reelaboración de la famosa Letrilla de Góngora: *Aprended, Flores, en mí.*

que cautelosa y fingida
es bien ser una mujer,
para no llegarse a ver,
como estoy, aborrecida!

¡Oh amor, por lo que he servido
a tu suprema deidad,
ten de mi vida piedad!
Esto por premio te pido:
no se alegre este atrevido
en verme por él morir;
pero muriendo vivir,
muerte será, que no vida;
ejecuta amor la herida,
pues yo no acierto a pedir.

Sucedió en este tiempo nombrar Su Majestad por virrey de Sicilia al señor Almirante de Castilla[77] y viéndose don Manuel engolfado en estas competencias que entre mí y Alejandra traíamos, y lo más cierto, con poco gusto de casarse conmigo, considerando su peligro en todo, sin dar cuenta a su madre y hermana, diligenció por medio del mayordomo, que era muy íntimo suyo, y le recibió el señor Almirante por gentilhombre de su cámara; y teniéndolo secreto, sin decirlo a nadie, sólo a un criado que le servía y había de ir con él, hasta la partida del señor Almirante, dos o tres días antes mandó prevenir su ropa, dándonos a entender a todos quería ir por seis u ocho días a un lugar donde tenía no sé qué hacienda; que esta jornada la había hecho otras veces en el tiempo que yo le conocía. Llegó el día de la partida, y despedido de todos los de su casa, al despedirse de mí, que de propósito había pasado a ella para despedirme, que, como inocente de su engaño, aunque me pesaba, no era con el extremo que si supiera la

---

77. *Almirante de Castilla:* quizá D. Juan Alfonso Enríquez de Cabrera, duque de Medina de Rioseco.

verdad de él, vi más terneza en sus ojos que otras veces, porque al tiempo de abrazarme no me pudo hablar palabra, porque se le arrasaron los ojos de agua, dejándome confusa, tierna y sospechosa; si bien no juzgué sino que hacía amor algún milagro en él y conmigo. Y de esta suerte pasé aquel día, ya creyendo que me amaba, vertiendo lágrimas de alegría, ya de tristeza de verle ausente. Y estando ya cerrada la noche, sentada en una silla, la mano en la mejilla,[78] bien suspensa y triste, aguardando a mi madre, que estaba en una visita, entró Luis, el criado de mi casa, o por mejor acertar, don Felipe, aquel caballero pobre, que por serlo había sido tan mal mirado de mis ojos, que no había sido ni antes ni en esta ocasión conocido de ellos, y que servía por sólo servirme. Y viéndome, como he dicho, me dijo:

—¡Ay, señora mía!, y cómo si supieses tu desdicha, como yo la sé, esa tristeza y confusión se volvería en pena de muerte.

Asustéme al oír esto; mas, por no impedir saber el cabo de su confusa razón, callé; y él prosiguió, diciéndome:

—Ya no hay que disimular, señora, conmigo, que aunque ha muchos días que yo imaginaba estos sucesos, ahora es diferente, que ya sé toda la verdad.

—¿Vienes loco, Luis? —le repliqué.

—No vengo loco —volvió a decir—; aunque pudiera, pues no es tan pequeño el amor que como a señora mía te tengo, que no me pudiera haber quitado el juicio, y aun la vida, lo que hoy he sabido. Y porque no es justo encubrírtelo más, el traidor don Manuel se va a Sicilia con el Almirante, con quien va acomodado por gentilhombre suyo. Y demás de haber sabido de su criado mis-

78. Alusión al prólogo del *Quijote*.

mo, que por no satisfacerte a la obligación que te tiene
ha hecho esta maldad, yo le he visto por mis ojos partir
esta tarde. Mira qué quieres que se haga en esto, que a
fe de quien soy, y que soy más de lo que tú imaginas,
como sepa que tú gustas de ello, que aunque piense perder la vida, te ha de cumplir lo prometido, o que hemos
de morir él y yo por ello.

Disimulando mi pena, le respondí:

—¿Y quién eres tú, que cuando aqueso fuese verdad,
tendrías valor para hacer eso que dices?

—Dame licencia —respondió Luis—, que después de
hecho, lo sabrás.

Acabé de enterarme de la sospecha que al principio dije
había tenido de ser don Felipe como me había dado el
aire, y queriéndole responder, entró mi madre, con que
cesó la plática. Y después de haberla recibido, porque me
estaba ahogando en mis propios suspiros y lágrimas, me
entré en mi aposento, y arrojándome sobre la cama, no es
necesario contaros las lástimas que dije, las lágrimas que
lloré y las determinaciones que tuve, ya de quitarme la
vida, ya de quitársela a quien me la quitaba. Y al fin ad-
mití la peor y la que ahora oiréis, que éstas eran honrosas,
y la que elegí, con la que me acabé de perder; porque al
punto me levanté con más ánimo que mi pena prometía, y
tomando mis joyas y las de mi madre, y muchos dineros
en plata y en oro, porque todo estaba en mi poder, aguar-
dé a que mi padre viniese a cenar, que habiendo venido,
me llamaron; mas yo respondí que no me sentía buena, que después tomaría una conserva.[79] Se sentaron a cenar, y como vi acomodado lugar para mi loca determinación, por estar los criados y criadas divertidos en servir la

79. *conserva:* "cualquier fruta que se aderece con azúcar o miel" (Covar.).

mesa, y si aguardara a más, fuera imposible surtir efecto mi deseo, porque Luis cerraba las puertas de la calle y se llevaba la llave, sin dar parte a nadie, ni a Claudia, con ser la secretaria de todo, por una que salía de mi aposento a un corredor, me salí y puse en la calle.

A pocas de mi casa estaba la del criado que he dicho había despedido mi padre cuando recibió a Luis, que yo sabía medianamente, porque lastimada de su necesidad, por ser anciano, le socorría y aun visitaba las veces que sin mi madre salía fuera. Fuime a ella; donde el buen hombre me recibió con harto dolor de mi desdicha, que ya sabía él por mayor, habiéndole dado palabra que, en haciéndose mis bodas, le traería a mi casa.

Reprendió Octavio, que éste era su nombre, mi determinación; mas visto ya no había remedio, hubo de obedecer y callar, y más viendo que traía dineros, y que le di a él parte de ellos. Allí pasé aquella noche, cercada de penas y temores, y a otro día le mandé fuese a mi casa, y sin darse por entendido, hablase a Claudia y le dijese que me buscaba a mí, como hacía otras veces, y viese qué había y si me buscaban.

Fue Octavio, y halló que halló el remate de mi desventura. Cuando llego a acordarme de esto, no sé cómo no se me hace pedazos el corazón. Llegó Octavio a mi desdichada casa, y vio entrar y salir toda la gente de la ciudad, y admirado entró él también con los demás, y buscando a Claudia, y hallándola triste y llorosa, le contó cómo acabando de cenar entró mi madre donde yo estaba, para saber qué mal me afligía, y como no me halló, preguntó por mí, a lo que todas respondieron que sobre la cama me habían dejado cuando salieron a servirla, y que habiéndome buscado por toda la casa y fuera, como hallasen las llaves de los escritorios sobre la cama, y la puerta que salía al corredor, que siempre estaba cerrada, abierta, y mirados los escritorios, y vista la falta de ellos, luego vieron que no faltaba en vano. A cuyo suceso empezó mi madre a dar gritos; acudió mi padre a ellos, y sabiendo la causa, como era hombre, mayor, con la pena y susto que recibió, dio una caída de espaldas, privado de todo sentido, y que ni se sabe si de ella, si del dolor, había sido el desmayo, tan profundo, que no volvió más de él.

De todo esto fue causa mi facilidad. Díjole cómo aunque los médicos mandaban se tuviese las horas que manda y pide la ley, que era excusado, y que ya se trataba de enterrarle; que mi madre estaba poco menos, y que con estas desdichas no se hacía caso de la mía si no era para afear mi mal acuerdo; que ya mi madre había sabido lo que pasaba con don Manuel, que en volviendo yo las espaldas, todos habían dicho lo que sabían, y que no había consentido buscarme, diciendo que pues yo había elegido el marido a mi gusto, que Dios me diese más dicha con él que había dado a su casa.

Volvió Octavio con estas nuevas, bien tristes y amargas para mí, y más cuando me dijo que no se platicaba por la ciudad sino mi suceso. Dobláronse mis pasiones, y casi estuve en términos de perder la vida; mas como aún no me había bien castigado el Cielo ser motivo de tantos males, me la quiso guardar para que pase los que faltaban. Animéme algo con saber que no me buscaban, y después de coser todas mis joyas y algunos doblones en parte donde los trujese conmigo sin ser vistos, y dispuesto lo necesario para nuestra jornada, pasados cuatro o seis días, una noche nos metimos Octavio y yo de camino, y partimos la vía de Alicante, donde iba a embarcarse mi ingrato amante. Llegamos a ella, y viendo que no habían llegado las galeras, tomamos posada hasta ver el modo que tendría en dejarme ver de don Manuel.

Iba Octavio todos los días adonde el señor Almirante

posaba; veía a mi traidor esposo (si le puedo dar este nombre), y veníame a contar lo que pasaba. Y entre otras cosas, me contó un día cómo el mayordomo buscaba una esclava, y que aunque le habían traído algunas, no le habían contentado. En oyendo esto, me determiné a otra mayor fineza, o a otra locura mayor que las demás, y como lo pensé, lo puse por obra. Y fue que, fingiendo clavo y S para el rostro, me puse en hábito conveniente para fingirme esclava y mora, poniéndome por nombre Zelima, diciendo a Octavio que me llevase y dijera era suya, y que si agradaba, no reparase en el precio. Mucho sintió Octavio mi determinación, vertiendo lágrimas en abundancia por mí; mas yo le consolé con advertirle este disfraz no era más de para proseguir mi intento y traer a don Manuel a mi voluntad, y ausentarme de España, y que teniendo a los ojos a mi ingrato, sin conocerme, descubriría su intento. Con esto se consoló Octavio, y más con decirle que el precio que le diesen por mí se aprovechase de él, y me avisase a Sicilia de lo que mi madre disponía de sí.

En fin, todo se dispuso tan a gusto mío, que antes que pasaron ocho días ya estuve vendida en cien ducados, y esclava, no de los dueños que me habían comprado y dado por mí la cantidad que digo, sino de mi ingrato y alevoso amante, por quien yo me quise entregar a tan vil fortuna. En fin, satisfaciendo a Octavio con el dinero que dieron por mí, y más de lo que yo tenía, se despidió para volverse a su casa con tan tierno sentimiento, que por no verle verter tiernas lágrimas, me aparté de él sin hablarle, quedando con mis nuevos amos, no sé si triste o alegre, aunque en encontrarlos buenos fui más dichosa que en lo demás que hasta aquí he referido; demás que yo les supe agradar y granjear, de modo que antes de muchos días me hice dueño de su voluntad y casa.

Era mi señora moza y de afable condición, y con ella y otras dos doncellas que había en casa me llevaba tan bien, que todas me querían como si fuera hija de cada una y hermana de todas, particularmente con la una de las doncellas, cuyo nombre era Leonisa, que me quería con tanto extremo, que comía y dormía con ella en su misma cama. Esta me persuadía que me volviese cristiana, y yo la agradaba con decir lo haría cuando llegase la ocasión, que yo lo deseaba más que ella. La primera vez que me vio don Manuel fue un día que comía con mis dueños. Y aunque lo hacía muchas veces por ser amigo, no había tenido yo ocasión de verle, porque no salía de la cocina, hasta este día que digo, que vine a traer un plato a la mesa; que como puso en mí los aleves ojos y me reconoció, aunque le debió de desvanecer su vista la S y clavo de mi rostro, tan perfectamente imitado el natural, que a nadie diera sospecha de ser fingidos. Y elevado entre el sí y el no, se olvidó de llevar el bocado a la boca, pensando qué sería lo que miraba, porque por una parte creyó ser la misma que era, y por otra no se podía persuadir que yo hubiese cometido tal delirio, como ignorante de las desdichas por su causa sucedidas en mi triste casa; pues a mí no me causó menos admiración otra novedad que vi, y fue que como le vi que me miraba tan suspenso, por no desengañarle tan presto, aparté de él los ojos y púselos en los criados que estaban sirviendo. En compañía de dos que había en casa, vi a Luis, el que servía en la mía. Admiréme, y vi que Luis estaba tan admirado de verme en tal hábito como don Manuel. Y como me tenía más fija en su memoria que don Manuel, a pesar de los fingidos hierros, me conoció. Al tiempo del volverme adentro, oí que don Manuel había preguntado a mis dueños si era la esclava que habían comprado.

—Sí —dijo mi señora—. Y es tan bonita y agradable,

que me da el mayor desconsuelo el ver que es mora; que diera doblado de lo que costó porque se hiciese cristiana, y casi me hace verter lágrimas ver en tan linda cara aquellos hierros, y doy mil maldiciones a quien tal puso.

A esto respondió Leonisa, que estaba presente:

—Ella misma dice se los puso por un pesar que tuvo de que por su hermosura le hubiesen hecho un engaño. Y ya me ha prometido a mí que será cristiana.

—Bien ha sido menester que los tenga —respondió don Manuel—, para no creer que es una hermosura que yo conozco en mi patria; mas puede ser que naturaleza hiciese esta mora en la misma estampa.

Como os he contado, entré cuidadosa de haber visto a Luis, y llamando un criado de los de casa, le pregunté qué mancebo era aquel que servía a la mesa con los demás.

—Es —me respondió— un criado que este mismo día recibió el señor don Manuel, porque el suyo mató un hombre, y está ausente.

—Yo le conozco —repliqué— de una casa donde yo estuve un tiempo, y cierto que me holgara hablarle, que me alegra ver acá gente de donde me he criado.

—Luego —dijo— entrará a comer con nosotros y podrás hablarle.

Acabóse la comida y entraron todos los criados dentro, y Luis con ellos. Sentáronse a la mesa, y cierto que yo no podía contener la risa, a pesar de mis penas, de ver a Luis, que mientras más me miraba, más se admiraba, y más oyéndome llamar Zelima, no porque no me había conocido, sino de ver al extremo de bajeza que me había puesto por tener amor. Pues como se acabó de comer, aparté a Luis, y díjele:

—¿Qué fortuna te ha traído, Luis, adonde yo estoy?

—La misma que a ti, señora mía; querer bien y ser mal

correspondido, y deseos de hallarte y vengarte en teniendo lugar y ocasión.

—Disimula, y no me llames sino Zelima, que esto importa a mis cosas, que ahora no es tiempo de más vengan-
zas que las que amor toma de mí; que yo he dicho que has
servido en una casa donde me crié, y que te conozco de
esta parte, y a tu amo no le digas que me has conocido ni
hablado, que más me fío de ti que de él.

—Con seguridad lo puedes hacer —dijo Luis—, que si
él te quisiera y estimara como yo, no estuvieras en el estado que estás, ni hubieras causado las desdichas sucedidas.

—Así lo creo —respondí—; mas dime, ¿cómo has venido aquí?

—Buscándote, y con determinación de quitar la vida a
quien ha sido parte para que tú hagas esto, y con esa intención entré a servirle.

—No trates de eso, que es perderme para siempre; que
aunque don Manuel es falso y traidor, está mi vida en la
suya; fuera de que yo trato de cobrar mi perdida opinión,
y con su muerte no se granjea sino la mía, que apenas
harías tú tal cuando yo misma me matase. —Esto le dije
porque no pusiese su intento en ejecución—. ¿Qué hay de
mi madre, Luis?

—¿Qué quieres que haya? —respondió, sino que pienso que es de diamante, pues no la han acabado las penas
que tiene. Cuando yo partí de Zaragoza, quedaba dispo-
niendo su partida para Murcia; lleva consigo el cuerpo de
tu padre y mi señor, por llevar más presentes sus dolores.

—Y por allá ¿qué se platica de mi desacierto? —dije
yo.

—Que te llevó don Manuel —respondió Luis—, porque
Claudia dijo lo que pasaba. Con que tu madre se consoló
algo en tu pérdida, pues le parece que con tu marido vas,
que no hay que tenerte lástima; no como ella, que le lleva

sin alma. Yo, como más interesado en haberte perdido, y como quien sabía más bien que no te llevaba don Manuel, antes iba huyendo de ti, no la quise acompañar, y así, he venido donde me ves, y con el intento que te he manifestado, el cual suspenderé hasta ver si hace lo que como caballero debe. Y de no hacerlo, me puedes perdonar: que aunque sepa perderme y perderte, vengaré tu agravio y el mío. Y cree que me tengo por bien afortunado en haberte hallado y en merecer que te fíes de mí y me hayas manifestado tu secreto antes que a él.

—Yo te lo agradezco —respondí—. Y por que no sientan mal de conversación tan larga, vete con Dios, que lugar habrá de vernos; y si hubieres menester algo, pídemelo, que aún no me lo ha quitado la fortuna todo, que ya tengo qué darte, aunque sea poco para lo que mereces y yo te debo.

Y con esto y darle un doblón de a cuatro, le despedí. Y cierto que nunca más bien me pareció Luis que en esta ocasión; lo uno, por tener de mi parte algún arrimo, y lo otro por verle con tan honrados y alentados intentos.

Algunos días tardaron las galeras en llegar al puerto, uno de los cuales, estando mi señora fuera con las doncellas, y sola yo en casa, acaso don Manuel, deseoso de satisfacerse de su sospecha, vino a mi casa a buscar a mi señor, o a mí, que es lo más cierto. Y como entró y vio, con una sequedad notable, me dijo:

—¿Qué disfraz es éste, doña Isabel? ¿O cómo las mujeres de tus obligaciones, y que han tenido deseos y pensamientos de ser mía, se ponen en semejantes bajezas? Siéndolo tanto, que si alguna intención tenía de que fueses mi esposa, ya la he perdido, por el mal nombre que has granjeado conmigo y con cuantos lo supieren.

—¡Ah traidor engañador y perdición mía! ¿Cómo no tienes vergüenza de tomar mi nombre entre tus labios, siendo la causa de esa bajeza con que me baldonas, cuando por tus traiciones y maldades estoy puesta en ella? Y no sólo eres causador de esto, mas de la muerte de mi honrado padre, que porque pagues a manos del Cielo tus traiciones, y no a las suyas, le quitó la vida con el dolor de mi pérdida. Zelima soy, no doña Isabel; esclava soy, que no señora; mora soy, pues tengo dentro de mí misma aposentado un moro renegado como tú, pues quien faltó a Dios la palabra que le dio de ser mío, ni es cristiano ni noble, sino un infame caballero. Estos hierros y los de mi afrenta tú me los has puesto, no sólo en el rostro, sino en la fama. Haz lo que te diere gusto, que si se te ha quitado la voluntad de hacerme tuya, Dios hay en el cielo y rey en la tierra, y si éstos no lo hicieren hay puñales, y tengo manos y valor para quitarte esa infame vida, para que deprendan en mí las mujeres nobles a castigar hombres falsos y desagradecidos. Y quítateme de delante, si no quieres que haga lo que digo.

Vióme tan colérica y apasionada, que, o porque no hiciese algún desacierto, o porque no estaba contento de los agravios y engaños que me había hecho, y le faltaban más que hacer, empezó a reportarme con caricias y halagos, que yo no quise por gran espacio admitir, prometiéndome remedio a todo. Queríale bien, y creíle. (Perdonadme estas licencias que tomo en decir esto, y creedme que más llevaba el pensamiento de restaurar mi honor que no el achaque de la liviandad). En fin, después de haber hecho las amistades, y dádole cuenta de lo que me había sucedido hasta aquel punto me dijo que pues ya estas cosas estaban en este estado, pasasen así hasta que llegásemos a Sicilia, que allá se tendría modo como mis deseos y los suyos tuviesen dichoso fin. Con esto nos apartamos, quedando yo contenta, mas no segura de sus engaños; mas para la primera vez no había negociado muy mal. Vinieron las galeras y embarcamos en ellas con mucho gusto mío, por ir don Manuel en compaña de mis dueños y en la misma galera que yo iba, donde le hablaba y veía a todas horas, con gran pena de Luis, que como no se le negaban mis dichas, andaba muy triste, con lo que confirmaba el pensamiento que tenía de que era don Felipe, mas no se lo daba a sentir, por no darle mayores atrevimientos.

Llegamos a Sicilia, y aposentámonos todos dentro de Palacio. En reconocer la tierra y tomarla cariño se pasaron algunos meses. Y cuando entendí que don Manuel diera orden de sacarme de esclava y cumplir lo prometido, volvió de nuevo a matarme con tibiezas y desaires; tanto que aun para mirarme le faltaba voluntad. Y era que había dado en andar distraído con mujeres y juegos, y lo cierto de todo, que no tenía amor; con que llegaron a ser mis ahogos y tormentos de tanto peso, que de día ni de noche se enjugaban mis tristes ojos, de manera que no fue posible encubrírselo a Leonisa, aquella doncella con quien profesaba tanta amistad, que sabidas debajo de secreto mis tragedias, y quién era, quedó fuera de sí.

Queríame tanto mi señora, que por dificultosa que era la merced que le pedía, me la otorgaba. Y así, por poder hablar a don Manuel sin estorbos y decirle mi sentimiento, le pedí una tarde licencia para que con Leonisa fuera a merendar a la marina,[80] y concedida, pedí a Luis dijera a su amo que unas damas le aguardaban a la marina; mas que no dijese que era yo, temiendo que no iría. Nos fuimos a ella, y tomamos un barco para que nos pasase a una isleta, que tres o cuatro millas dentro del mar se mostraba muy amena y deleitosa. En esto llegaron don Manuel y Luis, que, habiéndonos conocido, disimulando el enfado, solemnizó la burla. Entramos todos cuatro en el barco con

80. *La marina:* la orilla del mar (Aut.).

dos marineros que le gobernaban, y llegando a la isleta, salimos en tierra, aguardando en el mismo barquillo los marineros para volvernos cuando fuese hora (que en esto fueron más dichosos que los demás).

Sentámonos debájo de unos árboles, y estando hablando en la causa que allí me había llevado, yo dando quejas y don Manuel disculpas falsas y engañosas, como siempre, de la otra parte de la isleta había dado fondo en una quiebra o cala de ella una galeota de moros cosarios de Argel, y como desde lejos nos viesen, salieron en tierra el arráez[81] y otros moros, y viniendo encubiertos hasta donde estábamos, nos saltearon de modo que ni don Manuel ni Luis pudieron ponerse en defensa, ni nosotras huir; y así, nos llevaron cautivos a su galeota, haciéndose, luego que tuvieron presa, a la mar, que no se contentó la fortuna con haberme hecho esclava de mi amante, sino de moros, aunque en llevarle a él conmigo no me penaba tanto el cautiverio. Los marineros, viendo el suceso, remando a boga arrancada, como dicen, se escaparon, llevando la nueva de nuestro desdichado suceso.

Estos cosarios moros, como están diestros en tratar y hablar con cristianos, hablan y entienden medianamente nuestra lengua. Y así, me preguntó el arráez, como me vio herrada, quién era yo. Le dije que era mora y me llamaba Zelima; que me habían cautivado seis años había; que era de Fez, y que aquel caballero era hijo de mi señor, y el otro su criado, y aquella doncella lo era también de mi casa. Que los tratase bien y pusiese precio en el rescate; que apenas lo sabrían sus padres, cuando enviarían la estimación.[82] Y esto lo dije fiada en las joyas y dineros que traía conmigo. Todo lo dicho lo hablaba alto,

81. *arráez:* capitán de navío (Covar.).
82. *estimación:* tasación, precio (Covar.).

porque los demás lo oyesen y no me sacasen mentirosa.

Contento quedó el arráez, tanto con la presa por su interés, como por parecerle había hecho un gran servicio a su Mahoma en sacarme, siendo mora, de entre cristianos, y así lo dio a entender, haciéndome muchas caricias, y a los demás buen tratamiento, y así, fuimos a Argel y nos entregó a una hija suya hermosa y niña, llamada Zaida, que se holgó tanto conmigo, porque era mora, como don Manuel, porque se enamoró de él. Vistióme luego de estos vestidos que véis, y trató de que hombres diestros en quitar estos hierros me los quitasen; no porque ellas no usan tales señales, que antes lo tienen por gala, sino porque era S y clavo, que daba señal de lo que yo era; a lo que respondí que yo misma me los había puesto por mi gusto y que no los quería quitar.

Queríame Zaida ternísimamente, o por merecérselo yo con mi agrado, o por parecerle podría ser parte con mi dueño para que la quisiese. En fin, yo hacía y deshacía en su casa como propia mía, y por mi respeto trataban a don Manuel y a Luis y a Leonisa muy bien, dejándolos andar libres por la ciudad, habiéndoles dado permisión para tratar su rescate, habiendo avisado a don Manuel hiciese el precio de todos tres, que yo le daría joyas para ello, de lo cual mostró don Manuel quedar agradecido; sólo hallaba dificultad en sacarme a mí, porque, como aviara,[83] cierto es que no se podía tratar de rescate; aguardábamos a los redentores[84] para que se dispusiese todo.

En este tiempo me descubrió Zaida su amoroso cuidado, pidiéndome hablase a don Manuel, y que le dijese que si quería volverse moro, se casaría con él y le haría señor de grandes riquezas que tenía su padre, poniéndome con

---

83. *como aviara:* cuando preparara la partida.
84. *redentores:* los religiosos que iban a redimir a los cautivos (Covar.).

esto en nuevos cuidados y mayores desesperaciones, que me vi en puntos de quitarme la vida. Dábame lugar para hablar despacio a don Manuel, y aunque en muchos días no le dije nada de la pasión de la mora, temiendo su mudable condición, dándole a ella algunas fingidas respuestas, unas de disgusto y otras al contrario, hasta que ya la fuerza de los celos, más por pedírselos a mi ingrato que por decirle la voluntad de Zaida; porque el traidor, habiéndole parecido bien, con los ojos deshacía cuanto hacía. Después de reñirme mis sospechosas quimeras, me dijo que más acertado le parecía engañarla; que le dijese que él no había de dejar su ley, aunque le costase, no una vida que tenía, sino mil; mas si ella quería venirse con él a tierra de cristianos y ser cristiana, que la prometía casarse con ella. A esto añadió que yo la sazonase, diciéndole cuán bien se hallaría, y lo que más me gustase para atraerla a nuestro intento, que en saliendo de allí, estuviese segura que cumpliría con su obligación, ¡Ah, falso, y cómo me engañó en esto como en lo demás!

En fin, para no cansaros, Zaida vino en todo muy contenta, y más cuando supo que yo también me iría con ella. Y se concertó para de allí a dos meses la partida, que su padre había de ir a un lugar donde tenía hacienda y casa; que los moros en todas las tierras donde tienen trato tienen mujeres y hijos. Ya la venganza mía contra don Manuel debía de disponer el Cielo, y así facilitó los medios de ella; pues ido el moro, Zaida hizo una carta en que su padre la enviaba a llamar, porque había caído de una peligrosa enfermedad, para que el rey le diese licencia para su jornada, por cuanto los moros no pueden ir de un lugar a otro sin ella. Y alcanzada, hizo aderezar una galeota bien armada, de remeros cristianos, a quien se avisó con todo secreto el designio, y poniendo en ella todas las riquezas de plata, oro y vestidos que sin hacer rumor podía llevar,

y con ella, yo y Leonisa, y otras dos cristianas que la servían, que mora no quiso llevar ninguna, don Manuel y
Luis, caminamos por la mar la vía de Cartagena o Alicante, donde con menos riesgo se pudiese salir.

Aquí fueron mis tormentos mayores, aquí mis ansias sin
comparación; porque como allí no había impedimento
que lo estorbase, y Zaida iba segura que don Manuel había de ser su marido, no se negaba a ningún favor que
pudiese hacerle. Ya contemplaban mis tristes ojos a don
Manuel asido de las manos de Zaida, ya miraban a Zaida
colgada de su cuello, y aun beberse los alientos en vasos
de coral; porque como el traidor mudable la amaba, él se
buscaba las ocasiones. Y si no llegó a más, era por el cuidado con que yo andaba siendo estorbo de sus mayores
placeres. Bien conocía yo que no gustaban de que yo fuese tan cuidadosa; mas disimulaban su enfado. Y si tal vez
le decía al medio moro alguna palabra, me daba en los
ojos con que qué podía hacer, que bastaban los riesgos
que por mis temeridades y locuras había pasado, que no
era razón por ellas mismas nos viésemos en otros mayores; que tuviese sufrimiento hasta llegar a Zaragoza, que
todo tendría remedio.

Llegamos, en fin, con próspero viaje a Cartagena; tomada tierra, dada libertad a los cristianos, y con que pudiesen ir a su tierra, puesta la ropa a punto, tomamos el
camino para Zaragoza, si bien Zaida descontenta, que
quisiera en la primera tierra de cristianos bautizarse y casarse: tan enamorada estaba de su nuevo esposo. Y aun si
no lo hizo, fue por mí, que no porque no deseaba lo mismo. Llegamos a Zaragoza, siendo pasados seis años que
partimos de ella, y a su casa de don Manuel. Halló a su
madre muerta, y a doña Eufrasia viuda, que habiéndose
casado con el primo que esperaba de las Indias, dejándola
recién parida de un hijo, había muerto en la guerra de un

carabinazo. Fuimos bien recibidos de doña Eufrasia, con la admiración y gusto que se puede imaginar. Tres días descansamos, contando los unos a los otros los sucesos pasados, maravillada doña Eufrasia de ver la S y clavo en mi rostro, que por Zaida no le había quitado, a quien consolé con decirle eran fingidos, que era fuerza tenerlos hasta cierta ocasión.

Era tanta la priesa que Zaida daba que la bautizasen, que se quería casar, que me obligó una tarde, algo antes de anochecer, llamar a don Manuel, y en presencia de Zaida y de su hermana y la demás familia, sin que faltase Luis, que aquellos días andaba más cuidadoso, le dije estas razones:

—Ya, señor don Manuel, que ha querido el cielo, obligado de mis continuos lamentos, que nuestros trabajos y desdichas hayan tenido fin con tan próspero suceso como haberos traído libre de todos a vuestra casa, y Dios ha permitido que yo os acompañase en lo uno y lo otro, quizá para que, viendo por vuestros ojos con cuánta perseverancia y paciencia os he seguido en ellos, paguéis deudas tan grandes. Cesen ya engaños y cautelas y sepa Zaida y el mundo entero que lo que me debéis no se paga con menos cantidad que con vuestra persona, y que de estos hierros que están en mi rostro, cómo por vos sólo se los podéis quitar, y que llegue el día en que las desdichas y afrentas que he padecido tengan premio; fuerza es que ya mi ventura no se dilate, para que los que han sabido mis afrentas y desaciertos sepan mis logros y dichas. Muchas veces habéis prometido ser mío, pues no es razón que cuando otras os tienen por suyo, os tema yo ajeno y os llore extraño. Mi calidad ya sabéis que es mucha; mi hacienda no es corta; mi hermosura, la misma que vos buscastes y elegistes; mi amor no le ignoráis; mis finezas pasan a temeridades. Por ninguna parte perdéis, antes ganáis; que si hasta aquí con hierros fingidos he sido vuestra esclava, desde hoy sin ellos seré verdadera. Decid, os suplico, lo que queréis que se disponga, para que lo que os pido tenga el dichoso lauro que deseo, y no me tengáis más temerosa, pues ya de justicia merezco el premio que de tantas desdichas como he pasado os estoy pidiendo.

No me dejó decir más el traidor, que, sonriéndose, a modo de burla, dijo:

—¿Y quién os ha dicho, señora Isabel, que todo eso que decís no lo tenga muy conocido? Y tanto, que con lo mismo que habéis pensado obligarme, me tenéis tan desobligado, que si alguna voluntad os tenía, ya ni aun pensamiento de haberla habido en mí tengo. Vuestra calidad no la niego, vuestras finezas no las desconozco; mas si no hay voluntad, no sirve todo eso nada. Conocido pudiérades tener en mí, desde el día que me partí de esta ciudad, que pues os volví las espaldas, no os quería para esposa. Y si entonces aún se me hiciera dificultoso, ¿cuánto más será ahora, que sólo por seguirme como pudiera una mujer baja, os habéis puesto en tan civiles[85] empeños? Esta resolución con que ahora os hablo, días ha que la pudiérades tener conocida. Y en cuanto a la palabra que decís os he dado, como ésas damos los hombres para alcanzar lo que deseamos, y pudieran ya las mujeres tener conocida esta treta, y no dejarse engañar, pues las avisan tantas escarmentadas. Y, en fin, por esa parte me hallo menos obligado que por las demás; pues si la di alguna vez, fue sin voluntad de cumplirla, y sólo por moderar vuestra ira. Yo nunca os he engañado; que bien podíais haber conocido que el dilatarlo nunca ha sido falta de lugar, sino que no tengo ni he tenido tal pensamiento; que vos sola sois la que os habéis querido engañar, por andaros tras mí sin

85. *civiles:* ruines (Aut.).

dejarme. Y para que ya salgáis de esa duda y no me andéis persiguiendo, sino que viéndome imposible os aquietéis y perdáis la esperanza que en mí tenéis, y volviéndoos con vuestra madre, allá entre vuestros naturales busquéis marido que sea menos escrupuloso que yo, porque es imposible que yo me fiase de mujer que sabe hacer y buscar tantos disfraces. Zaida es hermosa, y riquezas no le faltan; amor tiene como vos, y yo se le tengo desde el punto que la vi. Y así, para en siendo cristiana, que será en previniéndose lo necesario para serlo, le doy la mano de esposo, y con esto acabaremos, vos de atormentarme y yo de padecerlo.

De la misma suerte que la víbora pisada me pusieron las infames palabras y aleves obras del ingrato don Manuel. Y queriendo responder a ellas, Luis, que desde el punto que él había empezado su plática se había mejorado de lugar y se puso al mismo lado de don Manuel, sacando la espada y diciendo:

—¡Oh falso y mal caballero! ¿y de esa suerte pagas las obligaciones y finezas que debes a un ángel?

Y viendo que a estas voces se levantaba don Manuel metiendo mano a la suya, le tiró una estocada tal, que, o fuese cogerle desapercibido, o que el Cielo por su mano le envió su merecido castigo y a mí la deseada venganza, que le pasó de parte a parte, con tal presteza, que al primer ¡ay! se le salió el alma, dejándome a mí casi sin ella, y en dos saltos se puso a la puerta, y diciendo:

—Ya, hermosa doña Isabel, te vengó don Felipe de los agravios que te hizo don Manuel. Quédate con Dios, que si escapo de este riesgo con la vida, yo te buscaré.

Y en un instante se puso en la calle. El alboroto, en un fracaso[86] como éste, fue tal, que es imposible contarle;

86. *fracaso:* suceso lastimoso (Aut.).

porque las criadas, unas acudieron a las ventanas dando voces y llamando gente, y otras a doña Eufrasia, que se había desmayado, de suerte que ninguna reparó en Zaida, que como siempre había tenido cautivas cristianas no sabía ni hablaba muy mal nuestra lengua. Y habiendo entendido todo el caso, y viendo a don Manuel muerto, se arrojó sobre él llorando, y con el dolor de haberle perdido, le quitó la daga que tenía en la cinta, y antes que nadie pudiese, con la turbación que todas tenían, prevenir su riesgo, se la escondió en el corazón, cayendo muerta sobre el infeliz mozo.

Yo, que como más cursada en desdichas, era la que tenía más valor, por una parte lastimada del suceso, y por otra satisfecha con la venganza, viéndolos a todos revueltos y que ya empezaba a venir gente, me entré en mi aposento, y tomando todas las joyas de Zaida que de más valor y menos embarazo eran, que estaban en mi poder, me salí a la calle, lo uno porque la justicia no asiese de mí para que dijese quién era don Felipe, y lo otro por ver si le hallaba, para que entrambos nos pusiésemos a salvo; mas no le hallé.

En fin, aunque había días que no pisaba las calles de Zaragoza, acerté la casa de Octavio, que me recibió con más admiración que cuando la primera vez fui a ella, y contándole mis sucesos, reposé allí aquella noche (si pudo tener reposo mujer por quien habían pasado y pasan tantas desventuras), y así, aseguro que no sé si estaba triste, si alegre; porque por una parte el lastimoso fin de don Manuel, como aún hasta entonces no había tenido tiempo de aborrecerle, me lastimaba el corazón; por otra, sus traiciones y malos tratos junto considerándole ya no mío, sino de Zaida, encendía en mí tal ira, que tenía su muerte y mi venganza por consuelo; luego, considerar el peligro de don Felipe, a quien tan obligada estaba por haber hecho lo que a mí me era fuerza hacer para volver por mi opinión perdida. Todo esto me tenía en mortales ahogos y desasosiegos.

Otro día salió Octavio a ver por la ciudad lo que pasaba, y supo cómo habían enterrado a don Manuel y a Zaida, al uno como a cristiano, y a ella como a mora desesperada, y cómo a mí y a don Felipe nos llamaba la Justicia a pregones, poniendo grandes penas a quien nos encubriese y ocultase. Y así, fue fuerza estarme escondida quince días, hasta que se sosegase el alboroto de un caso tan prodigioso. Al cabo, persuadí a Octavio fuese conmigo a Valencia, que allá, más seguros, le diría mi determinación. No le iba a Octavio tan mal con mis sucesos, pues siempre granjeaba de ellos con qué sustentarse, y, así, lo concedió. Y puesto por obra, tres o cuatro días estuve después de llegar a Valencia sin determinar lo que dispondría de mí. Unas veces me determinaba a entrarme en un convento hasta saber nuevas de don Felipe, a quien no podía negar la obligación que le tenía, y a costa de mis joyas sacarle libre del peligro que tenía por el delito cometido, y pagarle con mi persona y bienes, haciéndole mi esposo; mas de esto me apartaba el temer que quien una vez había sido desdichada, no sería jamás dichosa. Otras veces me resolvía en irme a Murcia con mi madre, y de esto me quitaba con imaginar cómo parecería ante ella, habiendo sido causa de la muerte de mi padre y de todas sus penas y trabajos.

Finalmente, me resolví a la determinación con que empecé mis fortunas, que era ser siempre esclava herrada, pues lo era en el alma. Y así, metiendo las joyas de modo que las pudiese siempre traer conmigo, y este vestido en un lío, que no pudiese parecer más de ser algún pobre arreo de una esclava, dándole a Octavio con que satisfice el trabajo que por mí tomaba, le hice me sacase a la plaza,

257

y a pública voz de pregonero me vendiese, sin reparar en que el precio que le diesen por mí fuese bajo o subido. Con grandes veras procuró Octavio apartarme de esta determinación, metiéndome por delante quién era, lo mal que me estaba y que si hasta entonces por reducir y seguir a don Manuel lo había hecho, ya para qué era seguir una vida tan vil. Mas viendo que no había reducirme, quizá por permisión del Cielo, que me quería traer a esta ocasión, me sacó a la plaza, y de los primeros que llegaron a comprarme fue el tío de mi señora Lisis, que aficionado, o por mejor decir, enamorado como pareció después, me compró, pagando por mí cien ducados. Y haciendo a Octavio merced de ellos, me despedí de él, y él se apartó de mí llorando, viendo cuán sin remedio era ya el verme en descanso, pues yo misma me buscaba los trabajos.

Llevóme mi señor a su casa y entregóme a mi señora doña Leonor; la cual poco contenta, por conocer a su marido travieso de mujeres, quizá temiendo de mí lo que le debía de haber sucedido con otras criadas, no me admitió con gusto. Mas después de algunos días que me trató, satisfecha de mi proceder honesto, admirando en mí la gravedad y estimación que mostraba, me cobró amor, y más cuando, viéndome perseguida de su marido, se lo avisé, pidiéndole pusiese remedio en ello, y el que más a propósito halló fue quitarme de sus ojos. Con esto ordenó enviarme a Madrid, y a poder de mi señora Lisis; que, dándome allá nuevas de su afable condición vine con grandísimo gusto a mejorar de dueño, que en esto bien le merezco ser creída, pues por el grande amor que la tengo, y haberme importunado algunas veces le dijese de qué nacían las lágrimas que en varias ocasiones me veía verter, y yo haberle prometido contarlo a su tiempo, como lo he hecho en esta ocasión; pues para contar un desengaño,

¿qué mayor que el que habéis oído en mi larga y lastimosa historia?

Ya, señores —prosiguió la hermosa doña Isabel—, pues he desengañado con mi engaño a muchas, no será razón que me dure toda la vida vivir engañada, fiándome en que tengo de vivir hasta que la fortuna vuelva su rueda en mi favor; pues ya no ha de resucitar don Manuel, ni cuando esto fuera posible, me fiara de él, ni de ningún hombre, pues a todos los contemplo en éste engañosos y taimados para con las mujeres. Y lo que más me admira es que ni el noble, ni el honrado, ni el de obligaciones, ni el que más se precia de cuerdo, hace más con ellas que los civiles y de humilde esfera; porque han tomado por oficio decir mal de ellas, desestimarlas y engañarlas, pareciéndoles que en esto no pierden nada. Y si lo miran bien, pierden mucho, porque mientras más flaco y débil es el sujeto de las mujeres, más apoyo y amparo habían de tener en el valor de los hombres. Mas en esto basta lo dicho, que yo, como ya no los he menester, porque no quiero haberlos menester, ni me importa que sean fingidos o verdaderos, porque tengo elegido Amante que no me olvidará, y Esposo que no me despreciará, pues le contemplo ya los brazos abiertos para recibirme. Y así, divina Lisis —esto dijo poniéndose de rodillas—, te suplico como esclava tuya me concedas la licencia para entregarme a mi divino Esposo, entrándome en religión en compañía de mi señora doña Estefanía, para que en estando allí, avise a mi triste madre, que en compañía de tal Esposo ya se holgará hallarme, y yo no tendré vergüenza de parecer en su presencia, y ya que le he dado triste mocedad, darle descansada vejez. En mis joyas me parece tendré para cumplir el dote y los demás gastos. Esto no es razón me lo neguéis, pues por un ingrato y desconocido amante he pasado tantas desdichas, y siempre con los hierros y nombre de su esclava, ¿cuánto mejor es serlo de Dios, y a Él ofrecerme con el mismo nombre de la Esclava de su Amante?

Aquí dio fin la hermosa doña Isabel con un ternísimo llanto, dejando a todos tiernos y lastimados; en particular Lisis, que, como acabó y la vio de rodillas ante sí, la echó los brazos al cuello, juntando su hermosa boca con la mejilla de doña Isabel, le dijo con mil hermosas lágrimas y tiernos sollozos:

—¡Ay señora mía!, ¿y cómo habéis permitido tenerme tanto tiempo engañada, teniendo por mi esclava a la que debía ser y es señora mía? Esta queja jamás la perderé, y os pido perdonéis los yerros que he cometido en mandaros como a esclava contra vuestro valor y calidad. La elección que habéis hecho, en fin, es hija de vuestro entendimiento, y así yo la tengo por muy justa, y excusado es pedirme licencia, pues vos la tenéis para mandarme como a vuestra. Y si las joyas que decís tenéis no bastaren, os podéis servir de las mías, y de cuanto yo valgo y tengo.

Besaba doña Isabel las manos a Lisis, mientras le decía esto. Y dando lugar a las damas y caballeros que la llegaban a abrazar y a ofrecérsele, se levantó, y después de haber recibido a todos y satisfecho a sus ofrecimientos con increíbles donaire y despejo, pidió arpa, y sentándose junto a los músicos, sosegados todos, cantó este romance:

> Dar celos quita el honor;
> la presunción, pedir celos;
> no tenerlos no es amor,
> y discreción es tenerlos.
>
> Quien por picar a su amante
> pierde a su honor el respeto
> y finge lo que no hace,
> o se determina a hacerlo,

ocasionando el castigo,
se pone a cualquiera riesgo;
que también supone culpa
la obra como el deseo.

Quien pide celos, no estima
las partes que le dio el Cielo,
y ensalzando las ajenas,
abate el merecimiento.

Está a peligro que elija
su mismo dueño por dueño,
lo que por reñir su agravio
sube a la esfera del fuego.

Quien tiene amor y no cela,
todos dicen, y lo entiendo,
que no estima lo que ama
y finge sus devaneos.

Celos y amor no son dos:
uno es causa; el otro, efecto.
Porque efecto y causa son
dos, pero sólo un sujeto.

Nacen celos del amor,
y el mismo amor son los celos,
y si es, como dicen, dios,
una en dos causas contemplo.

Quien vive tan descuidado
que no teme, será necio;
pues quien más estado alcanza,
más cerca está de perderlo.

Seguro salió Faetón[87]
rigiendo el carro febeo,[88]
confiado en su volar
por las regiones del cielo.

87. *Faetón:* hijo del Sol, Helios, pidió a su padre conducir su carro y lo hizo tan mal que casi incendia la Tierra, por lo que fue confinado en el río Erídano.
88. *febeo:* de Febo, Apolo.

Ícaro,[89] en alas de cera,
por las esferas subiendo,
y en su misma confianza,
Ícaro y Faetón murieron.

Celos y desconfianza,
que son una cosa es cierto;
porque el celar es temer;
el desconfiar, lo mesmo.

Luego quien celos tuviere
es fuerza que sea discreto,
porque cualquier confiado
está cerca de ser necio.

Con aquesto he desatado
la duda que se ha propuesto,
y responderé a cualquiera
que deseare saberlo.

De que en razón de celos,
es tan malo darlos
como tenerlos.

Pedirlos, libertad;
darlos, desprecio.
Y de los dos extremos,
malo es tenerlos; pero aqueste quiero,
porque mal puede amor serlo sin ellos.

89. *Ícaro:* hijo de Dédalo y una esclava de Minos. Dédalo e Ícaro consiguieron salir del laberinto de Minos gracias a unas alas fabricadas por ellos mismos. Ícaro no atendió los consejos de su padre y orgulloso de poder volar se acercó tanto al sol que se le derritió la cera que sujetaba sus alas y cayó al mar.

## Noche segunda

A la última hora de su jornada iba por las cristalinas esferas el rubicundo Apolo,[1] recogiendo sus flamígeros caballos por llegar ya con su carro cerca del occidente, para dar lugar a su mudable hermana a visitar la tierra, cuando los caballeros y damas que la pasada noche se habían hallado en casa de la bien entendida Lisis, honrando la fiesta de su honesto y entretenido sarao, estaban ya juntos en la misma sala. Y no era pequeño favor haber acudido tan temprano: porque desengañar y decir verdades está hoy tan mal aplaudido, por pagarse todos más de la lisonja bien vestida que de la verdad desnuda, que había bien qué agradecerles; mas eso tienen las novedades, que aunque no sean muy sabrosas, todos gustan de comerlas. Y por esta causa hubo esta noche más gente que la pasada; que unos a la fama de la hermosa esclava, que ya se había transformado en señora, y otros, por la hermosura de las damas convidadas, por gozar de la nove-

---

1. Referencia a la puesta del sol a través de la metáfora del dios Apolo, imagen tan manida que ya la había ridiculizado Cervantes en 1605 en el cap. 2 de la primera parte del Quijote.

dad, venían, aunque no sé si muy gustosos, por estar prevenidos de que las desengañadoras, armadas de comparaciones y casos portentosos, tenían publicada la guerra contra los hombres, si bien ellos viven tan exentos de leyes, que no las conocen si no son a sabor de su gusto. Tenían duda de que las segundas que habían de desengañar a las damas de los engaños en que viven igualasen a las primeras y deseaban ver cómo salían de su empeño; aunque tengo por cierto que, si bien estaban éstas, como las pasadas, determinadas a tratar con rigor las costumbres de los hombres, no era por aborrecerlos, sino por enmendarlos, para que, si les tocaba alguno, no llevasen el pago que llevan las demás. Y no me espanto, que suele haber engaños tan bien sazonados que, aunque se conoce que lo son, no empalagan, y aun creo que cuando más desengañan las mujeres, entonces se engañan más; demás que mis desengaños son para los que engañan y para las que se dejan engañar, pues aunque en general se dice por todos, no es para todos, pues las que no se engañan, no hay necesidad de desengañarlas, ni a los que no engañan no les tocará el documento ¿Quién ignora que habría esta noche algunos no muy bien intencionados? Y aun me parece que los oigo decir: ¿Quién las pone a estas mujeres en estos disparates? ¿Enmendar a los hombres? Lindo desacierto. Vamos ahora a estas bachillerías, que no faltará ocasión de venganza. Y como no era ésta fiesta en que se podía pagar un silbo a un mosquetero,[2] dejarían en casa doblado el papel y cortadas las plumas, para vengarse. Mas también imagino que a las desengañadoras no se les daba mucho, que diciendo verdades, no hay que temer,

---

2. *pagar un silbo a un mosquetero:* pagar a un espectador de a pie (mosquetero) para que silbara una comedia el día de su estreno en el corral de comedias (teatro).

pues pueden poner falta en lo hablado, tanto en verso como en prosa; mas en la misma verdad no puede haber falta, como lo dijo Cristo, nuestro Señor, cuando dijo: "Si verdad os digo..."

Que trabajos del entendimiento, el que sabe lo que es, le estimará, y el que no lo sabe, su ignorancia le disculpa, como sucedió en la primera parte de este sarao, que si unos le desestimaron, ciento le aplaudieron, y todos le buscaron y le buscan, y ha gozado de tres impresiones, dos naturales y una hurtada; que los bien intencionados son como el abeja, que de las flores silvestres y sin sabor ni olor hacen dulce miel; y los malos, como el escarabajo, que de las olorosas hace basura. Pues crean que, aunque las mujeres no son Homeros con basquiñas[3] y enaguas[4] y Virgilios con moño, por lo menos, tienen el alma y las potencias y los sentidos como los hombres. No quiero decir el entendimiento, que, aunque muchas pudieran competir en él con ellos, fáltales el arte de que ellos se valen en los estudios, y como lo que hacen no es más que una natural fuerza es que no salga tan acendrado.[5] Mas esta noche no les valió las malas intenciones, pues en lugar de vengarse, se rindieron, que aquí se vio la fuerza de la verdad.

Salieron las desengañadoras siguiendo a Lisis, que traía de la mano a doña Isabel, muy ricamente vestidas y aderezadas, y muy bien prendidas, y con tantas joyas, que parecía cada una un sol con muchos soles, y más doña Isabel, que habiendo renunciado el hábito morisco, pues ya no era necesario, su aderezo era costosísimo; tanto, que no se podía juzgar qué daba más resplandores: su hermoso rostro o sus ricas joyas, que esta noche hizo alar-

3. *basquiñas:* faldas con vuelo (Aut.).
4. *enaguas:* media combinación, de la cintura a los pies.
5. *acendrado:* puro, sin defecto (Aut.).

de de las que la pasada había dicho tenía reservadas para los gastos de su religión. Doña Isabel se pasó al lado de los músicos, y las demás, con Lisis, al estrado, y la discreta Laura, su madre, que era la primera que había de desengañar, al asiento del desengaño. Admirados quedaron todos de tanta hermosura y gallardía. Los que las habían visto la noche antes, juzgaron que en ésta se habían armado de nueva belleza, y los que no las habían visto, juzgando que el Cielo se había trasladado a la tierra, y todos los ángeles en aquella sala, pareciéndoles que con las deidades no se puede tener rencor, perdieron el enojo que traían, y decían:

—Aunque más mal digáis de nosotros, os lo perdonaremos, por el bien de haber visto tanta hermosura.

Pues sentadas las damas y sosegados todos, la hermosa doña Isabel cantó sola este romance, que se hizo estando ausente del excelentísimo señor conde de Lemos, que hoy vive y viva muchos años, de mi señora la condesa, su esposa:

> Los bellos ojos de Atandra,
> claros y hermosos luceros,
> cuyo resplandor da al sol
> las luces con que le vemos.
>
> De quien aprendió el amor
> a matar con rayos negros,
> quitando a las flechas de oro
> valor y merecimiento.
>
> Vertiendo sartas de perlas,
> que Manzanares risueño
> coge, para que sus ninfas
> adornen sus blancos cuellos,
>
> Al tiempo que el Alba hermosa
> deja de Titon[6] el lecho,
> la vi yo, y la vio el amor,
> por la ausencia de Fileno.

6. *Titón:* hijo del rey troyano Laomedonte fue amante de Eos, la aurora.

Aquel galán mayoral,
hijo de aquel sol, que, siendo
sol de este presente siglo,
se pasó a ser sol del cielo.

Dejando púrpura y oro
por el paño tosco y negro
del patriarca Benito,[7]
cuyos pasos va siguiendo.[8]

Tras aquellos resplandores,
se fue su amante discreto,
que, a los rayos de tal sol,
serán los suyos eternos.

Mirando al aurora, dice
la aurora de nuestro pueblo:
"No goces, Alba, tu esposo,
cuando sin mi esposo quedo.

Llore la tórtola, triste,
la pérdida de su dueño,
pues yo, sin mi dueño amado,
ausente y sola padezco.

¿Adónde vas sin tu Atandra?
¿Cómo te cansó tan presto?
Eres hombre, no me espanto;
mas no eres hombre, que miento.

Si eres deidad, necia soy
cuando de un ángel me quejo;
no me castigues, Amor,
pues ya ves que me arrepiento.

Vuelve, Fileno, a mis brazos,
mira las penas que tengo;
deja al sol, que tú eres sol
en su claro firmamento.

7. *Benito:* S. Benito de Nursia, fundador de los benedictinos.
8. Se refiere a la entrada en la orden benedictina del VIII conde de Lemos, Francisco Ruiz de Castro.

Si como luna recibo,
de tu esplendor, rayos bellos,
o vuelve a darme tu luz,
o tu luz iré siguiendo."

Dijo, y corriendo el aurora
la cortina al claro Febo,[9]
porque entraron sus zagales,
puso a sus quejas silencio.

Las ninfas de Manzanares,
que escuchándola estuvieron,
al son de acordadas liras
la cantaron estos versos:

"Enjugad, Atandra,
vuestros soles negros,
que señala tristeza,
si llora el cielo.

Sol es vuestro amante,
ya venir le vemos,
pues vos sois su oriente,
al oriente vuestro.

Si de esa belleza
el divino extremo
le cautivó el alma,
y aprisionó el cuerpo.

No juzguéis su amor
tan corto y pequeño
que no alargue el paso,
acortando el tiempo.

No deis a esos soles
tantos desconsuelos,
que señala tristeza,
si llora el cielo."

9. *Febo:* Apolo, el Sol.

Con graves y dulces dejos se acabó la música, admirando los que no habían visto a la linda doña Isabel la hermosura y el donaire, dejándoles tan enamorados como suspensos, no sabiendo qué lugar le podían dar sino el de décima musa.[10] Y si habían entrado con ánimo de murmurar y censurar este sarao, por atreverse en él las damas a ser contra los hombres, se les olvidó lo dañado de la intención con la dulce armonía de su voz y la hermosa vista de su belleza, perdonando, por haberla visto, cualquiera ofensa que recibiesen de las demás en sus desengaños. Y viendo Laura la suspensión de todos, dio principio de esta suerte:

—Viví tan dulcemente engañada, el tiempo que fui amada y amé, de que me pudiese dar la amable condición de mi esposo causa para saber y especificar ahora desengaños; que no sé si acertaré a darlos a nadie; mas lo que por ciencia alcanzo, que de experiencia estoy muy ajena, me parece que hoy hay de todo, engañadas y engañados, y pocos o ningunos que acierten a desengañarse. Y así, las mujeres se quejan de sus engaños, y los hombres de los suyos. Y esto es porque no quieren dejar de estarlo; porque paladea tanto el gusto esto de amar y ser amados que, aunque los desengaños se vean a los ojos, se dan por desentendidos y hacen que no los conocen, si bien es verdad que los que más se cobran en ellos son los hombres, que como el ser mudables no es duelo, se dejan llevar tanto de esta falta, que dan motivo a las mujeres para que se quejen y aun para que se venguen, sino que han elegido una venganza civil, y que fuera tanto mejor vengarse en las vidas que no en las honras, como de quedar ellas con nombre de valerosas, y ellos con el castigo de su mudable

10. *décima musa:* calificativo que se da a algunas mujeres escritoras equiparándolas a las nueve musas.

condición merece; porque no puedo imaginar sino que el demonio las ha propuesto este modo de venganza de que usan las que lo usan. Porque, bárbara, si tu amante o marido te agravia, ¿no ves que en hacer tú lo mismo te agravias a ti misma, y das motivo para que si es marido te quite la vida, y si es amante diga mal de ti? No seas liviana, y si lo fuiste, mata a quien te hizo serlo, y no mates tu honra. De esto me parece que nace el tener los hombres motivo para decir mal de las mujeres; de más que, como ya los hombres se precian de mudables, fuerza es que, para seguir su condición, busquen las comunes, y creo que lo hacen de propósito por hallar ocasión para dejarlas, pues claro está que las hallarán a cada paso, porque no quieren seguir otro ejercicio, y les sabe mejor pasear que no hilar. ¿Quién duda que a cada paso les darán ocasión para que varíen? Y así, por esta parte, a todos los culpo y a todos los disculpo. Por lo que no tienen los hombres disculpa es por el hablar licenciosamente de ellas, pues les basta su delito, sin que ellos se le saquen a plaza y lo peor es que se descuidan y las llevan a todas por un camino, sin mirar cuánto se desdoran a sí mismos, pues hallaremos pocos que no tengan mujer o parienta o conocida a quien guardar decoro.

Ni de lo malo se puede decir bien, ni de lo bueno mal; mas la cortesía hará más que todo, diciendo bien de todas; a unas, porque son buenas, y a otras, por no ser descorteses. ¿Quién duda, señores caballeros, que hay mujeres muy virtuosas, muy encerradas, muy honestas? Diréisme: ¿Adónde están? Y diréis bien, porque como no las buscáis, no las halláis, ni ellas se dejan buscar, ni hallar, y hablan de las que tratan y dicen cómo les va con ellas. Y así, en lugar de desengañar, quisiera aconsejar y pedirles que, aunque sean malas, no las ultrajen, y podrá ser que así las hagan buenas.

Y en verdad, hermosas damas, que fuera cosa bien parecida que no hubiera hombres muy nobles, muy sabios, muy cuerdos y muy virtuosos. Cierto es que los hay, y que no todos tratan engaños, ni hablan desenfrenadamente contra las mujeres, y los que lo hacen digo que no le está a un hombre tan mal obrar mal como hablar mal; que hay cosas que son mejores para hechas que para dichas. De suerte que, honrando y alabando a las damas, restauran la opinión perdida, pues tanto cuesta lo uno como lo otro, y lo demás es bajeza, y las damas sean cuerdas y recogidas, que con esto no habrán menester desengaños, que quien no se engaña, no tiene necesidad de desengañarse. Los ríos, los prados, las comedias no son para cada día, que se rompen muchos mantos y vale cara la seda; véndanse a deseo,[11] y verán cómo ellas mismas hacen buenos a los hombres. En cuanto a la crueldad, no hay duda de que está asentada en el corazón del hombre, y esto nace de la dureza de él, y pues ya este sarao se empezó con dictamen de probar esto y avisar a las mujeres para que teman y escarmienten, pues conocen que todo cae sobre ellas, como se verá en el desengaño que ahora diré.

---

11. *véndanse a deseo:* permítase con dificultad su trato (Aut.).

La inocencia castigada

## La inocencia castigada

En una ciudad cerca de la gran Sevilla, que no quiero nombrarla, porque aún viven hoy deudos muy cercanos de don Francisco, caballero principal y rico, casado con una dama su igual hasta en la condición. Este tenía una hermana de las hermosas mujeres que en toda la Andalucía se hallaba, cuya edad aún no llegaba a diez y ocho años. Pidiósela por mujer un caballero de la misma ciudad, no inferior a su calidad, ni menos rico, antes entiendo que la aventajaba en todo. Parecióle, como era razón, a don Francisco que aquella dicha sólo venía del cielo, y muy contento con ella, lo comunicó con su mujer y con doña Inés, su hermana, que como no tenía más voluntad que la suya, y en cuanto a la obediencia y amor reverencial le tuviese en lugar de padre, aceptó el casamiento, quizá no tanto por él, cuanto por salir de la rigurosa condición de su cuñada, que era de lo cruel que imaginarse puede. De manera que antes de dos meses se halló, por salir de un cautiverio, puesta en otro martirio; si bien, con la dulzura de las caricias de su esposo, que hasta en eso, a los principios, no hay quien se la gane a los hombres; antes se dan tan buena maña, que tengo para mí que las gastan todas al primer año, y después, como se hallan fallidos del caudal del agasajo, hacen morir a puras necesidades de él a sus esposas, y quizá, y sin quizá, es lo cierto ser esto la causa por donde ellas, aborrecidas, se empeñan en bajezas, con que ellos pierden el honor y ellas la vida.

¿Qué espera un marido, ni un padre, ni un hermano, y hablando más comúnmente, un galán, de una dama, si se ve aborrecida, y falta de lo que ha menester, y tras eso, poco agasajada y estimada, sino una desdicha? ¡Oh, válgame Dios, y qué confiados son hoy los hombres, pues no temen que lo que una mujer desesperada hará, no lo hará el demonio! Piensan que por velarlas y celarlas se libran y las apartan de travesuras, y se engañan. Quiéranlas, acarícienlas y denlas lo que les falta, y no las guarden ni celen, que ellas se guardarán y celarán, cuando no sea de virtud, de obligación. ¡Y válgame otra vez Dios, y qué moneda tan falsa es ya la voluntad, que no pasa ni vale sino el primer día, y luego no hay quien sepa su valor!

No le sucedió por esta parte a doña Inés la desdicha, porque su esposo hacía la estimación de ella que merecía su valor y hermosura; por ésta le vino la desgracia, porque siempre la belleza anda en pasos de ella.[12] Gozaba la bella dama una vida gustosa y descansada, como quien entró en tan florida hacienda con un marido de lindo talle y mejor condición, si le durara; mas cuando sigue a uno una adversa suerte, por más que haga no podrá librarse de ella. Y fue que, siendo doncella, jamás fue vista, por la terrible condición de su hermano y cuñada; mas ya casada, o ya acompañada de su esposo, o ya con las parientas y amigas, salía a las holguras, visitas y fiestas de la ciudad. Fue vista de todos, unos alabando su hermosura y la dicha de su marido en merecerla, y otros envidiándola y sintiendo

12. *de ella:* de la desgracia.

XVIᵉ SIÈCLE

Dama de la alta nobleza.

Vista parcial de una vista general de Sevilla en el Siglo XVII.

no haberla escogido para sí, y otros amándola ilícita y deshonestamente, pareciéndoles que con sus dineros y galanterías la granjearían para gozarla.

Uno de éstos fue don Diego, caballero mozo, rico y libre, que, a costa de su gruesa hacienda, no sólo había granjeado el nombre y lugar de caballero, mas que no se le iban por alto ni por remontadas[13] las más hermosas garzas[14] de la ciudad. Éste, de ver la peligrosa ocasión, se admiró, y de admirarse, se enamoró, y debió, por lo presente, de ser de veras, que hay hombres que se enamoran de burlas, pues con tan loca desesperación mostraba y daba a entender su amor en la continua asistencia en su calle, en las iglesias, y en todas las partes que podía seguirla. Amaba, en fin, sin juicio, pues no atendía a la pérdida que podía resultar al honor de doña Inés con tan públicos galanteos. No reparaba la inocente dama en ellos: lo uno, por parecerle que con su honestidad podía vencer cualesquiera deseos lascivos de cuantos la veían; y lo otro, porque en su calle vivían sujetos,[15] no sólo hermosos, mas hermosísimos, a quien imaginaba dirigía don Diego su asistencia. Sólo amaba a su marido, y con este descuido, ni se escondía, si estaba en el balcón, ni dejaba de asistir a las músicas y demás finezas de don Diego, pareciéndole iban dirigidos a una de dos damas, que vivían más abajo de su casa, doncellas y hermosas, mas con libertad.

Don Diego cantaba y tenía otras habilidades, que ocasiona la ociosidad de los mozos ricos y sin padres que los sujeten; y las veces que se ofrecía, daba muestras de ellas en la calle de doña Inés. Y ella y sus criadas, y su mismo

13. *remontadas:* "ahuyentar o espantar alguna cosa. Dícese propiamente de la caza" (Aut.).
14. *garzas:* mujeres, uso metafórico.
15. *sujetos:* personas, en este caso, mujeres.

marido, salían a oírlas, como he dicho, creyendo se dirigían a diferente sujeto, que, a imaginar otra cosa, de creer es que pusiera estorbo al dejarse ver. En fin, con esta buena fe pasaban todos haciendo gala del bobeamiento de don Diego, que, cauto, cuando su esposo de doña Inés o sus criados le veían, daba a entender lo mismo que ellos pensaban, y con este cuidado descuidado, cantó una noche, sentado a la puerta de las dichas damas, este romance:

> Como la madre a quien falta
> el tierno y amado hijo,
> así estoy cuando no os veo,
> dulcísimo dueño mío.
>
> Los ojos, en vuestra ausencia,
> son dos caudalosos ríos,
> y el pensamiento, sin vos,
> un confuso laberinto.
>
> ¿Adónde estáis, que no os veo,
> prendas que en el alma estimo?
> ¿Qué oriente goza esos rayos,
> o qué venturosos indios?
>
> Si en los brazos del Aurora
> está el Sol alegre y rico,
> decid: siendo vos aurora,
> ¿cómo no estáis en los míos?
>
> Salís, y os ponéis sin mí,
> ocaso triste me pinto,
> triste Noruega parezco,
> tormento en que muero y vivo.
>
> Amaros no es culpa, no;
> adoraros no es delito;
> si el amor dora los yerros,
> ¡qué dorados son los míos!

No viva yo, si ha llegado
a los amorosos quicios
de las puertas de mi alma
pesar de haberos querido.

Ahora que no me oís,
habla mi amor atrevido,
y cuando os veo, enmudezco.
sin poder mi amor deciros.

Quisiera que vuestros ojos
conocieran de los míos
lo que no dice la lengua,
que está, para hablar, sin bríos.

Y luego que os escondéis,
atormento los sentidos,
por haber callado tanto,
diciendo lo que os estimo.

Mas porque no lo ignoréis,
siempre vuestro me eternizo;
siglos durará mi amor,
pues para vuestro he nacido.

Alabó doña Inés, y su esposo, el romance, porque como no entendía que era ella la causa de las bien cantadas y lloradas penas de don Diego, no se sentía agraviada; que, a imaginarlo, es de creer que no lo consintiera. Pues viéndose el mal correspondido caballero cada día peor y que no daba un paso adelante en su pretensión, andaba confuso y triste, no sabiendo cómo descubrirse a la dama, temiendo de su indignación alguna áspera y cruel respuesta. Pues, andando, como digo, una mujer que vivía en la misma calle, en un aposento[16] enfrente de la casa de la dama, algo más abajo, notó el cuidado de don Diego con

---

16. *aposento:* posada, hospedaje (Aut.).

más sentimiento que doña Inés, y luego conoció el juego, y un día que le vio pasar, le llamó y, con cariñosas razones, le procuró sacar la causa de sus desvelos.

Al principio negó don Diego su amor, por no fiarse de la mujer; mas ella, como astuta, y que no debía de ser la primera que había hecho, le dijo que no se lo negase, que ella conocía medianamente su pena, y que si alguna en el mundo le podía dar remedio, era ella, porque su señora doña Inés la hacía mucha merced, dándole entrada en su casa y comunicando con ella sus más escondidos secretos, porque la conocía desde antes de casarse, estando en casa de su hermano. Finalmente, ella lo pintó tan bien y con tan finas colores, que don Diego casi pensó si era echada por parte[17] de la dama, por haber notado su cuidado[18]. Y con este loco pensamiento, a pocas vueltas que este astuto verdugo le dio, confesó de plano toda su voluntad, pidiéndola diese a entender a la dama su amor, ofreciéndole, si se veía admitido, grande interés. Y para engolosinarla más, quitándose una cadena[19] que traía puesta, se la dio. Era rico y deseaba alcanzar, y así, no reparaba en nada. Ella la recibió, y le dijo descuidase, y que anduviese por allí, que ella le avisaría en teniendo negociado; que no quería que nadie le viese hablar con ella, porque no cayesen en alguna malicia. Pues ido don Diego, muy contenta la mala mujer, se fue en casa de unas mujeres de oscura vida que ella conocía, y escogiendo entre ellas una, la más hermosa, y que así en el cuerpo y garbo pareciese a doña Inés, y llevóla a su casa, comunicando con ella el engaño que quería hacer, y escondiéndola donde de nadie fuese vista, pasó en casa de doña Inés, diciendo a las criadas

17. *echada por parte:* enviada por (Aut.).
18. *su cuidado:* el de Don Diego.
19. En esta novela toma como modelo a *La Celestina* como en *El castigo de la miseria* seguía al *Buscón* de Quevedo.

dijesen a su señora que una vecina de enfrente la quería hablar, que, sabido por doña Inés, la mandó entrar. Y ella, con la arenga y labia necesaria, de que la mujercilla no carecía, después de haberle besado la mano, le suplicó le hiciese merced de prestarle por dos días aquel vestido que traía puesto, y que se quedase en prenda de él aquella cadena, que era la misma que le había dado don Diego, porque casaba una sobrina. No anduvo muy descaminada en pedir aquel que traía puesto, porque, como era el que doña Inés ordinariamente traía, que era de damasco pardo, pudiese don Diego dejarse llevar de su engaño. Doña Inés era afable, y como la conoció por vecina de la calle, le respondió que aquel vestido estaba ya ajado de traerle continuo, que otro mejor le daría.

—No, mi señora —dijo la engañosa mujer—; éste basta, que no quiero que sea demasiadamente costoso, que parecerá (lo que es) que no es suyo, y los pobres también tenemos reputación. Y quiero yo que los que se hallaren a la boda piensen que es suyo, y no prestado.

Rióse doña Inés, alabando el pensamiento de la mujer, y mandando traer otro, se le puso, desnudándose aquél y dándoselo a la dicha, que le tomó contentísima, dejando en prendas la cadena, que doña Inés tomó, por quedar segura, pues apenas conocía a la que le llevaba, que fue con él más contenta que si llevara un tesoro. Con esto aguardó a que viniese don Diego, que no fue nada descuidado, y ella, con alegre rostro, le recibió diciendo:

—Esto sí que es saber negociar, caballerito bobillo. Si no fuera por mí, toda la vida te pudieras andar tragando saliva sin remedio. Ya hablé a tu dama, y la dejo más blanda que una madeja de seda floja. Y para que veas lo que me debes y en la obligación que me estás, esta noche, a la oración, aguarda a la puerta de tu casa, que ella y yo te iremos a hacer una visita, porque es cuando su marido se va a jugar a una casa de conversación,[20] donde está hasta las diez; mas dice que, por el decoro de una mujer de su calidad y casada, no quiere ser vista; que no haya criados, ni luz, sino muy apartada, o que no la haya; mas yo, que soy muy apretada de corazón, me moriré si estoy a oscuras, y así podrás apercibir un farolillo que dé luz, y esté sin ella[21] la parte adonde hubieres de hablarla.

Todo esto hacía, porque pudiese don Diego reconocer el vestido, y no el rostro, y se engañase. Mas volvíase loco el enamorado mozo, abrazaba a la falsa y cautelosa tercera, ofreciéndola de nuevo suma[22] de interés, dándole cuanto consigo traía. En fin, él se fue a aguardar su dicha, y ella, él ido, vistió a la moza que tenía apercibida el vestido de la desdichada doña Inés, tocándola y aderezándola al modo que la dama andaba. Y púsola de modo que, mirada algo a lo oscuro, parecía la misma doña Inés, muy contenta de haberle salido tan bien la invención, que ella misma, con saber la verdad, se engañaba.

Poco antes de anochecer, se fueron en casa de don Diego, que las estaba aguardando a la puerta, haciéndosele los instantes siglos; que, viéndola y reconociendo el vestido, por habérsele visto ordinariamente a doña Inés, como en el talle le parecía y venía tapada, y era ya cuando cerraba la noche, la tuvo por ella. Y loco de contento, las recibió y entró en un cuarto bajo, donde no había más luz que la de un farol que estaba en el antesala, y a ésta y a una alcoba que en ella había, no se comunicaba más que el resplandor que entraba por la puerta. Quedóse la vil tercera en la sala de afuera, y don Diego, tomando por la

20. *casa de conversación:* especie de casino o club privado (Aut.).
21. *sin ella:* sin luz.
22. *suma:* cantidad (Aut.).

mano a su fingida doña Inés, se fueron a sentar sobre una cama de damasco que estaba en el alcoba. Gran rato se pasó en engrandecer don Diego la dicha de haber merecido tal favor, y la fingida doña Inés, bien instruida en lo que había de hacer, en responderle a propósito, encareciéndole el haber venido y vencido los inconvenientes de su honor, marido y casa, con otras cosas que más a gusto les estaba, donde don Diego, bien ciego en su engaño, llegó al colmo de los favores, que tantos desvelos le habían costado el desearlos y alcanzarlos, quedando muy más enamorado de su doña Inés que antes.

Entendida era la que hacía el papel de doña Inés, y representábale tan al propio, que en don Diego puso mayores obligaciones; y así, cargándola de joyas de valor, y a la tercera de dinero, viendo ser la hora conveniente para llevar adelante su invención, se despidieron, rogando el galán a su amada señora que le viese presto, y ella prometiéndole que, sin salir de casa, la aguardase cada noche desde la hora que había dicho hasta las diez, que si hubiese lugar, no le perdería. Él se quedó gozosísimo, y ellas se fueron a su casa, contentas y aprovechadas a costa de la opinión de la inocente y descuidada doña Inés. De esta suerte le visitaron algunas veces en quince días que tuvieron el vestido; que, con cuanto supieron, o fuese que Dios porque se descubriese un caso como éste, o que temor de que don Diego no reconociese con el tiempo que no era la verdadera doña Inés la que gozaba, no se previnieron de hacer otro vestido como con el que les servía de disfraz; y viendo era tiempo de volverle a su dueño, la última noche que se vieron con don Diego le dieron a entender que su marido había dado en recogerse temprano, y que era fuerza por algunos días recatarse, porque les parecía que andaba algo cuidadoso, y que era fuerza asegurarle, que, en habiendo ocasión de verle, no la perderían; se despidieron, quedando don Diego tan triste como alegre cuando la primera vez las vio. Con esto, se volvió el vestido a doña Inés, y la fingida y la tercera partieron la ganancia, muy contentas con la burla.

Don Diego, muy triste, paseaba la calle de doña Inés, y muchas veces que la veía, aunque notaba el descuido de la dama, juzgábalo a recato, y sufría su pasión sin atreverse a más que a mirarla; otras hablaba con la tercera qué había sido de su gloria, y ella unas veces le decía que no tenía lugar, por andar su marido cuidadoso; otras, que ella buscaría ocasión para verle. Hasta que un día, viéndose *importunada* de don Diego, y que le pedía llevase a doña Inés un papel, le dijo que no se cansase, porque la dama, o era miedo de su esposo, o que se había arrepentido, porque cuando la veía, no consentía que la hablase en esas cosas, y aun llegaba a más, que le negaba la entrada en su casa, mandando a las criadas no la dejasen entrar. En esto se ve cuán mal la mentira se puede disfrazar en traje de verdad, y si lo hace, es por poco tiempo.

Quedó el triste don Diego con esto tal, que fue milagro no perder el juicio; y en mitad de sus penas, por ver si podía hallar alivio en ellas, se determinó en hablar a doña Inés y saber de ella misma la causa de tal desamor y tan repentino. Y así, no faltaba de día ni de noche de la calle, hasta hallar ocasión de hacerlo. Pues un día que la vio ir a misa sin su esposo (novedad grande, porque siempre la acompañaba), la siguió hasta la iglesia, y arrodillándose junto a ella lo más paso que pudo, si bien con grande turbación, le dijo:

—¿Es posible, señora mía, que vuestro amor fuese tan corto, y mis méritos tan pequeños, que apenas nació cuando murió? ¿Cómo es posible que mi agasajo fuese de tan poco valor, y vuestra voluntad tan mudable, que siquiera bien hallada con mis cariños, no hubiera echado algunas raíces para siquiera tener en la memoria cuantas veces os nombrastes mía, y yo me ofrecí por esclavo vuestro? Si las mujeres de calidad dan mal pago, ¿qué se puede esperar de las comunes? Si acaso este desdén nace de haber andado corto en serviros y regalaros, vos habéis tenido la culpa, que quien os rindió lo poco os hubiera hecho dueño de lo mucho, si no os hubiérades retirado tan cruel, que aun cuando os miro, no os dignáis favorecerme con vuestros hermosos ojos, como si cuando os tuve en mis brazos no jurasteis mil veces por ellos que no me habíades de olvidar.

Miróle doña Inés admirada de lo que decía, y dijo:

—¿Qué decís, señor? ¿Deliráis, o tenéisme por otra? ¿Cuándo estuve en vuestros brazos, ni juré de no olvidaros, ni recibí agasajos, ni me hicisteis cariños? Porque mal puedo olvidar lo que jamás me he acordado, ni cómo puedo amar ni aborrecer lo que nunca amé.

—Pues ¿cómo —replicó don Diego, aún queréis negar que no me habéis visto ni hablado? Decid que estáis arrepentida de haber ido a mi casa, y no lo neguéis, porque no lo podrá negar el vestido que traéis puesto, pues fue el mismo que llevasteis, ni lo negará fulana, vecina de enfrente de vuestra casa, que fue con vos.

Cuerda y discreta era doña Inés, y oyendo del vestido y mujer, aunque turbada y medio muerta de un caso tan grave, cayó en lo que podía ser, y volviendo a don Diego, le dijo:

—¿Cuánto habrá eso que decís?

—Poco más de un mes —replicó él.

Con lo cual doña Inés acabó de todo punto de creer que el tiempo que el vestido estuvo prestado a la misma mujer le habían hecho algún engaño. Y por averiguarlo mejor, dijo:

—Ahora, señor, no es tiempo de hablar más en esto.

Mi marido ha de partir mañana a Sevilla a la cobranza de unos pesos[23] que le han venido de Indias; de manera que a la tarde estad en mi calle, que yo os haré llamar, y hablaremos largo sobre esto que me habéis dicho. Y no digáis nada de esto a esa mujer, que importa encubrirlo de ella.

Con esto don Diego se fue muy gustoso por haber negociado tan bien, cuanto doña Inés quedó triste y confusa. Finalmente, su marido se fue otro día, como ella dijo, y luego doña Inés envió a llamar al Corregidor. Y venido, le puso en parte donde pudiese oír lo que pasaba, diciéndole convenía a su honor que fuese testigo y juez de un caso de mucha gravedad. Y llamando a don Diego, que no se había descuidado, y le dijo estas razones:

—Cierto, señor don Diego, que me dejasteis ayer puesta en tanta confusión, que si no hubiera permitido Dios la ausencia de mi esposo en esta ocasión, que con ella he de averiguar la verdad y sacaros del engaño y error en que estáis, que pienso que hubiera perdido el juicio, o yo misma me hubiera quitado la vida. Y así, os suplico me digáis muy por entero y despacio lo que ayer me dijisteis de paso en la iglesia.

Admirado don Diego de sus razones, le contó cuanto con aquella mujer le había pasado, las veces que había estado en su casa, las palabras que le había dicho, las joyas que le había dado. A que doña Inés, admirada, satisfizo y contó cómo este tiempo había estado el vestido en poder de esa mujer, y cómo le había dejado en prenda una cadena, atestiguando con sus criadas la verdad, y cómo ella no había faltado de su casa, ni su marido iba a ninguna casa de conversación, antes se recogía con el día. Y que ni conocía tal mujer, sino sólo de verla a la puerta

---

23. *pesos:* "moneda castellana de plata del peso de una onza" (Covar.).

de su casa, ni la había hablado, ni entrado en ella en su vida. Con lo cual don Diego quedó embelesado, como los que han visto visiones, y corrido de la burla que se había hecho de él, y aún más enamorado de doña Inés que antes.

A esto salió el Corregidor, y juntos fueron en casa de la desdichada tercera, que al punto confesó la verdad de todo, entregando algunas de las joyas que le habían tocado de la partición y la cadena, que se volvió a don Diego, granjeando de la burla doscientos azotes por infamadora de mujeres principales y honradas, y más desterrada por seis años de la ciudad, no declarándose más el caso por la opinión de doña Inés, con que la dama quedó satisfecha en parte, y don Diego más perdido que antes, volviendo de nuevo a sus pretensiones, paseos y músicas, y esto con más confianza, pareciéndole que ya había menos que hacer, supuesto que la dama sabía su amor, no desesperando de la conquista, pues tenía caminado lo más. Y lo que más le debió de animar fue no creer que no había sido doña Inés la que había gozado, pues aunque se averiguó la verdad con tan fieles testigos, y que la misma tercera la confesó, con todo debió de entender había sido fraude, y que, arrepentida doña Inés, lo había negado, y la mujer, de miedo, se había sujetado a la pena.

Con este pensamiento la galanteaba más atrevido, siguiéndola si salía fuera, hablándola si hallaba ocasión. Con lo que doña Inés, aborrecida, ni salía ni aun a misa, ni se dejaba ver del atrevido mozo, que, con la ausencia de su marido, se tomaba más licencias que eran menester; de suerte que la perseguida señora aun la puerta no consentía que se abriese, porque no llegase su descomedimiento a entrarse en su casa. Mas, ya desesperada y resuelta a vengarse por este soneto que una noche cantó en su calle, sucedió lo que luego se dirá.

Dueño querido: si en el alma mía
alguna parte libre se ha quedado,
hoy de nuevo a tu imperio la he postrado,
rendida a tu hermosura y gallardía.

Dichoso soy, desde aquel dulce día,
que con tantos favores quedé honrado;
instantes a mis ojos he juzgado
las horas que gocé tu compañía.

¡Oh! si fueran verdad los fingimientos
de los encantos que en la edad primera
han dado tanta fuerza a los engaños,

ya se vieran logrados mis intentos,
si de los dioses merecer pudiera,
encanto, gozarte muchos años.

Sintió tanto doña Inés entender que aún no estaba don Diego cierto de la burla que aquella engañosa mujer le había hecho en desdoro de su honor, que al punto le envió a decir con una criada que, supuesto que ya sus atrevimientos pasaban a desvergüenzas, que se fuese con Dios, sin andar haciendo escándalos ni publicando locuras, sino que le prometía, como quien era, de hacerle matar.

Sintió tanto el malaconsejado mozo esto, que, como desesperado con mortales bascas,[24] se fue a su casa, donde estuvo muchos días en la cama, con una enfermedad peligrosa, acompañada de tan cruel melancolía, que parecía querérsele acabar la vida; y viéndose morir de pena, habiendo oído decir que en la ciudad había un moro, gran hechicero y nigromántico, le hizo buscar, y que se le trajesen, para obligar con encantos y hechicerías a que le quisiese doña Inés.

Hallado el moro, y traído se encerró con él, dándole

---

24. *bascas:* "las congojas y alteraciones violentas y penosas que padece el pecho cuando el estómago repugna admitir algo que le provoca a vómito" (Aut.).

larga cuenta de sus amores tan desdichados como atrevidos, pidiéndole remedio contra el desamor y desprecio que hacía de él su dama, tan hermosa como ingrata. El nigromántico agareno[25] le prometió que, dentro de tres días, le daría con que la misma dama se le viniese a su poder, como[26] lo hizo; que como ajenos de nuestra católica fe, no les es dificultoso, con apremios que hacen al demonio, aun en cosas de más calidad; porque, pasados los tres días, vino y le trajo una imagen de la misma figura y rostro de doña Inés, que por sus artes la había copiado al natural, como si la tuviera presente. Tenía en el remate del tocado una vela, de la medida y proporción de una bujía de un cuarterón[27] de cera verde. La figura de doña Inés estaba desnuda, y las manos puestas sobre el corazón, que tenía descubierto, clavado por él un alfiler grande, dorado, a modo de saeta, porque en lugar de la cabeza tenía una forma de plumas del mismo metal, y parecía que la dama quería sacarle con las manos, que tenía encaminadas a él.

Díjole el moro que, en estando solo, pusiese aquella figura sobre un bufete, y que encendiese la vela que estaba sobre la cabeza, y que sin falta ninguna vendría luego la dama, y que estaría el tiempo que él quisiese, mientras él no le dijese que se fuese. Y que cuando la enviase, no matase la vela, que en estando la dama en su casa, ella se moriría por sí misma; que si la mataba antes que ella se apagase, correría riesgo la vida de la dama, y asimismo que no tuviese miedo de que la vela se acabase, aunque ardiese un año entero, porque estaba formada de tal arte, que duraría eternamente, mientras que en la noche del

25. *nigromántico agareno:* mago mahometano (R.A.E.).
26. Anticipación del narrador; prolepsis.
27. *cuarterón:* cuarta parte de una libra (R.A.E.).

Bautista[28] no la echase en una hoguera bien encendida. Que don Diego, aunque no muy seguro de que sería verdad lo que el moro le aseguraba, contentísimo cuando no por las esperanzas que tenía, por ver en la figura el natural retrato de su natural enemiga, con tanta perfección, y naturales colores, que, si como no era de más del altor[29] de media vara,[30] fuera de la altura de una mujer, creo que con ella olvidara el natural original de doña Inés, a imitación del que se enamoró de otra pintura y de un árbol. Pagóle al moro bien a su gusto el trabajo; y despedido de él, aguardaba la noche como si esperara la vida, y todo el tiempo que la venida se dilató, en tanto que se recogía la gente y una hermana suya, viuda, que tenía en casa y le asistía a su regalo, se le hacía una eternidad: tal era el deseo que tenía de experimentar el encanto.

Pues recogida la gente, él se desnudó, para acostarse, y dejando la puerta de la sala no más de apretada, que así se lo advirtió el moro, porque las de la calle nunca se cerraban, por haber en casa más vecindad, encendió la vela, y poniéndola sobre el bufete, se acostó, contemplando a la luz que daba la belleza del hermoso retrato; que como la vela empezó a arder, la descuidada doña Inés, que estaba ya acostada, y su casa y gente recogida, porque su marido aún no había vuelto de Sevilla, por haberse recrecido[31] a sus cobranzas algunos pleitos, privada, con la fuerza del encanto y de la vela que ardía, de su juicio, y en fin, forzada de algún espíritu diabólico que gobernaba aquello, se

---

28. *la noche del Bautista:* la noche de S. Juan, el 23 de junio, fecha del solsticio de verano, cuando se encienden hogueras en las que se quema todo lo viejo y malo en un rito de purificación, de origen pagano, que simboliza la muerte de lo caduco y el nacimiento de lo nuevo.

29. *altor:* altura (Aut.).

30. *vara:* "la medida para medir paños" (Covar.).

31. *recrecido:* aumentado la dificultad (Aut.).

levantó de su cama, y poniéndose unos zapatos que tenía junto a ella, y un faldellín[32] que estaba con sus vestidos sobre un taburete, tomó la llave que tenía debajo de su cabecera, y saliendo fuera, abrió la puerta de su cuarto, y juntándola en saliendo, y mal torciendo la llave, se salió a la calle, y fue en casa de don Diego, que aunque ella no sabía quién la guiaba, la supo llevar, y cómo halló la puerta abierta, se entró, y sin hablar palabra, ni mirar en nada, se puso dentro de la cama donde estaba don Diego, que viendo un caso tan maravilloso, quedó fuera de sí; mas levantándose y cerrando la puerta, se volvió a la cama, diciendo:

—¿Cuándo, hermosa señora mía, merecí yo tal favor? Ahora sí que doy mis penas por bien empleadas. ¡Decidme, por Dios, si estoy durmiendo y sueño este bien, o si soy tan dichoso que despierto y en mi juicio os tengo en mis brazos!

A esto y otras muchas cosas que don Diego le decía, doña Inés no respondía palabra; que viendo esto el amante, algo pesaroso, por parecerle que doña Inés estaba fuera de su sentido con el maldito encanto, y que no tenía facultad para hablar, teniendo aquéllos, aunque favores, por muertos, conociendo claro que si la dama estuviera en su juicio, no se los hiciera, como era la verdad, que antes pasara por la muerte, quiso gozar el tiempo y la ocasión, remitiendo a las obras las palabras; de esta suerte la tuvo gran parte de la noche, hasta que viendo ser hora, se levantó, y abriendo la puerta, le dijo:

—Mi señora, mirad que es ya hora de que os vais.[33]

Y en diciendo esto, la dama se levantó, y poniéndose su faldellín y calzándose, sin hablarle palabra, se salió por la

32. *faldellín:* falda corta que va debajo de la saya (Covar.).
33. *os vais:* os vayáis, forma arcaica del subjuntivo.

puerta y volvió a su casa. Y llegando a ella, abrió, y volviendo a cerrar, sin haberla sentido nadie, o por estar vencidos del sueño, o porque participaban todos del encanto, se echó en su cama, que así como estuvo en ella, la vela que estaba en casa de don Diego, ardiendo, se apagó, como si con un soplo la mataran, dejando a don Diego mucho más admirado, que no acababa de santiguarse, aunque lo hacía muchas veces, y si el acedia[34] de ver que todo aquello era violento no le templara, se volviera loco de alegría. Estése con ella lo que le durare, y vamos a doña Inés, que como estuvo en su cama y la vela se apagó, le pareció, cobrando el perdido sentido, que despertaba de un profundo sueño; si bien acordándose de lo que le había sucedido, juzgaba que todo le había pasado soñando, y muy afligida de tan descompuestos sueños, se reprendía a sí misma, diciendo:

—¡Qué es esto, desdichada de mí! ¿Pues cuándo he dado yo lugar a mi imaginación para que me represente cosas tan ajenas de mí, o qué pensamientos ilícitos he tenido yo con este hombre para que de ellos hayan nacido tan enormes y deshonestos efectos? ¡Ay de mí!, ¿qué es esto, o qué remedio tendré para olvidar cosas semejantes?

Con esto, llorando y con gran desconsuelo, pasó la noche y el día, que ya sobre tarde se salió a un balcón, por divertir algo su enmarañada memoria, al tiempo que don Diego, aún no creyendo fuese verdad lo sucedido, pasó por la calle, para ver si la veía. Y fue al tiempo que, como he dicho, estaba en la ventana, que como el galán la vio quebrada de color y triste, conociendo de qué procedía el tal accidente, se persuadió a dar crédito a lo sucedido; mas doña Inés, en el punto que le vio, quitándose de la ventana, la cerró con mucho enojo, en cuya facción cono-

---

34. *acedia:* "disgusto" (Aut.).

ció don Diego que doña Inés iba a su casa privada de todo
su sentido, y que su tristeza procedía si acaso, como en
sueños, se acordaba de lo que con él había pasado; si
bien, viéndola con la cólera que se había quitado de la
ventana, se puede creer que le diría:

—Cerrad, señora, que a la noche yo os obligaré a que
me busquéis.

De esta suerte pasó don Diego más de un mes, llevando
a su dama la noche que le daba gusto a su casa, con lo que
la pobre señora andaba tan triste y casi asombrada de ver
que no se podía librar de tan descompuestos sueños, que
tal creía que eran, ni por encomendarse, como lo hacía, a
Dios, ni por acudir a menudo a su confesor, que la consolaba, cuanto era posible, y deseaba que viniese su marido,
por ver si con él podía remediar su tristeza. Y ya determinada, o a enviarle a llamar, o a persuadirle la diese licencia para irse con él, le sucedió lo que ahora oiréis. Y fue
que una noche, que por ser de las calurosas del verano,
muy serena y apacible, con la luna hermosa y clara, don
Diego encendió su encantada vela, y doña Inés, que por
ser ya tarde estaba acostada, aunque dilataba el sujetarse
al sueño, por no rendirse a los malignos sueños que ella
creía ser, lo que no era sino la pura verdad, cansada de
desvelarse, se adormeció, y obrando en ella el encanto,
despertó despavorida, y levantándose, fue a buscar el faldellín, que no hallándole, por haber las criadas llevado los
vestidos para limpiarlos, así, en camisa como estaba, se
salió a la calle, y yendo encaminada a la casa de don Diego, encontró con ella el Corregidor, que con todos sus
ministros de justicia venía de ronda, y con él don Francisco su hermano, que habiéndole encontrado, gustó de
acompañarle, por ser su amigo; que como viesen aquella
mujer en camisa, tan a paso tirado, la dieron voces que se
detuviese; mas ella callaba y andaba a toda diligencia,

como quien era llevada por el espíritu maligno: tanto, que les obligó a ellos a alargar el paso por diligenciar el alcanzarla; mas cuando lo hicieron, fue cuando doña Inés estaba ya en la sala, que en entrando los unos y los otros, ella se fue a la cama donde estaba don Diego, y ellos a la figura que estaba en la mesa con la vela encendida en la cabeza; que como don Diego vio el fracaso[35] y desdicha, temeroso de que si mataban la vela doña Inés padecería el mismo riesgo, saltando de la cama les dio voces que no matasen la vela, que se quedaría muerta aquella mujer, y vuelto a ella, le dijo:

—Idos, señora, con Dios, que ya tuvo fin este encanto, y vos y yo el castigo de nuestro delito. Por vos me pesa, que inocente padeceréis.

Y esto lo decía por haber visto a su hermano al lado del Corregidor. Levantóse, dicho esto, doña Inés, y como había venido, se volvió a ir, habiéndola al salir todos reconocido, y también su hermano, que fue bien menester la autoridad y presencia del Corregidor para que en ella y en don Diego no tomase la justa venganza que a su parecer merecían.

Mandó el Corregidor que fuesen la mitad de sus ministros con doña Inés, y que viendo en qué paraba su embelesamiento, y que no se apartasen de ella hasta que él mandase otra cosa, sino que volviese uno a darle cuenta de todo; que viendo que de allí a poco la vela se mató repentinamente, le dijo al infelice don Diego:

—¡Ah señor, y cómo pudiérades haber escarmentado en la burla pasada, y no poneros en tan costosas veras!

Con esto aguardaron el aviso de los que habían ido con doña Inés, que como llegó a su casa y abrió la puerta, que no estaba más de apretada, y entró, y todos con ella, vol-

---

35. *fracaso:* "suceso lamentable" (Aut.).

vió a cerrar, y se fue a su cama, se echó en ella; que como a este mismo punto se apagase la vela, ella despertó del embelesamiento, y dando un grande grito, como se vio cercada de aquellos hombres y conoció ser ministros de justicia, les dijo que qué buscaban en su casa, o por dónde habían entrado, supuesto que ella tenía la llave.

—¡Ay, desdichada señora! —dijo uno de ellos—, ¡y cómo habéis estado sin sentido, pues eso preguntáis!

A esto, y al grito de doña Inés, habían ya salido las criadas alborotadas, tanto de oír dar voces a su señora como de ver allí tanta gente. Pues prosiguiendo el que había empezado, le contó a doña Inés cuanto había sucedido desde que la habían encontrado hasta el punto en que estaba, y cómo a todo se había hallado su hermano presente; que oído por la triste y desdichada dama, fue milagro no perder la vida. En fin, porque no se desesperase, según las cosas que hacía y decía, y las hermosas lágrimas que derramaba, sacándose a manojos sus cabellos, enviaron a avisar al Corregidor de todo, diciéndole ordenase lo que se había de hacer. El cual, habiendo tomado su confesión a don Diego y él dicho la verdad del caso, declarando cómo doña Inés estaba inocente, pues privado su entendimiento y sentido con la fuerza del encanto venía como habían visto; con que su hermano mostró asegurar su pasión, aunque otra cosa le quedó en el pensamiento.

Con esto mandó el Corregidor poner a don Diego en la cárcel a buen recaudo, y *tomando* la encantada figura, se fueron a casa de doña Inés, a la cual hallaron haciendo las lástimas dichas, sin que sus criadas ni los demás fuesen parte para consolarla, que a haber quedado sola, se hubiera quitado la vida. Estaba ya vestida y arrojada sobre un estrado, alcanzándose un desmayo a otro, y una congoja a otra, que como vio al Corregidor y a su hermano, se arrojó a sus pies pidiéndole que la matase, pues había sido mala, que, aunque sin su voluntad, había manchado su honor. Don Francisco, mostrando en exterior piedad, si bien en lo interior estaba vertiendo ponzoña y crueldad, la levantó y abrazó, teniéndoselo todos a nobleza, y el Corregidor le dijo:

—Sosegaos, señora, que vuestro delito no merece la pena que vos pedís, pues no lo es, supuesto que vos no erais parte para no hacerle.

Que algo más quieta la desdichada dama, mandó el Corregidor, sin que ella lo supiera, se saliesen fuera y encendiesen la vela; que, apenas fue hecho, cuando se levantó y se salió adonde la vela estaba encendida, y en diciéndole que ya era hora de irse, se volvía a su asiento, y la vela se apagaba y ella volvía como de sueño. Esto hicieron muchas veces, mudando la vela a diferentes partes, hasta volver con ella en casa de don Diego y encenderla allí, y luego doña Inés se iba a allá de la manera que estaba, y aunque la hablaban, no respondía.

Con que averiguado el caso, asegurándola, y acabando de aquietar a su hermano, que estaba más sin juicio que ella, mas por entonces disimuló, antes él era el que más la disculpaba, dejándola el Corregidor dos guardias, más por amparo que por prisión, pues ella no la merecía, se fue cada uno a su casa, admirados del suceso. Don Francisco se recogió a la suya, loco de pena, contando a su mujer lo que pasaba; que, como al fin cuñada, decía que doña Inés debía de fingir el embelesamiento por quedar libre de culpa; su marido, que había pensado lo mismo, fue de su parecer, y al punto despachó un criado a Sevilla con una carta a su cuñado, diciéndole en ella dejase todas sus ocupaciones y se viniese al punto que importaba al honor de entrambos, y que fuese tan secreto, que no supiese nadie su venida, ni en su casa, hasta que se viese con él.

El Corregidor otro día buscó al moro que había hecho el hechizo; mas no pareció. Divulgóse el caso por la ciudad, y sabido por la Inquisición pidió el preso, que le fue entregado con el proceso ya sustanciado[36] y puesto, cómo había de estar, que llevado a su cárcel, y de ella a la Suprema, no pareció[37] más. Y no fue pequeña piedad castigarle en secreto, pues al fin él había de morir a manos del marido y hermano de doña Inés, supuesto que el delito cometido no merecía menor castigo.

Llegó el correo a Sevilla y dio la carta a don Alonso, que como vio lo que en ella se le ordenaba, bien confuso y temeroso de que serían flaquezas de doña Inés, se puso en camino, y a largas jornadas llegó a casa de su cuñado, con tanto secreto, que nadie supo su venida. Y sabido todo el caso como había sucedido, entre todos tres había diferentes pareceres sobre qué género de muerte darían a la inocente y desdichada doña Inés, que aun cuando de voluntad[38] fuera culpada, la bastara por pena de su delito la que tenía, cuanto y más no habiéndole cometido, como estaba averiguado. Y de quien más pondero de crueldad es de la traidora cuñada, que, siquiera por mujer, pudiera tener piedad de ella.

Acordado, en fin, el modo, don Alonso, disimulando su dañada intención, se fue a su casa, y con caricias y halagos la aseguró, haciendo él mismo de modo que la triste doña Inés, ya más quieta, viendo que su marido había creído la verdad, y estaba seguro de su inocencia, porque habérselo encubierto era imposible, según estaba el caso público, se recobró de su pérdida. Y si bien, avergonzada de su desdicha, apenas osaba mirarle, se moderó

---

36. *sustanciado:* "substanciar, conducir un asunto o juicio por la vía procesal adecuada hasta ponerlo en estado de sentencia" (R.A.E.).

37. *pareció:* apareció (Covar.).

38. *de voluntad:* "con gusto" (Aut.).

en sus sentimientos y lágrimas. Con esto pasó algunos días, donde un día, con mucha afabilidad, le dijo el cauteloso marido cómo su hermano y él estaban determinados y resueltos a irse a vivir con sus casas y familias a Sevilla; lo uno, por quitarse de los ojos de los que habían sabido aquella desdicha, que los señalaban con el dedo, y lo otro por asistir a sus pleitos, que habían quedado empantanados. A lo cual doña Inés dijo que en ello no había más gusto que el suyo. Puesta por obra la determinación propuesta, vendiendo cuantas posesiones y hacienda tenían allí, como quien no pensaba volver más a la ciudad, se partieron todos con mucho gusto, y doña Inés más contenta que todos, porque vivía afrentada de un suceso tan escandaloso.

Llegados a Sevilla, tomaron casa a su cómodo,[39] sin más vecindad que ellos dos, y luego despidieron todos los criados y criadas que habían traído, para hacer sin testigos la crueldad que ahora diré.

En un aposento, el último de toda la casa, donde, aunque hubiese gente de servicio, ninguno tuviese modo ni ocasión de entrar en él, en el hueco de una chimenea que allí había, o ellos la hicieron, porque para este caso no hubo más oficiales que el hermano, marido y cuñada, habiendo traído yeso y cascotes, y lo demás que era menester, pusieron a la pobre y desdichada doña Inés, no dejándole más lugar que cuanto pudiese estar en pie, porque si se quería sentar, no podía, sino, como ordinariamente se dice, en cuclillas, y la tabicaron, dejando sólo una ventanilla como medio pliego de papel, por donde respirase y le pudiesen dar una miserable comida, por que no muriese tan presto, sin que sus lágrimas ni protestas los enternaciese. Hecho esto, cerraron el aposento, y la llave la tenía

___

39. *cómodo:* "provecho, conveniencia" (Aut.).

la mala y cruel cuñada, y ella misma le iba a dar la comida y un jarro de agua, de manera que aunque después recibieron criados y criadas, ninguno sabía el secreto de aquel cerrado aposento.

Aquí estuvo doña Inés seis años, que permitió la divina Majestad en tanto tormento conservarle la vida, o para castigo de los que se le daban, o para mérito suyo, pasando lo que imaginar se puede, supuesto que he dicho de la manera que estaba, y que las inmundicias y basura, que de su cuerpo echaba, le servían de cama y estrado para sus pies; siempre llorando y pidiendo a Dios la aliviase de tan penoso martirio, sin que en todos ellos viese luz, ni recostase su triste cuerpo, ajena y apartada de las gentes, tiranizada a[40] los divinos sacramentos y a oír misa, padeciendo más que los que martirizan los tiranos, sin que ninguno de sus tres verdugos tuviese piedad de ella, ni se enterneciese de ella, antes la traidora cuñada, cada vez que la llevaba la comida, le decía mil oprobios y afrentas, hasta que ya Nuestro Señor, cansado de sufrir tales delitos, permitió que fuese sacada esta triste mujer de tan desdichada vida, siquiera para que no muriese desesperada.

Y fue el caso que, a las espaldas de esta casa en que estaba, había otra principal de un caballero de mucha calidad. La mujer del que digo había tenido una doncella que la había casado años había, la cual enviudó, y quedando necesitada, la señora, de caridad y por haberla servido, por que no tuviese en la pobreza que tenía que pagar casa, le dio dos aposentos que estaban arrimados al emparedamiento en que la cuitada doña Inés estaba, que nunca habían sido habitados de gente, porque no habían servido sino de guardar cebada. Pues pasada a ellos esta buena viuda, acomodó su cama a la parte que digo, donde

40. *tiranizada a:* aquí vale por apartada de, uso no documentado.

estaba doña Inés, la cual, como siempre estaba lamentan-
do su desdicha y llamando a Dios que la socorriese, la
otra, que estaba en su cama, como en el sosiego de la
noche todo estaba en quietud, oía los ayes y suspiros, y al
principio es de creer que entendió era alguna alma de la
otra vida. Y tuvo tanto miedo, como estaba sola, que apenas se atrevía a estar allí; tanto, que la obligó a pedir a
una hermana suya le diese, para que estuviese con ella,
una muchacha de hasta diez años, hija suya, con cuya
compañía más alentada asistía más allí, y como se reparase más, y viese que entre los gemidos que doña Inés daba,
llamaba a Dios y a la Virgen María, Señora nuestra, juzgó
sería alguna persona enferma, que los dolores que padecía la obligaban a quejarse de aquella forma. Y una noche
que más atenta estuvo, arrimado al oído a la pared, pudo
apercibir que decía quien estaba de la otra parte estas razones:

—¿Hasta cuándo, poderoso y misericordioso Dios, ha
de durar esta triste vida? ¿Cuándo, Señor, darás lugar a la
airada muerte que ejecute en mí el golpe de su cruel gua-
daña, y hasta cuándo estos crueles y carniceros verdugos
de mi inocencia les ha de durar el poder de tratarme así?
¿Cómo, Señor, permites que te usurpen tu justicia, castigando con su crueldad lo que tú, Señor, no castigarás?
Pues cuando tú envías el castigo, es a quien tiene culpa y
aun entonces es con piedad; mas estos tiranos castigan en
mí lo que no hice, como lo sabes bien tú, que no fui parte
en el yerro por que padezco tan crueles tormentos, y el
mayor de todos, y que más siento, es carecer de vivir y
morir como cristiana, pues ha tanto tiempo que no oigo
misa, ni confieso mis pecados, ni recibo tu Santísimo
Cuerpo. ¿En qué tierra de moros pudiera estar cautiva
que me trataran como me tratan? ¡Ay de mí!, que no deseo salir de aquí por vivir, sino sólo por morir católica y

cristianamente, que ya la vida la tengo tan aborrecida, que, si como el triste sustento que me dan, no es por vivir, sino por no morir desesperada.

Acabó estas razones con tan doloroso llanto, que la que escuchaba, movida a lástima, alzando la voz, para que la oyese, le dijo:

—Mujer, o quien eres,[41] ¿qué tienes o por qué te lamentas tan dolorosamente? Dímelo, por Dios, y si soy parte para sacarte de donde estás, lo haré, aunque aventure y arriesgue la vida.

—¿Quién eres tú —respondió doña Inés—, que ha permitido Dios que me tengas lástima?

—Soy —replicó la otra mujer— una vecina de esta otra parte, que ha poco vivo aquí, y en ese corto tiempo me has ocasionado muchos temores; tantos cuantos ahora compasiones. Y así, dime qué podré hacer, y no me ocultes nada, que yo no excusaré trabajo por sacarte del que padeces.

—Pues si así es, señora mía —respondió doña Inés—, que no eres de la parte de mis crueles verdugos, no te puedo decir más por ahora, porque temo que me escuchen, sino que soy una triste y desdichada mujer, a quien la crueldad de un hermano, un marido y una cuñada tienen puesta en tal desventura, que aun no tengo lugar de poder extender este triste cuerpo: tan estrecho es en el que estoy, que si no es en pie, o mal sentada, no hay otro descanso, sin otros dolores y desdichas que estoy padeciendo, pues, cuando no la hubiera mayor que la oscuridad en que estoy, bastaba, y esto no ha un día, ni dos, porque aunque aquí no sé cuándo es de día ni de noche, ni domingo, ni sábado, ni pascua, ni año, bien sé que ha una eternidad de tiempo. Y si esto lo padeciera con culpa, ya

41. *eres:* seas.

me consolara. Mas sabe Dios que no la tengo, y lo que temo no es la muerte, que antes la deseo; perder el alma es mi mayor temor, porque muchas veces me da imaginación de con mis propias manos hacer cuerda a mi garganta para acabarme; mas luego considero que es el demonio, y pido ayuda a Dios para librarme de él.

—¿Qué hiciste que los obligó a tal? —dijo la mujer.

—Ya te he dicho —dijo doña Inés— que no tengo culpa; mas son cosas muy largas y no se pueden contar. Ahora lo que has de hacer, si deseas hacerme bien, es irte al Arzobispo o al Asistente y contarle lo que te he dicho, y pedirles vengan a sacarme de aquí antes que muera, siquiera para que haga las obras de cristiana; que te aseguro que está ya tal mi triste cuerpo, que pienso que no viviré mucho, y pídote por Dios que sea luego, que le importa mucho a mi alma.

—Ahora es de noche —dijo la mujer—; ten paciencia y ofrécele a Dios eso que padeces, que yo te prometo que siendo de día yo haga lo que pides.

—Dios te lo pague —replicó doña Inés—, que así lo haré, y reposa ahora, que yo procuraré, si puedo, hacer lo mismo, con las esperanzas de que has de ser mi remedio.

—Después de Dios, créelo así —respondió la buena mujer.

Y con esto, callaron. Venida la mañana, la viuda bajó a su señora y le contó todo lo que le había pasado, de que la señora se admiró y lastimó, y si bien quisiera aguardar a la noche para hablar ella misma a doña Inés, temiendo el daño que podía recrecer si aquella pobre mujer se muriese así, no lo dilató más, antes mandó poner el coche. Y porque con su autoridad se diese más crédito al caso, se fue ella y la viuda al Arzobispo, dándole cuenta de todo lo que en esta parte se ha dicho, el cual, admirado, avisó al

Asistente, y juntos con todos sus ministros, seglares y eclesiásticos, se fueron a la casa de don Francisco y don Alonso, y cercándola por todas partes, porque no se escapasen, entraron dentro y prendieron a los dichos y a la mujer de don Francisco, sin reservar criados ni criadas, y tomadas sus confesiones, éstos no supieron decir nada, porque no lo sabían; mas los traidores hermano y marido y la cruel cuñada, al principio negaban; mas viendo que era por demás, porque el Arzobispo y Asistente venían bien instruidos, confesaron la verdad. Dando la cuñada la llave, subieron donde estaba la desdichada doña Inés, que como sintió tropel de gente, imaginando lo que sería, dio voces. En fin, derribando el tabique, la sacaron.

Aquí entra ahora la piedad, porque, cuando la encerraron allí, no tenía más de veinte y cuatro años y seis que había estado eran treinta, que era la flor de su edad.

En primer lugar, aunque tenía los ojos claros, estaba ciega, o de la oscuridad (porque es cosa asentada que si una persona estuviese mucho tiempo sin ver luz, cegaría), o fuese de esto, u de llorar, ella no tenía vista. Sus hermosos cabellos, que cuando entró allí eran como hebras de oro, blancos como la misma nieve, enredados y llenos de animalejos, que de no peinarlos se crían en tanta cantidad, que por encima hervoreaban; el color, de la color de la muerte; tan flaca y consumida, que se le señalaban los huesos, como si el pellejo que estaba encima fuera un delgado cendal; desde los ojos hasta la barba, dos surcos cavados de las lágrimas, que se le escondía en ellos un bramante grueso; los vestidos hechos ceniza, que se le veían las más partes de su cuerpo; descalza de pie y pierna, que de los excrementos de su cuerpo, como no tenía dónde echarlos, no sólo se habían consumido, mas la propia carne comida hasta los muslos de llagas y gusanos, de que estaba lleno el hediondo lugar. No hay más que decir, sino que causó a todos tanta lástima, que lloraban como si fuera hija de cada uno.

Así como la sacaron, pidió que si estaba allí el señor Arzobispo, la llevasen a él, como fue hecho, habiéndola, por la indecencia que estar desnuda causaba, cubiértola con una capa. En fin, en brazos la llevaron junto a él, y ella echada por el suelo, le besó los pies, y pidió la bendición, contando en sucintas razones toda su desdichada historia, de que se indignó tanto el Asistente, que al punto los mandó a todos tres poner en la cárcel con grillos y cadenas, de suerte que no se viesen los unos a los otros, afeando a la cuñada más que a los otros la crueldad, a lo que ella respondió que hacía lo que la mandaba su marido.

La señora que dio el aviso, junto con la buena dueña que lo descubrió, que estaban presentes a todo, rompiendo la pared por la parte que estaba doña Inés, por no pasarla por la calle, la llevaron a su casa, y haciendo la noble señora prevenir una regalada cama, puso a doña Inés en ella, llamando médicos y cirujanos para curarla, haciéndole tomar sustancias, porque era tanta su flaqueza, que temían no se muriese. Mas doña Inés no quiso tomar cosa hasta dar la divina sustancia a su alma, confesando y recibiendo el Santísimo, que le fue luego traído.

Últimamente, con tanto cuidado miró la señora por ella, que sanó; sólo de la vista, que ésa no fue posible restaurársela. El Asistente sustanció el proceso de los reos, y averiguado todo, los condenó a todos tres a muerte, que fue ejecutada en un cadalso, por ser nobles y caballeros, sin que les valiesen sus dineros para alcanzar perdón, por ser el delito de tal calidad. A doña Inés pusieron, ya sana y restituida a su hermosura, aunque ciega, en un convento con dos criadas que cuidan de su regalo, sustentándose de la gruesa hacienda de su hermano y marido, donde hoy vive haciendo vida de una santa, afirmándome quien la vio cuando la sacaron de la pared, y después, que es de las más hermosas mujeres que hay en el reino del Andalucía; porque, aunque está ciega, como tiene los ojos claros y hermosos como ella los tenía, no se le echa de ver que no tiene vista.

Todo este caso es tan verdadero como la misma verdad, que ya digo me le contó quien se halló presente. Ved ahora si puede servir de buen desengaño a las damas, pues si a las inocentes les sucede esto, ¿qué esperan las culpadas? Pues en cuanto a la crueldad para con las desdichadas mujeres, no hay que fiar en hermanos ni maridos, que todos son hombres. Y como dijo el rey don Alonso el Sabio, que el corazón del hombre es bosque de espesura, que nadie le puede hallar senda, donde la crueldad, bestia fiera y indomable, tiene su morada y habitación.

Este suceso habrá que pasó veinte años, y vive hoy doña Inés, y muchos de los que le vieron y se hallaron en él; que quiso Dios darla sufrimiento y guardarle la vida, porque no muriese allí desesperada, y para que tan rabioso lobo como su hermano, y tan cruel basilisco[42] como su marido, y tan rigurosa leona como su cuñada, ocasionasen ellos mismos su castigo.

Deseando estaban las damas y caballeros que la discreta Laura diese fin a su desengaño; tan lastimados y enternecidos los tenían los prodigiosos sucesos de la hermosa cuanto desdichada doña Inés, que todos, de oírlos, derramaban ríos de lágrimas de sólo oírlos; y no ponderaban tanto la crueldad del marido como del hermano, pues parecía que no era sangre suya quien tal había permitido; pues cuando doña Inés, de malicia, hubiera cometido el

---

42. *basilisco:* serpiente venenosa (Covar.).

yerro que les obligó a tal castigo, no merecía más que una muerte breve, como se han dado a otras que han pecado de malicia, y no darle tantas y tan dilatadas como le dieron. Y a la que más culpaban era a la cuñada, pues ella, como mujer, pudiera ser más piadosa, estando cierta, como se averiguó, que privada de sentido con el endemoniado encanto había caído en tal yerro. Y la primera que rompió el silencio fue doña Estefanía, que dando un lastimoso suspiro, dijo:

—¡Ay, divino Esposo mío! Y si vos, todas las veces que os ofendemos, nos castigarais así, ¿qué fuera de nosotros? Mas soy necia en hacer comparación de vos, piadoso Dios, a los esposos del mundo. Jamás me arrepentí cuanto ha que me consagré a vos de ser esposa vuestra; y hoy menos lo hago ni lo haré, pues aunque os agraviase, que a la más mínima lágrima me habéis de perdonar y recibirme con los brazos abiertos.

Y vuelta a las damas, les dijo:

—Cierto señoras, que no sé cómo tenéis ánimo para entregaros con nombre de marido a un enemigo, que no sólo se ofende de las obras, sino de los pensamientos; que ni con el bien ni el mal acertáis a darles gusto, y si acaso sois comprendidas[43] en algún delito contra ellos. ¿por qué os fiáis y confiáis de sus disimuladas maldades, que hasta que consiguen su venganza, y es lo seguro, no sosiegan? Con sólo este desengaño que ha dicho Laura, mi tía, podéis quedar bien desengañadas, y concluida la opinión que se sustenta en este sarao, y los caballeros podrán también conocer cuán engañados andan en dar toda la culpa a las mujeres, acumulándolas todos los delitos, flaquezas, crueldades y malos tratos, pues no siempre tienen la culpa. Y es el caso que por la mayor parte las de más aventa-

---

43. *comprendidas:* comprehendidas, incluidas (Covar.).

jada calidad son las más desgraciadas y desvalidas, no sólo en sucederles las desdichas que en los desengaños referidos hemos visto, sino que también las comprenden en la opinión en que tienen a las vulgares. Y es género de pasión o tema de los divinos entendimientos que escriben libros y componen comedias, alcanzándolo todo en seguir la opinión del vulgacho, que en común da la culpa de todos los malos sucesos a las mujeres; pues hay tanto en qué culpar a los hombres, y escribiendo de unos y de otros, hubieran excusado a estas damas el trabajo que han tomado por volver por el honor de las mujeres y defenderlas, viendo que no hay quien las defienda, a desentrañar los casos más ocultos para probar que no son todas las mujeres las malas, ni todos los hombres los buenos.

—Lo cierto es —replicó don Juan— que verdaderamente parece que todos hemos dado en el vicio de no decir bien de las mujeres, como en el tomar tabaco, que ya tanto le gasta el ilustre como el plebeyo. Y diciendo mal de los otros que le toman, traen su tabaquera más a mano y en más custodia que el rosario y las horas,[44] como si porque ande en cajas de oro, plata o cristal dejase de ser tabaco, y si preguntan por qué lo toman, dicen que porque se usa. Lo mismo es el culpar a las damas en todo, que llegado a ponderar pregunten al más apasionado por qué dice mal de las mujeres, siendo el más deleitable vergel de cuantos crió la naturaleza, responderá, porque se usa.

Todos rieron la comparación del tabaco al decir mal de las mujeres, que había hecho don Juan. Y si se mira bien, dijo bien, porque si el vicio del tabaco es el más civil[45] de cuantos hay, bien le comparó al vicio más abominable que puede haber, que es no estimar, alabar y honrar a las da-

44. *horas:* "el devocionario" (Covar.).
45. *civil:* ruin (Aut.).

mas; a las buenas, por buenas, y a las malas, por las buenas. Pues viendo la hermosa doña Isabel que la linda Matilde se prevenía para pasarse al asiento del desengaño, hizo señal a los músicos que cantaron este romance:

"Cuando te mirare Atandra,
no mires, ingrato dueño,
los engaños de sus ojos,
porque me matas con celos.

No esfuerces sus libertades,
que si ve en tus ojos ceño,
tendrá los livianos suyos
en los tuyos escarmiento.

No desdores tu valor
con tan civil[45] pensamiento,
que serás causa que yo
me arrepienta de mi empleo.[46]

Dueño tiene, en él se goce,
si no le salió a contento,
reparara al elegirle,
o su locura o su acierto.

Oblíguete a no admitir
sus livianos devaneos
las lágrimas de mis ojos,
de mi alma los tormentos.

Que si procuro sufrir
las congojas que padezco,
si es posible a mi valor,
no lo es a mi sufrimiento.

¿De qué me sirven, Salicio,
los cuidados con que velo
sin sueño las largas noches,
y los días sin sosiego,

45. *civil:*ruin (Aut.).
46. *empleo:* dedicación a un hombre o a una mujer.

308

si tú gustas de matarme,
dando a esa tirana el premio,
que me cuesta tantas penas,
que me cuesta tanto sueño?

Hoy, al salir de tu albergue,
mostró con rostro risueño,
tirana de mis favores,
cuánto se alegra en tenerlos.

Si miraras que son míos,
no se los dieras tan presto
cometiste estelionato,[47]
porque vendiste lo ajeno.

Si te viera desabrido,
si te mirara severo,
no te ofreciera, atrevida,
señas de que yo te ofendo."

Esto cantó una casada
a solas con su instrumento,
viendo en Salicio y Atandra
averiguados los celos.

---

47. *estelionato:* "los juristas llaman *crimen stellionatus* al que arranca del proceso alguna escritura o maliciosamente la encubre" (Covar.).

Estragos que causa el vicio

# Estragos que causa el vicio

Ya cuando doña Isabel acabó de cantar, estaba la divina Lisis sentada en el asiento del desengaño, habiéndola honrado todos cuantos había en la sala, damas y caballeros, como a presidente del sarao, con ponerse en pie, haciéndola cortés reverencia, hasta que se sentó. Y todo lo merecía su hermosura, su entendimiento y su valor. Y habiéndose vuelto todos a sentar, con gracia nunca vista, empezó de esta suerte:

—Estaréis, hermosas damas y discretos caballeros, aguardando a oír mi desengaño, con más cuidado que los demás, o por esperarle mejor sazonado, más gustoso, con razones más bien dispuestas. Y habrá más de dos que dirán entre sí: "¿Cuándo[1] ha de desengañar la bien entendida, o la bachillera, que de todo habrá, la que quiere defender a las mujeres, la que pretende enmendar a los hombres, y la que pretende que no sea el mundo el que siempre ha sido?" Porque los vicios nunca se envejecen, siempre son mozos. Y en los mozos, de ordinario, hay vicios. Los hombres son los que se envejecen en ellos. Y

---

1. *Cuándo:* de qué manera.

una cosa a que se hace hábito, jamás se olvida. Y yo, como no traigo propósito de canonizarme por bien entendida, sino por buena desengañadora, es lo cierto que, ni en lo hablado, ni en lo que hablaré, he buscado razones retóricas, ñi cultas; porque, de más de ser un lenguaje que con el extremo posible aborrezco, querría que me entendiesen todos, el culto y el lego; porque como todos están ya declarados por enemigos de las mujeres, contra todos he publicado la guerra.

Y así, he procurado hablar en el idioma que mi natural me enseña y deprendí[2] de mis padres; que lo demás es una sofistería en que han dado los escritores por diferenciarse de los demás; y dicen a veces cosas que ellos mismos no las entienden; ¿cómo las entenderán los demás?, si no es diciendo[3] cómo; algunas veces me ha sucedido a mí, que, cansando el sentido por saber qué quiere decir y no sacando fruto de mi fatiga, digo: "Muy bueno debe de ser, pues yo no lo entiendo."

Así, noble auditorio, yo me he puesto aquí a desengañar a las damas y a persuadir a los caballeros para que no las engañen. Y ya que esto sea, por ser ancianos en este vicio, pues ellos son los maestros de los engaños y han sacado en las que los militan buena disciplina, no digan mal de la ciencia que ellos enseñan. De manera que, aquí me he puesto a hablar sin engaño, y yo misma he de ser el mayor desengaño, porque sería morir del engaño y no vivir del aviso, si desengañando a todas, me dejase yo engañar.

¡Ánimo, hermosas damas, que hemos de salir vencedoras! ¡Paciencia, discretos caballeros, que habéis de quedar vencidos y habéis de juzgar a favor que las damas os ven-

2. *deprendí:* aprendí (Aut.).
3. *diciendo:* explicando (Aut.).

zan! Éste es desafío de una a todos; y de cortesía, por lo menos, me habéis de dar la victoria, pues tal vencimiento es quedar más vencedores. Claro está que siendo, como sois, nobles y discretos, por mi deseo, que es bueno, habéis de alabar mi trabajo; aunque sea malo, no embota los filos de vuestro entendimiento este parto del pobre y humilde mío. Y así, pues no os quito y os doy, ¿qué razón habrá para que entre las grandes riquezas de vuestros heroicos discursos no halle lugar mi pobre jornalejo?[4] Y supuesto que, aunque moneda inferior, es moneda y vale algo, por humilde, no la habéis de pisar; luego si merece tener lugar entre vuestro grueso caudal, ya os vencéis y me hacéis vencedora.

Veis aquí, hermosas damas, cómo quedando yo con la victoria de este desafío, le habéis de gozar todas, pues por todas peleo. ¡Oh, quién tuviera el entendimiento como el deseo, para saber defender a las hembras y agradar a los varones! Y que ya que os diera el pesar de venceros, fuera con tanta erudición y gala, que le tuviérades por placer, y que, obligados de la cortesía, vosotros mismos os rindiérades más. Si es cierto que todos los poetas tienen parte de divinidad, quisiera que la mía fuera tan del empíreo,[5] que os obligara sin enojaros, porque hay pesares tan bien dichos, que ellos mismos se diligencian el perdón.

De todas estas damas habéis llevado la represión temiendo, porque aún no pienso que están bien desengañadas de vuestros engaños, y de mí la llevaréis triunfando, porque pienso que no os habré menester sino para decir bien o mal de este sarao, y en eso hay poco perdido, si no le vale, como he dicho, vuestra cortesía; que si fuera

4. *jornalejo:* "jornal: estipendio que gana el trabajador por un día" (Aut.).
5. *del empíreo:* del cielo (R.A.E.).

malo, no ha de perder el que le sacare a luz, pues le comprarán siquiera para decir mal de él, y si bueno, él mismo se hará lugar y se dará el valor. Si se tuvieren por bachillerías, no me negaréis que no van bien trabajadas y más, no habiéndome ayudado del arte, que es más de estimar, sino de este natural que me dio el Cielo. Y os advierto que escribo sin temor, porque como jamás me han parecido mal las obras ajenas, de cortesía se me debe que parezcan bien las mías, y no sólo de cortesía, mas de obligación. Doblemos aquí la hoja, y vaya de desengaño, que al fin se canta la gloria, y voy segura de que me habéis de cantar la gala.

Estando la católica y real majestad de Felipe III, el año de mil seiscientos diez y nueve,[6] en la ciudad de Lisboa, en el reino de Portugal, sucedió que un caballero, gentilhombre de su real cámara, a quien llamaremos don Gaspar, o que fuese así su nombre, o que lo sea supuesto, que así lo oí, o a él mismo, o a personas que le conocieron, que en esto de los nombres pocas veces se dice el mismo, que fue esta jornada acompañando a Su Majestad, galán, noble, rico y con todas las partes que se pueden desear, y más en un caballero: que como la mocedad trae consigo los accidentes de amor, mientras dura su flor no tratan los hombres de otros ministerios, y más cuando van a otras tierras extrañas de las suyas, que por ver si las damas de ellas se adelantan en gracias a las de sus tierras, luego tratan de calificarlas con hacer empleo de su gusto en alguna que los saque de esta duda.

Así, don Gaspar, que parece que iba sólo a esto, a muy

6. Son dos las ocasiones en las que se citan, en esta novela, fechas históricas. En esta ocasión es 1619, y al final del texto, 1646, fecha en la que Zayas asegura que ha tenido lugar el sarao referido. En ambos casos es un recurso para dar historicidad al relato y con ella veracidad.

pocos días que estuvo en Lisboa, hizo elección de una dama, si no de lo más acendrado en calidad, por lo menos de lo más lindo que para sazonar el gusto pudo hallar. Y ésta fue la menor de cuatro hermanas, que, aunque con recato (por ser en esto las portuguesas muy miradas), trataban de entretenerse y aprovecharse; que ya que las personas no sean castas, es gran virtud ser cautas, que en lo que más pierden las de nuestra nación, tanto hombres como mujeres, es en la ostentación que hacen de los vicios. Y es el mal que apenas hace una mujer un yerro, cuando ya se sabe, y muchas que no lo hacen y se le acumulan.[7] Estas cuatro hermanas, que digo, vivían en un cuarto tercero de una casa muy principal y que los demás de ella estaban ocupados de buena gente, y ellas no en muy mala opinión; tanto, que para que don Gaspar no se la quitase, no la visitaba de día, y para entrar de noche tenía llave de un postigo de una puerta trasera; de forma que, aguardando a que la gente se recogiese y las puertas se cerrasen, que de día estaban entrambas abiertas, por mandarse[8] los vecinos por la una y la otra, abría con su llave y entraba a ver su prenda, sin nota de escándalo de la vecindad.

Poco más de quince días había gastado don Gaspar en este empleo, si no enamorado, a lo menos agradado de la belleza de su lusitana dama, cuando una noche, que por haber estado jugando fue algo más tarde que las demás, le sucedió un portentoso caso, que parece que fue anuncio de los que en aquella ciudad le sucedieron, y fue que, habiendo despedido un criado que siempre le acompañaba, por ser de quien fiaba entre todos los que le asistían las travesuras de sus amores, abrió la puerta, y parándose

7. *acumulan:* atribuyen, achacan (Aut.).
8. *mandarse:* moverse (Aut.).

a cerrarla por de dentro, como hacía otras veces, en una cueva, que en el mismo portal estaba, no trampa en el suelo, sino puerta levantada en arco, de unas vergas[9] menudas, que siempre estaban sin llave, por ser para toda la vecindad que de aquel cabo de la casa moraban, oyó unos oyes[10] dentro, tan bajos y lastimosos, que no dejó de causarle, por primera instancia, algún horror, si bien, ya más en sí, juzgó sería algún pobre que, por no tener donde albergarse aquella noche, se habría entrado allí, y que se lamentaba de algún dolor que padecía. Acabó de cerrar la puerta, y subiendo arriba (por satisfacerse de su pensamiento, antes de hablar palabra en razón de su amor), pidió una luz, y con ella tornó a la cueva, y con ánimo, como al fin quien era, bajó los escalones, que no eran muchos, y entrando en ella, vio que no era muy espaciosa, porque desde el fin de los escalones se podía bien señorear lo que había en ella, que no era más de las paredes. Y espantado de verla desierta y que no estaba en ella el dueño de los penosos gemidos que había oído, mirando por todas partes, como si hubiera de estar escondido en algún agujero, había a una parte de ella mullida la tierra, como que había poco tiempo que la habían cavado. Y habiendo visto de la mitad del techo colgado un garabato,[11] que debía de servir de colgar en él lo que se ponía a remediar del calor, y tirando de él, le arrancó, y empezó a arañar la tierra, para ver si acaso descubriría alguna cosa. Y a poco trabajo que puso, por estar la tierra muy movediza, vio que uno de los hierros del garabato había hecho presa y se resistía de tornar a salir; puso más fuerza, y levantado

---

9. *vergas:* varas (Aut.).

10. *oyes:* posible error por ayes.

11. *garabato:* "instrumento de hierro, cuya punta vuelve hacia arriba en semicírculo. Sirve para colgar y sostener algunas cosas, o para asirlas o agarrarlas" (Aut.).

hacia arriba, asomó la cara de un hombre, por haberse clavado el hierro por debajo de la barba, no porque estuviese apartada del cuerpo; que, a estarlo, la sacara de todo punto.

No hay duda sino que tuvo necesidad don Gaspar de todo su valor para sosegar el susto y tornar la sangre a su propio lugar, que había ido a dar favor al corazón, que, desalentado del horror de tal vista, se había enflaquecido. Soltó la presa, que se tornó a sumir en la tierra, y allegando con los pies la que había apartado, se tornó a subir arriba, dando cuenta a las damas de lo que pasaba, que, cuidadosas de su tardanza, le esperaban, de que no se mostraron poco temerosas; tanto que, aunque don Gaspar quisiera irse luego, no se atrevió, viendo su miedo, a dejarlas solas; mas no porque pudieron acabar con él que se acostase, como otras veces, no de temor del muerto, sino de empacho y respeto, de que, cuando nos alumbran de nuestras ceguedades los sucesos ajenos, y más tan desastrados, demasiada desvergüenza es no atemorizarse de ellos, y de respeto del Cielo, pues a la vista de los muertos no es razón pecar los vivos. Finalmente, la noche la pasaron en buena conversación, dando y tomando sobre el caso, y pidiéndole las damas modo y remedio para sacar de allí aquel cuerpo, que se lamentaba como si tuviera alma.

Era don Gaspar noble, y temiendo no les sucediese a aquellas mujeres algún riesgo, obligado de la amistad que tenía con ellas, a la mañana, cuando se quiso ir, que fue luego que el aurora empezó a mostrar su belleza, les prometió que, a la noche, daría orden de que se sacase de allí y se le diese tierra sagrada, que eso debía de pedir con sus lastimosos gemidos. Y como lo dispuso, fue irse al convento más cercano, y hablando con el mayor de todos los religiosos, en confesión le contó cuanto le había sucedido, que acreditó con saber el religioso quién era, porque la nobleza trae consigo el crédito. Y aquella misma noche del siguiente día fueron con don Gaspar dos religiosos, y traída luz, que la mayor de las cuatro hermanas trujo por ver el difunto, a poco que cavaron, pues apenas sería vara y media, descubrieron el triste cadáver, que sacado fuera, vieron que era un mozo que no llegaba a veinte y cuatro años, vestido de terciopelo negro, ferreruelo de bayeta,[12] porque nada le faltaba del arreo, que hasta el sombrero tenía allí, su daga y espada, y en las faltriqueras, en la una un lienzo, unas Horas y el rosario, y en la otra unos papeles, entre los cuales estaba la bula. Mas por los papeles no pudieron saber quién fuese, por ser letra de mujer y no contener otra cosa más de finezas amorosas, y la bula aún no tenía asentado el nombre, por parecer tomada de aquel día, o por descuido, que es lo más cierto. No tenía herida ninguna, ni parecía en el sujeto estar muerto de más de doce o quince días. Admirados de todo esto, y más de oír decir a don Gaspar que le había oído quejar, le entraron en una saca que para esto llevaba el criado de don Gaspar, y habiéndose la dama vuelto a subir arriba, se le cargó al hombro uno de los padres, que era lego, y caminaron con él al convento, haciéndoles guardia don Gaspar y su confidente, donde le enterraron, quitándole el vestido y lo demás, en una sepultura que ya para el caso estaba abierta, supliendo don Gaspar este trabajo de los religiosos con alguna cantidad de doblones para que se dijesen misas por el difunto, a quien había dado Dios lugar de quejarse, para que la piedad de este caballero le hiciese este bien.

Bastó este suceso para apartar a don Gaspar de esta ocasión en que se había ocupado; no porque imaginase

---

12. *ferreruelo de bayeta:* capa de lana (Aut.).

Caballero español de viaje. Grabado.

Grupo de una dama y tres galanes.

que tuviesen las hermanas la culpa, sino porque juzgó que era aviso de Dios para que se apartase de casa donde tales riesgos había, y así no volvió más a ver a las hermanas, aunque ellas lo procuraron diciendo se mudarían de la casa. Y asimismo atemorizado de este suceso, pasó algunos días resistiéndose a los impulsos de la juventud, sin querer emplearse en lances amorosos, donde tales peligros hay, y más con mujeres que tienen por renta el vicio y por caudal el deleite, que de éstas no se puede sacar sino el motivo que han tomado los hombres para no decir bien de ninguna y sentir mal de todas; mas al fin, como la mocedad es caballo desenfrenado, rompió las ataduras de la virtud, sin que fuese en mano de don Gaspar dejar de perderse, si así se puede decir; pues a mi parecer, ¿qué mayor perdición que enamorarse?

Y fue el caso, que, en uno de los suntuosos templos que hay en aquella ciudad, un día que con más devoción y descuido de amar y ser amado estaba, vio la divina belleza de dos damas de las más nobles y ricas de la ciudad, que entraron a oír misa en el mismo templo donde don Gaspar estaba, tan hermosas y niñas, que a su parecer no se llevaban un año la una a la otra. Y si bien había caudal de hermosura en las dos para amarlas a entrambas, como el amor no quiere compañía, escogieron los ojos de nuestro caballero la que le pareció de más perfección, y no escogió mal, porque la otra era casada. Estuvo absorto, despeñándose más y más en su amor mientras oyeron misa, que, acabada, viendo se querían ir, las aguardó a la puerta; mas no se atrevió a decirlas nada, por verlas cercadas de criados, y porque en un coche que llegó a recibirlas venía un caballero portugués, galán y mozo, aunque robusto, y que parecía en él no ser hombre de burlas. La una de las damas se sentó al lado del caballero, y la que don Gaspar había elegido por dueño, a la otra parte, de que no se alegró poco en verla sola. Y deseoso de saber quién era, detuvo un paje, a quien le preguntó lo que deseaba, y le respondió que el caballero era don Dionís de Portugal y la dama que iba a su lado, su esposa, y que se llamaba doña Magdalena, que había poco que se habían casado; que la que se había sentado enfrente se llamaba doña Florentina y que era hermana de doña Magdalena.

Despidióse con esto el paje, y don Gaspar, muy contento de que fuesen personas de tanto valor, ya determinado de amar y servir a doña Florentina, y de diligenciarla para esposa (con tal rigor hace amor sus tiros, cuando quiere herir de veras), mandó a su fiel criado y secretario, que siguiese el coche para saber la casa de las dos bellísimas hermanas. Mientras el criado fue a cumplir, o con su gusto, o con la fuerza que en su pecho hacía la dorada saeta con que amor le había herido dulcemente (que este tirano enemigo de nuestro sosiego tiene unos repentinos accidentes, que si no matan, privan de juicio a los heridos de su dorado arpón) estaba don Gaspar entre sí haciendo muchos discursos. Ya le parecía que no hallaba en sí méritos para ser admitido de doña Florentina, y con esto desmayaba su amor, de suerte que se determinaba a dejarse morir en su silencio; y ya más animado, haciendo en él la esperanza las suertes que con sus engañosos gustos promete, le parecía que apenas la pediría por esposa, cuando le fuese concedida, sabiendo quién era y cuán estimado vivía cerca de su rey.

Y como este pensamiento le diese más gusto que los demás, se determinó a seguirle, enlazándose más en el amoroso enredo, con verse tan valido de la más que mentirosa esperanza, que, siempre promete más que da; y somos tan bárbaros, que, conociéndola, vivimos de ella. En estas quimeras estaba, cuando llegó su confidente y le informó del cielo donde moraba la deidad que le tenía fuera de sí, y desde aquel mismo punto empezó a perder tiempo y gastar pasos tan sin fruto, porque aunque continuó muchos días la calle, era tal el recato de la casa, que en ninguno alcanzó a ver, no sólo a las señoras, mas ni criada ninguna, con haber muchas, ni por buscar las horas más dificultosas, ni más fáciles.

La casa era encantada; en las rejas había menudas y espesas celosías, y en las puertas fuertes y seguras cerraduras, y apenas era una hora de noche, cuando ya estaban cerradas y todos recogidos, de manera que si no era cuando salían a misa, no era posible verlas, y aun entonces pocas veces iban sino acompañadas de don Dionís, con que todos los intentos de don Gaspar se desvanecían. Sólo con los ojos, en la iglesia, le daba a entender su cuidado a su dama; mas ella no hacía caso, o no miraba en ellos.

No dejó en este tiempo de ver si, por medio de algún criado, podía conseguir algo de su pretensión, procurando con oro asestar tiros a su fidelidad; mas, como era castellano, no halló en ellos lo que deseaba, por la poca simpatía que esta nación tiene con la nuestra, que, con vivir entre nosotros, son nuestros enemigos.

Con estos estorbos se enamoraba más don Gaspar, y más el día que veía a Florentina, que no parecía sino que los rayos de sus ojos hacían mayores suertes en su corazón, y le parecía que quien mereciese su belleza, habría llegado al "non plus ultra" de la dicha, y que podría vivir seguro de celosas ofensas. Andaba tan triste, no sabiendo qué hacerse, ni qué medios poner con su cuñado para que se la diese por esposa, temiendo la oposición que hay entre portugueses y castellanos.

Poco miraba Florentina en don Gaspar, aunque había bien que mirar en él, porque aunque, como he dicho, en la iglesia podía haber notado su asistencia, le debía de parecer que era deuda debida a su hermosura; que pagar

MARÍA DE ZAYAS

el que debe, no merece agradecimiento. Más de dos meses duró a don Gaspar esta pretensión, sin tener más esperanzas de salir con ella que las dichas; que si la dama no sabía la enfermedad del galán, ¿cómo podía aplicarle el remedio? Y creo que aunque la supiera, no se le diera, porque llegó tarde.[13]

Vamos al caso. Que fue que una noche, poco antes que amaneciese, venían don Gaspar y su criado de una casa de conversación, que, aunque pudiera con la ostentación de señor traer coche y criados, como mozo y enamorado, picante en alentado,[14] gustaba más de andar así, procurando con algunos entretenimientos divertirse de sus amorosos cuidados, pasando por la calle en que vivía Florentina, que ya que no veía la perla, se contentaba con ver la caja, al entrar por la calle, por ser la casa a la salida de ella, con el resplandor de la luna, que aunque iba alta daba claridad, vio tendida en el suelo una mujer, a quien el oro de los atavíos, que sus vislumbres con los de Diana[15] competían, la calificaban de porte,[16] que con desmayados alientos se quejaba, como si ya quisiese despedirse de la vida. Más susto creo que le dieron éstos a don Gaspar que los que oyó en la cueva, no de pavor, sino de compasión. Y llegándose a ella, para informarse de su necesidad, la vio toda bañada en su sangre, de que todo el suelo estaba hecho un lago, y el macilento y hermoso rostro, aunque desfigurado, daba muestras de su divina belleza y también de su cercana muerte.

Tomóla don Gaspar por las hermosas manos, que parecían de mármol en lo blanco y helado, y estremeciéndola[17] le dijo:

---

13. Anticipación del narrador.
14. *picante en alentado:* sobresaliente en valiente (Aut.).
15. *Diana:* diosa romana. Ver *Aventurarse perdiendo*, nota 49.
16. *de porte:* de noble (Aut.).
17. *estremeciéndola:* sacudiéndola (Aut.).

—¿Qué tenéis señora mía, o quién ha sido el cruel que así os puso?

A cuya pregunta respondió la desmayada señora, abriendo los hermosos ojos, conociéndole castellano, y alentándose más con esto de lo que podía, en lengua portuguesa:

—¡Ay, caballero!, por la pasión de Dios, y por lo que debéis a ser quien sois, y a ser castellano, que me llevéis adonde procuréis, antes que muera, darme confesión; que ya que pierdo la vida en la flor de mis años, no querría perder el alma, que la tengo en gran peligro.

Tornóse a desmayar, dicho esto; que visto por don Gaspar, y que la triste dama daba indicios mortales, entre él y el criado le levantaron del suelo, y acomodándosela al criado en los brazos, de manera que la pudiese llevar con más alivio, para quedar él desembarazado, para si encontraban gente o justicia, caminaron lo más apriesa que podían a su posada, que no estaba muy lejos, donde, llegados sin estorbo ninguno, siendo recibidos de los demás criados y una mujer que cuidaba de su regalo, y poniendo el desangrado cuerpo sobre su cama, enviando por un confesor y otro por un cirujano. Y hecho esto, entró donde estaba la herida dama, que la tenían cercada los demás, y la criada con una bujía encendida en la mano, que a este punto había vuelto en sí, y estaba pidiendo confesión, porque se moría, a quien la criada consolaba, animándola a que tuviese valor, pues estaba en parte donde cuidarían de darle remedio al alma y cuerpo.

Llegó, pues, don Gaspar, y poniendo los ojos en el ya casi difunto rostro, quedó, como los que ven visiones o fantasmas, sin pestañear, ni poder con la lengua articular palabra ninguna, porque no vio menos que a su adorada y hermosa Florentina. Y no acabando de dar crédito a sus mismos ojos, los cerraba y abría, y tornándolos a cerrar, los tornaba de nuevo a abrir, por ver si se engañaba. Y viendo que no era engaño, empezó a dar lugar a las admiraciones, no sabiendo qué decir de tal suceso, ni qué causa podría haberla dado, para que una señora tan principal, recatada y honesta, estuviese del modo que la veía y en la parte que la había hallado; mas, como vio que por entonces no estaba para saber de ella lo que tan admirado le tenía, porque la herida dama ya se desmayaba, y ya tornaba en sí, sufrió en su deseo, callando quién era, por no advertir a los criados de ello.

Vino en esto el criado con dos religiosos, y de allí a poco el que traía el cirujano, y para dar primero el remedio al alma, se apartaron todos; mas Florentina estaba tan desflaquecida y desmayada de la sangre que había perdido y perdía, que no fue posible confesarse. Y así, por mayor, por el peligro en que estaba, haciendo el confesor algunas prevenciones y prometiendo, si a la mañana se hallase más aliviada, confesarse, la absolvió, y dando lugar al médico del cuerpo, acudiendo todos y los religiosos, que no se quisieron ir hasta dejarla curada, la desnudaron y pusieron en la cama, y hallaron que tenía una estocada entre los pechos, de la parte de arriba, que aunque no era penetrante, mostraba ser peligrosa, y lo fuera más, a no haberla defendido algo las ballenas de un justillo[18] que traía. Y debajo de la garganta, casi en el hombro derecho, otra, también peligrosa, y otras dos en la parte de las espaldas, dando señal que, teniéndola asida del brazo, se las habían dado; que lo que la tenía tan sin aliento era la perdida sangre, que era mucha, porque había tiempo que estaba herida.

Hizo el cirujano su oficio, y al revolverla para hacerlo, se quedó de todo punto sin sentido. En fin, habiéndola

---

18. *justillo:* "vestido interior ajustado al cuerpo" (Aut.).

tomado la sangre, y don Gaspar contentado al cirujano, y avisádole no diese cuenta del caso, hasta ver si la dama no moría, cómo había sucedido tal desdicha, contándole de la manera que la había hallado, por ser el cirujano castellano de los que habían ido en la tropa de Su Majestad, pudo conseguir lo que pedía, con orden de que volviese en siendo de día, se fue a su posada, y los religiosos a su convento.

Recogiéronse todos. Quedó don Gaspar que no quiso cenar, habiéndole hecho una cama en la misma cuadra en que estaba Florentina. Se fueron los criados a acostar, dejándole allí algunas conservas y bizcochos, agua y vino, por si la dama cobraba el sentido, darle algún socorro. Idos, como digo, todos, don Gaspar se sentó sobre la cama en que estaba Florentina, y teniendo cerca de sí la luz, se puso a contemplar la casi difunta hermosura. Y viendo medio muerta la misma vida con que vivía, haciendo en su enamorado pecho los efectos que amor y piedad suelen causar, con los ojos humedecidos de amoroso sentimiento, tomándole las manos que tendidas sobre la cama tenía, ya le registraba los pulsos, para ver si acaso vivía, otras, tocándole el corazón y muchas poniendo los claveles de sus labios en los nevados copos,[19] que tenía asidos con sus manos, decía:

—¡Ay, hermosísima y mal lograda Florentina, que quiso mi desdichada suerte que cuando soy dueño de estas deshojadas azucenas, sea cuando estoy tan cerca de perderlas! Desdichado fue el día que vi tu hermosura y la amé, pues después de haber vivido muriendo tan dilatado tiempo, sin valer mis penas nada ante ti, que lo que se ignora pasa por cosa que no es, quiso mi desesperada y desdichada fortuna que, cuando te hallé, fuese cuando te

19. Las manos.

tengo más perdida y estoy con menos esperanzas de ganarte; pues cuando me pudiera prevenir con el bien de haberte hallado algún descanso, te veo ser despojos de la airada muerte. ¿Qué podré hacer, infelice amante tuyo, en tal dolor, sino serlo también en el punto que tu alma desampare tu hermoso cuerpo, para acompañarte en esta eterna y última jornada? ¡Qué manos tan crueles fueron las que tuvieron ánimo para sacar de tu cristalino pecho, donde sólo amor merecía estar aposentado, tanta púrpura[20] como los arroyos que te he visto verter! Dímelo, señora mía, que como caballero te prometo de hacer en él la más rabiosa venganza, que cuanto ha que se crió el mundo se haya visto. Mas, ¡ay de mí!, que ya parece que la airada Parca[21] ha cortado el delicado estambre de tu vida, pues ya te admiro mármol helado, cuando te esperaba fuego y blanda cera derretida al calor de mi amor! Pues ten por cierto, ajado clavel, y difunta belleza, que te he de seguir, cuando, no acabado con la pena, muerto con mis propias manos y con el puñal de mis iras.

Diciendo esto, tornaba a hacer experiencia de los pulsos y del corazón, y tornaba de nuevo y con más lastimosas quejas a llorar la mal lograda belleza. Así pasó hasta las seis de la mañana, que a esta hora tornó en sí la desmayada dama con algo de más aliento; que como se le había restriñido la sangre, tuvo más fuerza su ánimo y desanimados espíritus. Y abriendo los ojos, miró como despavorida los que la tenían cercada, extrañando el lugar donde se veía; que ya estaban todos allí, y el cirujano y los dos piadosos frailes. Mas volviendo en sí, y acordándose cómo la había traído un caballero, y lo demás que había

20. *púrpura:* sangre.
21. *Parcas:* divinidades del destino, se las representa como hilanderas que limitan a su antojo la vida de los hombres.

pasado por ella, y con debilitada voz pidió que le diesen alguna cosa con que cobrar más fuerzas, la sirvieron con unos bizcochos mojados en oloroso vino, por ser alimento más blando y sustancioso. Y habiéndolos comido, dijo que le enseñasen el caballero a quien debía el no haber muerto como gentil y bárbara. Y hecho, le dio las gracias como mejor supo y pudo. Y habiendo ordenado se le sacase una sustancia,[22] la quisieron dejar un rato sola, para que, no teniendo con quien hablar, reposase y se previniese para confesarse. Mas ella, sintiéndose con más aliento, dijo que no, sino que se quería confesar luego,[23] por lo que pudiese suceder. Y antes de esto, volviéndose a don Gaspar, le dijo:

—Caballero (que aunque quiera llamaros por vuestro nombre, no le sé, aunque me parece que os he visto antes de ahora), ¿acertaréis a ir a la parte donde me hallasteis? Que si es posible acordaros, en la misma calle preguntad por las casas de don Dionís de Portugal, que son bien conocidas en ella, y abriendo la puerta, que no está más que con un cerrojo, poned en cobro lo que hay en ella, tanto de gente como de hacienda. Y porque no os culpen a vos de las desventuras que hallaréis en ella, y por hacer bien os venga mal, llevad con vos algún ministro de justicia, que ya es imposible, según el mal que hay en aquella desdichada casa (por culpa mía) encubrirse, ni menos cautelarme yo, sino que sepan dónde estoy, y si mereciere más castigo del que tengo, me le den.

—Señora —respondió don Gaspar, diciéndole primero como era su nombre—, bien sé vuestra casa, y bien os conozco, y no decís mal, que muchas veces me habéis vis-

22. *sustancia:* "substancia: jugo substancioso que se extrae de las cosas substanciosas. Suele darse a los enfermos, cuando ya los tiene muy postrados la enfermedad" (Aut.).
23. *luego:* en seguida (Aut.).

to, aunque no me habéis mirado. Yo a vos sí que os he mirado y visto; mas no estáis en estado de saber por ahora dónde, ni menos para qué, si de esas desdichas que hay en vuestra casa sois vos la causa, andéis[24] en lances de justicia.

—No puede ser menos —respondió Florentina—; haced, señor don Gaspar, lo que os suplico, que ya no temo más daño del que tengo; demás que vuestra autoridad es bastante para que por ella me guarden a mí alguna cortesía.

Viendo, pues, don Gaspar que ésta era su voluntad, no replicó más; antes mandando poner el coche, entró en él y se fue a palacio, y dando cuenta de lo sucedido con aquella dama, sin decir que la conocía ni amaba, a un deudo suyo, también de la cámara de Su Majestad, le rogó le acompañase para ir a dar cuenta al gobernador, porque no le imaginasen cómplice en las heridas de Florentina, ni en los riesgos sucedidos en su casa. Y juntos don Gaspar y don Miguel fueron en casa del gobernador, a quien dieron cuenta del estado en que había hallado la dama, y lo que decía de su casa; que como el gobernador conocía muy bien a don Dionís y vio lo que aquellos señores le decían, al punto, entrándose en el coche con ellos, haciendo admiraciones de tal suceso, se fueron cercados de ministros de justicia a la casa de don Dionís, que, llegados a ella, abrieron el cerrojo que Florentina había dicho, y entrando todos dentro, lo primero que hallaron fue, a la puerta de un aposento que estaba al pie de la escalera, dos pajes en camisa, dados de puñaladas, y subiendo por la escalera, una esclava blanca, herrada en el rostro, a la misma entrada de un corredor, de la misma suerte que los pajes, y una doncella sentada en el corredor, atravesada de una esto-

____

24. *andéis:* el antecedente es "no estáis en estado de" que... "andéis".

cada hasta las espaldas, que, aunque estaba muerta, no había tenido lugar de caer, como estaba arrimada a la pared; junto a ésta estaba una hacha caída, como que a ella misma se le había caído de la mano. Más adelante, a la entrada de la antesala, estaba don Dionís, atravesado en su misma espada, que toda ella le salía por las espaldas, y él caído boca abajo, pegado el pecho con la guarnición,[25] que bien se conocía haberse arrojado sobre ella, desesperado de la vida y aborrecido de su misma alma.

En un aposento que estaba en el mismo corredor, correspondiente a una cocina, estaban tres esclavas, una blanca y dos negras; la blanca, en el suelo, en camisa, en la mitad del aposento; y las negras en la cama, también muertas a estocadas. Entrando más adentro, en la puerta de una cuadra, medio cuerpo fuera y medio dentro, estaba un mozo de hasta veinte años, de muy buena presencia y cara, pasado de una estocada; éste estaba en camisa, cubierta con una capa, y en los descalzos pies una chinelas. En la misma cuadra donde estaba la cama, echada en ella, doña Magdalena, también muerta de crueles heridas; mas con tanta hermosura, que parecía una estatua de marfil salpicada de rosicler. En otro aposento, detrás de esta cuadra, otras dos doncellas, en la cama, también muertas, como las demás.

Finalmente, en la casa no había cosa viva. Mirábanse los que venían esto, unos a otros, tan asombrado, que no sé cuál podía en ellos más: la lástima o la admiración. Y bien juzgaron ser don Dionís el autor de tal estrago, y que después de haberle hecho, había vuelto su furiosa rabia contra sí. Mas viendo que sola Florentina, que era la que tenía vida, podía decir cómo había sucedido tan lastimosa tragedia, mas sabiendo de don Gaspar el peligro en que

---

25. *guarnición:* "la defensa que está junto al puño de la espada" (Aut.).

estaba su vida, y que no era tiempo de averiguarla hasta ver si mejoraba, suspendieron la averiguación y dieron orden de enterrar los muertos, con general lástima, y más de doña Magdalena, que como la conocían ser una señora de tanta virtud y tan honorosa, y la veían con tanta mocedad y belleza, se dolían más de su desastrado fin que de los demás.

Dada, pues, tierra a los lastimosos cadáveres, y puesta por inventario[26] la hacienda, depositada en personas abonadas,[27] se vieron todos juntos en casa de don Gaspar, donde hallaron reposando a Florentina, que después de haberse confesado y dádole una sustancia, se había dormido; y que un médico, de quien se acompañó el cirujano que la asistía por orden de don Gaspar, decía que no era tiempo de desvanecerla,[28] por cuanto la confesión había sido larga y le había dado calentura, que aquel día no convenía que hablase; mas, porque temían, con la falta de tanta sangre como había perdido, no enloqueciese, la dejaron depositándola en poder de don Gaspar y su primo, que siempre que se la pidiesen darían cuenta de ella. Se volvió el gobernador a su casa, llevando bien que contar, él y todos, de la destrucción de la casa de don Dionís, y bien deseosos de saber el motivo que había para tan lastimoso caso.

Más de quince días se pasaron, que no estuvo Florentina para hacer declaración de tan lastimosa historia, llegando muchas veces a término de acabar la vida; tanto, que fue necesario darle todos los sacramentos. En cuyo tiempo, por consejo de don Gaspar y don Miguel, había

26. *inventario:* "el orden de poner por escrito la hacienda, bienes, dinero u otras cosas con autoridad del superior" (Aut.).

27. *personas abonadas:* las que tienen crédito y caudal bastante para que se les fíe cualquier negocio de interés y su manejo (Aut.).

28. *desvanecerla:* marearla (Aut.).

hecho declaración delante del gobernador, cómo don Dionís había hecho aquel lastimoso estrago, celoso de doña Magdalena y aquel criado, de quien injustamente sospechaba mal, que era el que estaba en la puerta de la cuadra, y que a ella había también dado aquellas heridas; mas que no la acabó de matar, por haberse puesto de por medio aquella esclava que estaba en la puerta del corredor, donde pudo escaparse mientras la mató, y que se había salido a la calle, y cerrado tras sí la puerta, y con perder tanta sangre, cayó donde la halló don Gaspar. Que en cuanto a don Dionís, que no sabía si se había muerto o no; mas que pues le habían hallado como decían, que él, de rabia, se había muerto.

Con esta confesión o declaración que hizo, no culpándose[29] a sí, por no ocasionarse el castigo, con esto cesaron las diligencias de la justicia; antes desembargando el hacienda, y poniéndola a ella en libertad, le dieron la posesión de ella; la parte de su hermana, por herencia, y la de don Dionís, en pago de las heridas recibidas de su mano, para que, si viviese, la gozase, y si muriese, pudiese testar a su voluntad.

Con que, pasado más de un mes, que con verse quieta y rica, se consoló y mejoró (o Dios que dispone las cosas conforme a su voluntad y a utilidad nuestra), en poco más tiempo estaba ya fuera de peligro, y tan agradecida del agasajo de don Gaspar, y reconocida del bien que de él había recibido, que no fuera muy dificultoso amarle, pues fuera de esto lo merecía por su gallardía y afable condición, además de su nobleza y muchos bienes de fortuna, de que le había engrandecido el Cielo de todas maneras, y aun estoy por decir que le debía de amar. Mas como se hallaba inferior, no en la buena sangre, en la riqueza y en

29. Anticipación del narrador.

la hermosura, que ésa sola bastaba, sino en la causa que originó el estar ella en su casa, no se atrevía a darlo a entender; ni don Gaspar, más atento a su honor que a su gusto, aunque la amaba, como se ha dicho, y más, como se sabe, del trato, que suele engendrar amor donde no le hay, no había querido declararse con ella hasta saber en qué manera había sido la causa de tan lastimoso suceso; porque más quería morir amando con honor, que sin él vencer y gozar, supuesto que Florentina, para mujer, si había desmán en su pureza, era poca mujer, y para dama,[30] mucha. Y deseoso de salir de este cuidado y determinar lo que había de hacer, porque la jornada de Su Majestad para Castilla se acercaba, y él había de asistir a ella, viéndola con salud y muy cobrada de su hermosura, y que ya se empezaba a levantar, le suplicó le contase cómo habían sucedido tantas desdichas, como por sus ojos había visto, y Florentina, obligada y rogada de persona a quien tanto debía, estando presente don Miguel, que deseaba lo mismo, y aún no estaba menos enamorado que su primo, aunque, temiendo lo mismo, no quería manifestar su amor, empezó a contar su prodigiosa historia de esta manera:

—Nací en esta ciudad (nunca naciera, para que hubiera sido ocasión de tantos males), de padres nobles y ricos, siendo desde el primer paso que di en este mundo causa de desdichas, pues se las ocasioné a mi madre, quitándole, en acabando de nacer, la vida, con tierno sentimiento de mi padre, por no haber gozado de su hermosura más de los nueve meses que me tuvo en su vientre, si bien se le moderó, como hace a todos, pues apenas tenía yo dos años se casó con una señora viuda y hermosa, con buena hacienda, que tenía asimismo una hija que le había que-

---

30. *dama:* amante (Aut.).

dado de su esposo, de edad de cuatro años, que ésta fue la desdichada doña Magdalena. Hecho, pues, el matrimonio de mi padre y su madre, nos criamos juntas desde la infancia, tan amantes la una de la otra, y tan amadas de nuestros padres, que todos entendían que éramos hermanas; porque mi padre, por obligar a su esposa, quería y regalaba a doña Magdalena, como si fuera hija suya, y su esposa, por tenerle a él grato y contento, me amaba a mí más que a su hija, que esto es lo que deben hacer los buenos casados y que quieren vivir con quietud; pues del poco agrado que tienen los maridos con los hijos de sus mujeres, y las mujeres con los de sus maridos, nacen mil rencillas y pesadumbres.

En fin, digo que, si no eran los que muy familiarmente nos trataban, que sabían lo contrario, todos los demás nos tenían por hermanas, y hoy aún; nosotras mismas lo creíamos así, hasta que la muerte descubrió este secreto; que, llegando mi padre al punto de hacer testamento para partir de esta vida, por ser el primero que la dejó, supe que no era hija de la que reverenciaba por madre, ni hermana de la que amaba por hermana. Y por mi desdicha, hubo de ser por mí por quien faltó esta amistad. Murió mi padre, dejándome muy encomendada a su esposa; mas no pudo mostrar mucho tiempo en mí el amor que a mi padre tenía, porque fue tan grande el sentimiento que tuvo de su muerte, que dentro de cuatro meses le siguió, dejándonos a doña Magdalena y a mí bien desamparadas, aunque bien acomodadas de bienes de fortuna, que, acompañados con los de naturaleza, nos prometíamos buenos casamientos, porque no hay diez y ocho años feos.

Dejónos nuestra madre (que en tal lugar la tenía yo) debajo de la tutela de un hermano suyo, de más edad que ella, el cual nos llevó a su casa, y nos tenía como a hijas, no diferenciándonos en razón de nuestro regalo y aderezo a la una de la otra, porque era con tan gran extremo lo que las dos nos amábamos, que el tío de doña Magdalena, pareciéndole que hacía lisonja a su sobrina, que quería y acariciaba de la misma suerte que a ella. Y no hacía mucho, pues, no estando él muy sobrado, con nuestra hacienda no le faltaba nada.

Ya cuando nuestros padres murieron, andaba don Dionís de Portugal, caballero rico, poderoso y de lo mejor de esta ciudad, muy enamorado de doña Magdalena, deseándola para esposa, y se había dilatado el pedirla por su falta,[31] paseándola y galanteándola de lo ternísimo y cuidadoso, como tiene fama nuestra nación. Y ella, como tan bien entendida, conociendo su logro, le correspondía con la misma voluntad, en cuanto a dejarse servir y galantear de él, con el decoro debido a su honestidad y fama, supuesto que admitía su voluntad y finezas con intento de casar con él.

Llegaron, pues, estos honestos y recatados amores, a determinarse doña Magdalena de casarse sin la voluntad de su tío, conociendo en él la poca que mostraba en darle estado, temeroso de perder la comodidad con que con nuestra buena y lucida hacienda pasaba. Y así, gustara más que fuéramos religiosas, y aun nos lo proponía muchas veces; mas viendo la poca inclinación que teníamos a este estado, o por desvanecidas con la belleza, o porque habíamos de ser desdichadas, no apretaba en ello, mas dilataba el casarnos: que todo esto pueden los intereses[32] de pasar con descanso. Que visto esto por doña Magdalena, determinada, como digo, a elegir por dueño a don Dionís, empezó a engolfarse más en su voluntad, escri-

31. *su falta:* por la falta de voluntad del tío para casarla.
32. *intereses:* deseos (M. Moliner).

biéndose el uno al otro y hablándose muchas noches por una reja.

Asistíala yo algunas noches (¡oh, primero muriera, que tan cara me cuesta esta asistencia!), al principio, contenta de ver a doña Magdalena empleada en un caballero de tanto valor como don Dionís, al medio, envidiosa de que fuese suyo y no mío, y al fin, enamorada y perdida por él. Oíle tierno, escuchéle discreto, miréle galán, consideréle ajeno, y dejéme perder sin remedio, con tal precipicio, que vine a perder la salud, donde conozco que acierta quien dice que el amor es enfermedad, pues se pierde el gusto, se huye el sueño y se apartan las ganas de comer. Pues si todos estos accidentes caen sobre el fuego que amor enciende en el pecho, no me parece que es el menos peligroso tabardillo,[33] y más cuando da con la modorra de no poder alcanzar, y con el frenesí celoso de ver lo que se ama empleado en otro cuidado. Y más rabioso fue este mal en mí, porque no podía salir de mí, ni consentía ser comunicado, pues todo el mundo me había de infamar de que amase yo lo que mi amiga o hermana amaba. Yo quería a quien no me quería, y éste amaba a quien yo tenía obligación de no ofender. ¡Válgame Dios, y qué intrincado laberinto, pues sólo mi mal era para mí y mis penas no para comunicadas!

Bien notaba doña Magdalena en mí melancolía y perdida color, y demás accidentes, mas no imaginaba la causa. Que creo, de lo que me amaba, que dejara la empresa porque yo no padeciera. (Que cuando considero esto, no sé cómo mi propio dolor no me quita la vida.) Antes juzgaba de mi tristeza debía de ser porque no me había llegado a mí la ocasión de tomar estado como a ella, como es éste el deseo de todas las mujeres de sus años y de los

33. *tabardillo:* fiebre maligna (Aut.).

míos. Y si bien algunas veces me persuadía a que le comunicase mi pena, yo la divertía[34] dándole otras precisas causas, hasta llegarme a prometer que, en casándose, me casaría con quien yo tuviese gusto. ¡Ay, mal lograda hermosura, y qué falsa y desdichadamente te pagué el amor que me tenías!

Cierto, señor don Gaspar, que, a no considerar que, si dejase aquí mi lastimosa historia, no cumpliría con lo que estoy obligada, os suplicara me diérades licencia para dejarla; porque no me sirve de más de añadir nuevos tormentos a los que padezco en referirla. Mas pasemos con ella adelante, que justo es que padezca quien causó tantos males, y así, pasaré a referirlos. Las músicas, las finezas y los extremos con que don Dionís servía a doña Magdalena, ya lo podréis juzgar de la opinión de enamorados que nuestra nación tiene; ni tampoco las rabiosas bascas,[35] los dolorosos suspiros y tiernas lágrimas de mi corazón y ojos, el tiempo que duró este galanteo, pues lo podréis ver por lo que adelante sucedió.

En fin, puestos los medios necesarios para que su tío de doña Magdalena no lo negase, viendo conformes las dos voluntades, aunque de mala gana, por perder el interés que se le seguía en el gobierno y administración de la hacienda, doña Magdalena y don Dionís llegaron a gozar lo que tanto deseaban, tan contentos con el felicísimo y dichoso logro de su amor, como yo triste y desesperada, viéndome de todo punto desposeída del bien que adoraba mi alma. No sé cómo os diga mis desesperaciones y rabiosos celos; mas mejor es callarlo, porque así saldrán mejor pintados, porque no hallo colores como los de la imaginación. No digo más, sino que a este efecto hice un

---

34. *divertía:* distraía (Aut.).
35. *bascas:* arcadas.

romance, que si gustáis, le diré, y si no, le pasaré en silencio.

—Antes me agraviaréis —dijo don Gaspar— en no decirle; que sentimientos vuestros serán de mucha estima.

—Pues el romance es éste, que canté a una guitarra, el día del desposorio, más que cantando, llorando:

> Ya llego, Cupido, al ara;
> ponme en los ojos el lienzo;
> pues sólo por mis desdichas
> ofrezco al cuchillo el cuello.
>
> Ya no tengo más que darte,
> que pues la vida te ofrezco;
> niño cruel, ya conoces
> el poco caudal que tengo.
>
> Un cuerpo sin alma doy;
> que es engaño, ya lo veo;
> mas tiéneme Fabio el alma,
> y quitársela no puedo.
>
> Que si guardaba la vida,
> era por gozarle en premio
> de mi amor; mas ya la doy
> con gusto, pues hoy le pierdo.
>
> No te obliguen las corrientes
> que por estos ojos vierto;
> que no son por obligarte,
> sino por mi sentimiento.
>
> Antes, si me has de hacer bien,
> acaba, acábame presto,
> para que el perder a Fabio
> y el morir lleguen a un tiempo.
>
> Mas es tanta tu crueldad,
> que porque morir deseo,
> el golpe suspenderás
> más que piadoso, severo.

Ejecuta el golpe, acaba,
o no me quites mi dueño;
déjame vivir con él,
aunque viva padeciendo.

Bien sabes que sola una hora
vivir sin Fabio no puedo;
pues si he de morir despacio,
más alivio es morir presto.

Un año, y algo más, ha
que sin decirlo padezco,
amando sin esperanzas,
que es la pena del infierno.

Ya su sol se va a otro oriente,
y a mí, como a ocaso negro,
quedándome sin su luz,
¿para qué la vida quiero?

Mas si tengo de morir,
amor, ¿para qué me quejo?
Que pensarás que descanso,
y no descanso, que muero.

Ya me venda amor los ojos,
ya desenvaina el acero;
ya muero, Fabio, por ti,
ya por ti la vida dejo.

Ya digo el último adiós.
¡Oh, permita, Fabio, el cielo,
que a ti te dé tantas dichas
como yo tengo tormentos!

En esto decir quiero
que muero, Fabio, pues que ya te pierdo,
y que por ti, con gusto, Fabio, muero.

Casáronse, en fin, don Dionís y doña Magdalena. Y,
como me lo había prometido, me trujo, cuando se vino a
su casa, en su compañía, con ánimo de darme estado,

pensando que traía una hermana y verdadera amiga, y trujo la destrucción de ella. Pues ni el verlos ya casados, ni cuán ternísimamente se amaban, ni lo que a doña Magdalena de amor debía, ni mi misma pérdida, nada bastó para que yo olvidase a don Dionís; antes crecía en mí la desesperada envidia de verlos gozarse y amarse con tanta dulzura y gusto; con lo que yo vivía tan sin él, que creyendo doña Magdalena que nacía de que se dilataba el darme estado, trató de emplearme en una persona que me estimase y mereciese. Mas nunca, ni ella, ni don Dionís lo pudieron acabar conmigo, de que doña Magdalena se admiraba mucho y me decía que me había hecho de una condición tan extraña, que la traía fuera de sí, ni me la entendía. Y a la cuenta debía de comunicar esto mismo con su esposo, porque un día que ella estaba en una visita y yo me había quedado en casa, como siempre hacía (que como andaba tan desabrida, a todo divertimento me negaba), vino don Dionís, y hallándome sola y los ojos bañados de lágrimas, que pocos ratos dejaba de llorar el mal empleo de mi amor, sentándose junto a mí, me dijo:

—Cierto, hermosa Florentina, que a tu hermana y a mí nos trae cuidadosísimos tu melancolía, haciendo varios discursos de qué te puede proceder, y ninguno hallo más a propósito, ni que lleve color de verdadero, sino que quieres bien en parte imposible; que a ser posible, no creo que haya caballero en esta ciudad, aunque sea de jerarquía superior, que no estime ser amado de tu hermosura y se tuviera por muy dichoso en merecerla, aun cuando no fueras quien eres, ni tuvieras la hacienda que tienes, sino que fueras una pobre aldeana, pues con ser dueño de tu sin igual belleza, se pudiera tener por el mayor rey del mundo.

—Y si acaso fuera —respondí yo, no dejándole pasar adelante (tan precipitada me tenía mi amorosa pasión, o, lo más seguro, dejada de la divina mano)— que fuera así, que amara en alguna parte difícil de alcanzar correspondencia, ¿qué hiciérades vos por mí, señor don Dionís, para remediar mi pena?

—Decírsela, y solicitarla para que te amase —respondió don Dionís.

—Pues si es así —respondí yo—, dítela a ti mismo, y solicítate a ti, y cumplirás lo que prometes. Y mira cuán apurado está mi sufrimiento, que sin mirar lo que debo a mí misma, ni que profano la honestidad, joya de más valor que una mujer tiene, ni el agravio que hago a tu esposa, que aunque no es mi hermana, la tengo en tal lugar, ni el saber que voy a perder, y no a ganar contigo, pues es cierto que me has de desestimar y tener en menos por mi atrevimiento, y despreciarme por mirarme liviana, y de más a más por el amor que debes a tu esposa, tan merecedora de tu lealtad como yo de tu desprecio. Nada de esto me obliga; porque he llegado a tiempo que es más mi pena que mi vergüenza. Y así, tenme por libre, admírame atrevida, ultrájame deshonesta, aborréceme liviana o haz lo que fuere de tu gusto, que ya no puedo callar. Y cuando no me sirva de más mi confesión, sino que sepas que eres la causa de mi tristeza y desabrimiento, me doy por contenta y pagada de haberme declarado. Y supuesto esto, ten entendido que, desde el día que empezaste a amar a doña Magdalena, te amo más que a mí, pasando las penas que ves y no ves, y de que a ninguna persona en el mundo he dado parte, resuelta a no casarme jamás, porque, si no fuere a ti, no he de tener otro dueño.

Acabé esta última razón con tantas lágrimas y ahogados suspiros y sollozos, que apenas la podía pronunciar. Lo que resultó de esto fue que, levantándose don Dionís, creyendo yo que se iba huyendo por no responder a mi determinada desenvoltura, y cerrando la puerta de la sala, se volvió donde yo estaba, diciendo:

—No quiera amor, hermosa Florentina, que yo sea ingrato a tan divina belleza y a sentimientos tan bien padecidos y tiernamente dichos.

Y añudándome al cuello los brazos, me acarició de modo que ni yo tuve más que darle, ni él más que alcanzar ni poseer. En fin, toda la tarde estuvimos juntos en amorosos deleites. Y en el discurso de ella, no sé que fuese verdad, que los amantes a peso de mentiras nos compran, que desde otro día casado me amaba, y por no atreverse, no me lo había dicho, y otras cosas con que yo creyéndole, me tuve por dichosa, y me juzgué no mal empleada, y que si se viera libre, fuera mi esposo. Rogóme don Dionís con grandes encarecimientos que no descubriera a nadie nuestro amor, pues teníamos tanto lugar de gozarle, y yo le pedí lo mismo, temerosa de que doña Magdalena no lo entendiese.

En fin, de esta suerte hemos pasado cuatro años, estando yo desde aquel día la mujer más alegre del mundo. Cobréme en mi perdida hermosura, restituíme en mi donaire. De manera que ya era el regocijo y alegría de toda la casa, porque yo mandaba en ella. Lo que yo hacía era lo más acertado; lo que mandaba, lo obedecido. Era dueño de la hacienda, y de cúya era.[36] Por mí se despedían y recibían los criados y criadas, de manera que doña Magdalena no servía más de hacer estorbo a mis empleos.

Amábame tanto don Dionís, granjeándole yo la voluntad con mis caricias, que se vino a descuidar en las que solía y debía hacer a su esposa, con que se trocaron las suertes. Primero Magdalena estaba alegre, y Florentina triste; ya Florentina era la alegre, Magdalena la melancó-

---

36. *y de cuya era:* y de quien era la hacienda (del propietario).

lica, la llorosa, la desabrida y la desconsolada. Y si bien entendía que por andar su esposo en otros empleos se olvidaba de ella, jamás sospechó en mí; lo uno, por el recato con que andábamos, y lo otro por la gran confianza que tenía de mí, no pudiéndose persuadir a tal maldad, si bien me decía que en mí las tristezas y alegrías eran extremos que tocaban en locura. ¡Válgame el cielo, y qué ceguedad es la de los amantes! ¡Nunca me alumbré de ella hasta que a costa de tantas desdichas se me han abierto los ojos!

Llegó a tal extremo y remate la de mis maldades, que nos dimos palabras de esposos don Dionís y yo, para cuando muriera doña Magdalena, como si estuviera en nuestra voluntad el quitarle la vida, o tuviéramos las nuestras más seguras que ella la suya. Llegóse en este tiempo la Semana Santa, en que es fuerza acudir al mandamiento de la Iglesia. Y si bien algunas veces, en el discurso de mi mal estado, me había confesado, algunas había sido de cumplimiento. Y yo, que sabía bien dorar mi yerro, no debía haber encontrado confesor tan escrupuloso como este que digo, o yo debí de declararme mejor. ¡Oh infinita bondad, y qué sufres!

En fin, tratando con él del estado de mi conciencia, me la apuró tanto, y me puso tantos temores de la perdición de mi alma, no queriéndome absolver, y diciéndome que estaba como acá ardiendo en los infiernos, que volví a casa bien desconsolada, y entrándome en mi retraimiento,[37] empecé a llorar, de suerte que lo sintió una doncella mía, que se había criado conmigo desde niña; que es la que si os acordareis, señor don Gaspar, hallasteis en aquella desdichada casa sentada en el corredor, arrimada a la pared, pasada de parte a parte por los pechos, y con

37. *retraimiento:* refugio (Aut.).

grande instancia, ruegos y sentimientos, me persuadió a que le dijese la causa de mi lastimoso llanto. Y yo (o por descansar con ella, o porque ya la fatal ruina de todos se acercaba, advirtiendo, lo primero, del secreto y disimulación delante de don Dionís, porque no supiese que ella lo sabía, por lo que importaba) le di cuenta de todo, sin faltar nada, contándole también lo que me había pasado con el confesor. La doncella, haciendo grandes admiraciones, y más de cómo había podido tenerlo tanto tiempo encubierto sin que ninguno lo entendiese, me dijo, viendo que yo le pedía consejo, estas razones:

—Cierto, señora mía, que son sucesos, los que me has contado, de tanta gravedad, que era menester, para dar salida a ellos, mayor entendimiento que el mío; porque pensar que has de estar en este estado presente hasta que doña Magdalena se muera, es una cosa que sólo esperarla causa desesperación. Porque ¿cómo sabemos que se ha de morir ella primero que tú? ¿Ni don Dionís decirte que te apartes de él, amándole? Es locura que ni tú lo has de hacer, ni él, si está tan enamorado, como dices, menos; tú, sin honor y amando, aguardando milagros, que las más de las veces en estos casos suceden al revés, porque el Cielo castiga estas intenciones, y morir primero los que agravian que el agraviado, acabar el ofensor y vivir el ofendido. El remedio que hallo, cruel es; mas ya es remedio, que a llagas tan ulceradas como éstas quieren curas violentas.

Roguéle me lo dijese, y respondióme:

—Que muera doña Magdalena; que más vale que lo padezca una inocente, que se irá a gozar de Dios con la corona del martirio, que no que tú quedes perdida.

—¡Ay, amiga!, ¿y no será mayor error que los demás —dije yo— matar a quien no lo debe, y que Dios me le castigará a mí, pues haciendo yo el agravio, le ha de pagar el que le recibe?

—David[38] —me respondió mi doncella— se aprovechó de él matando a Urías, porque Bersabé no padeciera ni peligrara en la vida ni en la fama. Y tú me parece que estás cerca de lo mismo, pues el día que doña Magdalena se desengañe, ha de hacer de ti lo que yo te digo que hagas de ella.

—Pues si con sólo el deseo —respondí yo— me ha puesto el confesor tantos miedos, ¿qué será con la ejecución?

—Hacer lo que hizo David —dijo la doncella—: matemos a Urías, que después haremos penitencia. En casándote con tu amante, restaurar con sacrificios el delito; que por la penitencia se perdona el pecado, y así lo hizo el santo rey.

Tantas cosas me dijo, y tantos ejemplos me puso, y tantas leyes me alegó, que como yo deseaba lo mismo que ella me persuadía, que reducida a su parecer, dimos entre las dos la sentencia contra la inocente y agraviada doña Magdalena; que siempre a un error sigue otro, y a un delito muchos. Y dando y tomando pareceres cómo se ejecutaría, me respondió la atrevida mujer, en quien pienso que hablaba y obraba el demonio:

—Lo que me parece más conveniente, para que ninguna de nosotras peligre, es que la mate su marido, y de esta suerte no culparán a nadie.

—¿Cómo será eso —dije yo—, que doña Magdalena vive tan honesta y virtuosamente, que no hallará jamás su marido causa para hacerlo?

—Eso es el caso —dijo la doncella—; ahí ha de obrar mi industria. Calla y déjame hacer, sin darte por entendida de nada; que si antes de un mes no te vieres desembarazada de ella, me ten por la más ruda y boba que hay en el mundo.

---

38. *David:* el rey David cuya historia relata la *Biblia* en *Samuel,* 11.

Dióme parte del modo, apartándonos las dos, ella, a hacer oficio de demonio, y yo a esperar el suceso, con lo que cesó nuestra plática. Y la mal aconsejada moza, y yo más que ella (que todas seguíamos lo que el demonio nos inspiraba), hallando ocasión, como ella la buscaba, dijo a don Dionís que su esposa le quitaba el honor, porque mientras él no estaba en casa, tenía trato ilícito con Fernandico. Éste era un mozo de hasta edad de diez y ocho o veinte años, que había en casa, nacido y criado en ella, porque era hijo de una criada de sus padres de don Dionís, que había sido casada con un mayordomo suyo, y muertos ya sus padres, el desdichado mozo se había criado en casa, heredando el servir, mas no el premio, pues fue muy diferente del que sus padres habían tenido; que éste era el que hallasteis muerto a la puerta de la cuadra donde estaba doña Magdalena. Era galán y de buenas partes, y muy virtuoso, con que a don Dionís no se le hizo muy dificultoso el creerlo, si bien le preguntó que cómo le había visto; a lo que ella respondió que al ladrón de casa[39] no hay nada oculto, que piensan las amas que las criadas son ignorantes. En fin, don Dionís le dijo que cómo haría para satisfacerse de la verdad.

—Haz que te vas fuera, y vuelve al anochecer, o ya pasado de media noche, y hazme una seña, para que yo sepa que estás en la calle —dijo la criada—, que te abriré la puerta y los cogerás juntos.

Quedó concertado para de allí a dos días, y mi criada me dio parte de lo hecho; de que yo, algo temerosa, me alegré, aunque por otra parte me pesaba; mas viendo que ya no había remedio, hube de pasar, aguardando el suceso. Vamos al endemoniado enredo, que voy abreviando, por la pena que me da referir tan desdichado suceso.

39. *ladrón de casa:* criado.

Al otro día dijo don Dionís que iba con unos amigos a ver unos toros que se corrían en un lugar tres leguas de Lisboa. Y apercibido su viaje, aunque Fernandico le acompañaba siempre, no quiso que esta vez fuera con él, ni otro ningún criado; que para dos días los criados de los otros le asistirían. Y con esto se partió el día a quien siguió la triste noche que me hallasteis. En fin, él vino solo, pasada de media noche, y hecha la seña, mi doncella, que estaba alerta, le dijo se aguardase un poco, y tomando una luz, se fue al posento del mal logrado mozo, y entrando alborotada, le dijo:

—Fernando, mi señora te llama que vayas allá muy apriesa.

—¿Qué me quiere ahora mi señora? —replicó Fernando.

—No sé —dijo ella— más de que me envía muy apriesa a llamarte.

Levantóse, y queriendo vestirse, le dijo:

—No te vistas, sino ponte esa capa y enchanclétate esos zapatos, y ve a ver qué te quiere; que si después fuere necesario vestirte, lo harás.

Hízolo así Fernando y mientras él fue adonde su señora estaba, la cautelosa mujer abrió a su señor. Llegó Fernando a la cama donde estaba durmiendo doña Magdalena, y despertándola, le dijo:

—Señora, ¿qué es lo que me quieres?

A lo que doña Magdalena, asustada, como despertó y le vio en su cuadra, le dijo:

—Vete, vete, mozo, con Dios. ¿Qué buscas aquí? Que yo no te llamo.

Que como Fernando lo oyó, se fue a salir de la cuadra, cuando llegó su amo al tiempo que él salía; que como le vio desnudo y que salía del aposento de su esposa, creyó que salía de dormir con ella, y dándole con la espada, que

348

traía desnuda, dos estocadas, una tras otra, le tendió en el suelo, sin poder decir más de "¡Jesús sea conmigo!", con tan doloroso acento, que yo, que estaba en mi aposento, bien temerosa y sobresaltada (como era justo estuviese quien era causa de un mal tan grande y autora de un testimonio tan cruel, y motivo de que se derramase aquella sangre inocente, que ya empezaba a clamar delante del tribunal supremo de la divina justicia), me cubrí con un sudor frío, y queriéndome levantar, para salir a estorbarlo, o que mis fuerzas estuviesen enflaquecidas, o que el demonio, que ya estaba señoreado de aquella casa, me ató de suerte que no pude.

En tanto, don Dionís, ya de todo punto ciego con su agravio, entró adonde estaba su inocente esposa, que se había vuelto a quedar dormida con los brazos sobre la cabeza, y llegando a su puro y casto lecho, a sus airados ojos y engañada imaginación sucio, deshonesto y violado con la mancha de su deshonor, le dijo:

—¡Ah traidora, y cómo descansas en mi ofensa!

Y sacando la daga, la dio tantas puñaladas, cuantas su indignada cólera le pedía. Sin que pudiese ni aun formar un ¡ay!, desamparó aquella alma santa el más hermoso y honesto cuerpo que conoció el reino de Portugal.

Ya a este tiempo había yo salido fuera de mi estancia y estaba en parte que podía ver lo que pasaba; bien perdida de ánimo y anegada en lágrimas; mas no me atreví a salir. Y vi que don Dionís pasó adelante, a un retrete que estaba consecutivo a la cuadra de su esposa, y hallando dos desdichadas doncellas que dormían en él, las mató, diciendo:

—Así pagaréis, dormidas centinelas de mi honor, vuestro descuido, dando lugar a vuestra alevosa señora para que velase a quitarme el honor.

Y bajando por una escalera excusada que salía a un

patio, salió al portal, y llamando los dos pajes que dormían en un aposento cerca de allí, que a su voz salieron despavoridos, les pagó su puntualidad con quitarles la vida. Y como un león encarnizado y sediento de humana sangre, volvió a subir por la escalera principal, y entrando en la cocina, mató las tres esclavas que dormían en ella, que la otra había ido a llamarme, oyendo la revuelta y llanto que hacía mi criada, que sentada en el corredor estaba; que, o porque se arrepintió del mal que había hecho, cuando no tenía remedio, o porque Dios quiso le pagase, o porque el honor de doña Magdalena no quedase manchado, sino que supiese el mundo que ella y cuantos habían muerto, iban sin culpa, y que sola ella y yo la teníamos, que es lo más cierto, arrimando una hacha[40] que el propio[41] había encendido a la pared, que tan descaradamente siguió su maldad, que para ir a abrir la puerta a su señor, le pareció poca luz la de una vela, que, en dejándonos Dios de su divina mano, pecamos, como si hiciéramos algunas virtudes. Sin vergüenza de nada, se sentó y empezó a llorar, diciendo:

—¡Ay, desdichada de mí, qué he hecho! ¡Ya no hay perdón para mí en el cielo, ni en la tierra, pues por apoyar un mal con tan grande y falso testimonio, he sido causa de tantas desdichas!

A este mismo punto salía su amo de la cocina, y yo por la otra parte, y la esclava que me había ido a llamar, con una vela en la mano. Y como la oí, me detuve, y vi que llegando don Dionís a ella, le dijo:

—¿Qué dices, moza, de testimonio y de desdichas?

—¡Ay, señor mío! —respondió ella—, ¿qué tengo de decir?, sino que soy la más mala hembra que en el mundo

---

40. *hacha:* antorcha (Aut.).
41. *el propio:* él mismo (Covar.).

ha nacido? Que mi señora doña Magdalena y Fernando han muerto sin culpa, con todos los demás a quien has quitado la vida. Sola yo soy la culpada, y la que no merezco vivir, que yo hice este enredo, llamando al triste Fernando, que estaba en su aposento dormido, diciéndole que mi señora le llamaba, para que viéndole tú salir de la forma que le viste, creyeses lo que yo te había dicho, para que, matando a mi señora doña Magdalena, te casaras con doña Florentina, mi señora, restituyéndole y satisfaciendo, con ser su esposo, el honor que le debes.

—¡Oh falsa traidora! Y si eso que dices es verdad —dijo don Dionís—, poca venganza es quitarte una vida que tienes; que mil son pocas, y que a cada una se te diese un género de muerte.

—Verdad es, señor; verdad es, señor, y lo demás, mentira. Yo soy la mala, y mi señora, la buena. La muerte merezco, y el infierno también.

—Pues yo te daré lo uno y lo otro —respondió don Dionís—, y restaure la muerte de tantos inocentes la de una traidora.

Y diciendo esto, la atravesó con la espada por los pechos contra la pared, dando la desdichada una gran voz, diciendo:

—Recibe, infierno, el alma de la más mala mujer que crió el Cielo, y aun allá pienso que no hallará lugar.

Y diciendo esto, la rindió a quien la ofrecía.

A este punto salí yo con la negra, y fiada en el amor que me tenía, entendiendo amansarle y reportarle, le dije:

—¿Qué es eso, don Dionís? ¿Qué sucesos son éstos? ¿Hasta cuándo ha de durar el rigor?

Él, que ya a este punto estaba de la rabia y dolor sin juicio, embistió conmigo, diciendo:

—Hasta matarte y matarme, falsa, traidora, liviana,

deshonesta, para que pagues haber sido causa de tantos males; que no contenta con los agravios que, con tu deshonesto apetito, hacías a la que tenías por hermana, no has parado hasta quitarle la vida.

Y diciendo esto, me dio las heridas que habéis visto, y acabárame de matar si la negra no acudiera a ponerse en medio; que como la vio don Dionís, asió de ella, y mientras la mató, tuve yo lugar de entrarme en un aposento y cerrar la puerta, toda bañada en mi sangre. Acabando, pues, don Dionís con la vida de la esclava, y que ya no quedaba nada vivo en casa, si no era él, porque de mí bien creyó que iba de modo que no escaparía, y insistido del demonio, puso el pomo de la espada en el suelo y la punta en su cruel corazón diciendo:

—No he de aguardar a que la justicia humana castigue mis delitos, que más acertado es que sea yo el verdugo de la justicia divina.

Se dejó caer sobre la espada, pasando la punta a las espaldas, llamando al demonio que le recibiese el alma.

Yo, viéndole ya muerto y que me desangraba, si bien con el miedo que podéis imaginar, de verme en tanto horror y cuerpos sin almas, que de mi sentimiento no hay que decir, pues era tanto, que no sé cómo no hice lo mismo que don Dionís, mas no lo debió de permitir Dios, porque se supiese un caso tan desdichado como éste, con más ánimo del que en la ocasión que estaba imaginé tener, abrí la puerta del aposento, y tomando la vela que estaba en el suelo, me bajé por la escalera y salí a la calle con ánimo de ir a buscar (viéndome en el estado que estaba) quien me confesase, para que, ya que perdiese la vida, no perdiese el alma. Con todo, tuve advertimiento de cerrar la puerta de la calle con aquel cerrojo que estaba, y caminando con pasos desmayados por la calle, sin saber adonde iba, me faltaron, con la falta de sangre, las fuerzas, y caí donde vos, señor don Gaspar, me hallasteis, donde estuve hasta aquella hora y llegó vuestra piedad a socorrerme, para que, debiéndoos la vida, la gaste el tiempo que me durare en llorar, gemir y hacer penitencia de tantos males como he causado y también en pedirle a Dios guarde la vuestra muchos siglos.

Calló con esto la linda y hermosa Florentina; mas sus ojos, con los copiosos raudales de lágrimas, no callaron, que a hilos se desperdiciaban por sus más que hermosas mejillas, en que mostraba bien la pasión que en el alma sentía, que forzada de ella se dejó caer con un profundo y hermoso desmayo, dejando a don Gaspar suspenso y espantado de lo que había oído, y no sé si más desmayado que ella, viendo que, entre tantos muertos como el muerto honor de Florentina había causado, también había muerto su amor; porque ni Florentina era ya para su esposa, ni para dama era razón que la procurase, supuesto que la veía con determinación de tomar más seguro estado que la librase de otras semejantes desdichas como las que por ella habían pasado; y se alababa en sí de muy cuerdo en no haberle declarado su amor hasta saber lo que entonces había.

Y así, acudiendo a remediar el desmayo, con que estaba ya vuelta de él, la consoló, esforzándola con algunos dulces y conservas. Diciéndole cariñosas razones, la aconsejó que, en estando con más entera salud, el mejor modo para su reposo era entrarse en religión, donde viviría segura de nuevas calamidades; que en lo que tocaba a allanar el riesgo de la justicia, si hubiese alguno, él se obligaba al remedio, aunque diese cuenta a Su Majestad del caso, si fuese menester. A lo que la dama, agradeciéndole los beneficios que había recibido y recibía, con nuevas caricias le respondió que ése era su intento, y que cuanto primero se negociase y ejecutase, le haría mayor merced; que ni sus desdichas, ni el amor que al desdichado don Dionís tenía, le daban lugar a otra cosa.

Acabó don Gaspar con esta última razón de desarraigar y olvidar el amor que la tenía, y en menos de dos meses que tardó Florentina en cobrar fuerzas, sanar de todo punto y negociarse todo presto, que fue necesario que se diese cuenta a Su Majestad del caso, que dio piadoso el perdón de la culpa que Florentina tenía en ser culpable de lo referido, se consiguió su deseo, entrándose religiosa en uno de los más suntuosos conventos de Lisboa, sirviéndole de castigo su mismo dolor y las heridas que le dio don Dionís, supliendo el dote y más gasto la gruesa hacienda que había de la una parte y la otra, donde hoy vive santa y religiosísima vida, carteándose con don Gaspar, a quien, siempre agradecida, no olvida, antes, con muchos regalos que le envía, agradece la deuda en que le está. El cual, vuelto con Su Majestad a Madrid, se casó en Toledo, donde hoy vive, y de él mismo supe este desengaño que habéis oído.

Apenas dio fin la hermosa Lisis a su desengaño, cuando la linda doña Isabel, como quien tan bien sabía su intención, mientras descansaba para decir lo que para dar fin a este entretenido sarao faltaba, porque ya Lisis había comunicado con ella su intento, dejando el arpa, y tomando una guitarra, cantó sola lo que se sigue:

"Al prado, en que espinas rústicas
crían mis humores sálicos,[42]
que de ausencias melancólicas
es fruto que da mi ánimo,

42. *sálicos:* ¿franceses (Covar.)?

salgo a llorar de un cruelísimo
olvido de un amor trágico,
que si fuera dichosísimo,
catara en estilo jácaro.[43]

Que como visión fantástica,
ni aun de mis ojos los párpados
vieron, pues con voz armónica
ganó en el alma habitáculo.

Con sólo acentos científicos[44]
goza de mi amor el tálamo,
si bien con olvido fúnebre
le quita a mi vida el ámbito.[45]

Acentos congojadísimos
escuchan aquestos álamos;
que pena, sin culpa acérrima,[46]
le dan al alma estos tártagos.[47]

No canto como oropéndola,
ni cual jilguerillo orgánico;[48]
más lamento como tórtola
cuando está sola en el páramo.

Como fue mi amor platónico,
y en él no fue el fuego tácito,
no quiso, con fino anhélito,[49]
ser trueno, sino relámpago.

Amo sólo por teórica,
pagándome con preámbulos,
y así ha olvidado, cruelísimo,
un amor puro y magnánimo.

43. *jácaro:* de jácara, música alegre (M. Moliner).
44. *científicos:* expertos (Aut.).
45. *ámbito:* cercas, vallas que delimitan un espacio (Aut.).
46. *acérrima:* "muy fuerte, latinismo" (Aut.).
47. *dan tártagos:* acongojan (Covar.).
48. *orgánico:* armónico (Aut.).
49. *anhélito:* aliento (Aut.).

¡Ay, prados y secos céspedes,
montes y fríos carámbanos!
Oíd en bascas armónicas
aquestos suspiros lánguidos.

Con mis lágrimas ternísimas,
vuestros arroyos cristálicos
serán ríos caudalísimos
con que crezca el mar hispánico.

Y si de mi muerte acérrima
viereis los temblores pálidos,
y mi vida cansadísima
dejare su vital tráfago,

decilde al pájaro armónico
que con mal sentidos cánticos
las aves descuidadísimas
cautiva al modo mecánico.

Como siendo ilustre héroe,
y de valor tan diáfano,
engaña siendo ilustrísimo,
fingiendo fuegos seráficos.

Qué hay que esperar de los cómunes
sino desdichas y escándalos,
que mire a Teseo[50] infélice
atado en el monte Cáucaso.

Que si razones históricas,
con estilo dulce y práctico,
pone por cebo a las tórtolas
que viven con libre ánimo,

¿qué milagro que, en oyéndole,
se descuelguen de los pámpanos?
¿Ni qué milagro que, ardiéndose,
quede aturdida, cual tábano?

___

50. *Teseo:* héroe griego, campeón de la democracia, que murió al despeñarse desde lo alto de un monte.

Que si la mira benévola,
es estilo fiero y áspero,
que volando ligerísimo
la deje en amargo tártago.

Que aunque a su bella oropéndola
amase, es estilo bárbaro,
siendo este amor tan castísimo
darle pago tan tiránico.

Que en tiempo dilatadísimo
no se ha visto en mi habitáculo
de su memoria mortífica
ni en su voluntad un átomo.

Que si amara lo intelético,
no le pesara ser Tántalo,[51]
ni olvidara facilísimo
tiernos y dulces diálogos".

Esto cantaba una tórtola
con ronco y fúnebre cántico,
sentada en un ciprés fúnebre,
que estaba en un seco páramo.

Bien ventilada me parece que queda, nobles y discretos caballeros, y hermosísimas damas —dijo la bien entendida Lisis, viendo que doña Isabel había dado fin a su romance—, la defensa de las mujeres, por lo que me dispuse a hacer esta segunda parte de mi entretenido y honesto sarao; pues, si bien confieso que hay muchas mujeres que, con sus vicios y yerros, han dado motivo a los hombres para la mucha desestimación que hoy hacen de ellas, no es razón que, hablando en común, las midan a todas con una misma medida. Que lo cierto es que en una máquina tal[52] dilatada y extendida como la del mundo, ha de haber bue-

51. *Tántalo:* Ver *Desengaño primero,* nota 72.
52. *tal:* de tal manera.

nas y malas, como asimismo hay hombres de la misma manera; que eso ya fuera negar la gloria a tantos santos como hay ya pasados de esta vida, y que hoy se gozan con Dios en ella, y la virtud a millares de ellos que se precian de ella. Mas no es razón que se alarguen tanto en la desestimación de las mujeres, que, sin reservar a ninguna, como pecado original, las comprendan a todas. Pues, como se ha dicho en varias partes de este discurso, las malas no son mujeres, y no pueden ser todas malas, ya que eso fuera no haber criado Dios en ellas almas para el cielo, sino monstruos que consumiesen el mundo.

Bien sé que me dirán algunos: "¿Cuáles son las buenas, supuesto que hasta en las de alta jerarquía se hallaron hoy travesuras y embustes?" A eso respondo que ésas son más bestias fieras que las comunes, pues, olvidando las obligaciones, dan motivo a desestimación, pues ya que su mala estrella las inclina a esas travesuras, tuvieran más disculpa si se valieran del recato. Esto es, si acaso a las deidades comprende el vicio, que yo no lo puedo creer, antes me persuado que algunas de las comunes, pareciéndoles ganan estimación con los hombres, se deben (fiadas de un manto) de vender por reinas, y luego se vuelven a su primero ser, como las damas de la farsa. Y como los hombres están dañados contra ellas, luego creen cualquiera flaqueza suya, y para apoyar su opinión dicen hasta las de más obligación ya no la guardan. Y aquí se ve la malicia de algunos hombres, que no quiero decir todos aunque en común han dado todos en tan noveleros, que por ser lo más nuevo el decir mal de las mujeres, todos dicen que lo que se usa no se excusa. Lo que me admira es que los nobles, los honrados y virtuosos, se dejan ya llevar de la común voz, sin que obre en ellos ni la nobleza de que el Cielo los dotó, ni las virtudes de que ellos se pueden dotar, ni de las ciencias que siempre están estudiando, pues por ellas pudieran sacar, como tan estudiosos, que hay y ha habido, en las edades pasadas y presentes, muchas mujeres buenas, santas, virtuosas, estudiosas, honestas, valientes, firmes y constantes.

Yo confieso que en alguna parte tienen razón, que hay hoy más mujeres viciosas y perdidas que ha habido jamás; mas no que falten tan buenas que no excedan el número de las malas. Y tomando de más atrás el apoyar esta verdad, no me podrán negar los hombres que en las antigüedades no ha habido mujeres muy celebradas, que eso fuera negar las innumerables santas de quien la Iglesia canta: tantas mártires, tantas vírgenes, tantas viudas y continentes, tantas que han muerto y padecido en la crueldad de los hombres; que si esto no fuera así, poco paño hubieran tenido estas damas desengañadoras en qué cortar sus desengaños, todos tan verdaderos como la misma verdad; tanto, que les debe muy poco la fábula, pues, hasta para hermosear, no han tenido necesidad de ella.

¿Pues qué ley humana ni divina halláis, nobles caballeros, para precipitaros tanto contra las mujeres, que apenas se halla uno que las defienda, cuando veis tantos que las persiguen? Quisiera preguntaros si cumplís en esto con la obligación de serlo, y lo que prometéis cuando os ponéis en los pechos las insignias de serlo, y si es razón que lo que juráis cuando os las dan, no lo cumpláis. Mas pienso que ya no las deseáis y pretendéis, sino por gala, como las medias[53] de pelo y las guedejas.[54] ¿De qué pensáis que procede el poco ánimo que hoy todos tenéis, que sufrís que estén los enemigos dentro de España, y nuestro Rey en campaña, y vosotros en el Prado y en el río, llenos

---

53. *medias:* medias calzas (Covar.).
54. *guedejas:* "el cabello que cae de la cabeza a las sienes, de la parte de adelante" (Aut.).

de galas y trajes femeniles, y los pocos que le acompañan, suspirando por las ollas de Egipto?[55] De la poca estimación que hacéis de las mujeres, que a fe que, si las estimarais y amárades, como en otros tiempos se hacía, por no verlas en poder de vuestros enemigos, vosotros mismos os ofreciérades, no digo yo a ir a la guerra, y a pelear, sino a la muerte, poniendo la garganta al cuchillo, como en otros tiempos, y en particular en el del rey don Fernando el Católico se hacía, donde no era menester llevar los hombres por fuerza, ni maniatados, como ahora (infelicidad y desdicha de nuestro católico Rey), sino que ellos mismos ofrecían sus haciendas y personas: el padre, por defender la hija; el hermano, por la hermana; el esposo, por la esposa, y el galán por la dama. Y esto era por no verlas presas y cautivas, y, lo que peor es, deshonradas, como me parece que vendrá a ser si vosotros no os animáis a defenderlas. Mas, como ya las tenéis por el alhaja más vil y de menos valor que hay en vuestra casa, no se os da nada de que vayan a ser esclavas de otros y en otros reinos; que a fe que, si los plebeyos os vieran a vosotros con valor para defendernos, a vuestra imitación lo hicieran todos. Y si os parece que en yéndoos a pelear os han de agraviar y ofender, idos todos, seguid a vuestro rey a defendernos, que quedando solas, seremos Moisenes,[56] que, orando, vencerá Josué.

¿Es posible que nos veis ya casi en poder de los contrarios, pues desde donde están adonde estamos no hay más defensa que vuestros heroicos corazones y valerosos brazos, y que no os corréis de estaros en la Corte, ajando galas y criando cabellos, hollando coches y paseando pra-

55. *suspirando por las ollas de Egipto:* suspirando por volver a casa. Alusión al viaje de Moisés a Israel con los israelitas de Egipto a través del desierto.
56. *Moisenes:* Moisés, ver nota anterior.

dos, y que en lugar de defendernos, nos quitéis la opinión y el honor, contando cuentos que os suceden con damas, que creo que son más invenciones de malicia que verdades; alabándoos de cosas que es imposible sea verdad que lo puedan hacer, ni aun las públicas rameras, sólo por llevar al cabo vuestra dañada intención, todos efecto de la ociosidad en que gastáis el tiempo en ofensa de Dios y de vuestra nobleza? ¡Que esto hagan pechos españoles! ¡Que esto sufran ánimos castellanos! Bien dice un héroe bien entendido que los franceses os han hurtado el valor, y vosotros a ellos, los trajes.

Estimad y honrad a las mujeres y veréis cómo resucita en vosotros el valor perdido. Y si os parece que las mujeres no os merecen esta fineza, es engaño, que si dos os desobligan con sus malos tratos, hay infinitas que los tienen buenos. Y si por una buena merecen perdón muchas malas, merézcanle las pocas que hay por las muchas buenas que goza este siglo, como lo veréis si os dais a visitar los santuarios de Madrid y de otras partes, que son más en número las que veréis frecuentar todos los días los sacramentos, que no las que os buscan en los prados y ríos. Muchas buenas ha habido y hay, caballeros. Cese ya, por Dios, vuestra civil[57] opinión, y no os dejéis llevar del vulgacho novelero, que cuando no hubiera habido otra más que nuestra serenísima y santa reina, doña Isabel de Borbón[58] (que Dios llevó, porque no la merecía el mundo, la mayor pérdida que ha tenido España), sólo por ella merecían buen nombre las mujeres, salvándose las malas en él, y las buenas adquiriendo gloriosas alabanzas; y vosotros se las deis de justicia, que yo os aseguro que si, cuando los plebeyos hablan mal de ellas, supieran que los nobles las

---

57. *civil:* ruin.
58. Se refiere a la mujer de Felipe IV.

habían de defender, que de miedo, por lo menos, las trataran bien; pero ven que vosotros escucháis con gusto sus oprobios, y son como los truhanes, que añaden libertad a libertad, desvergüenza a desvergüenza y malicia a malicia.

Y digo que ni es caballero, ni noble, ni honrado el que dice mal de las mujeres, aunque sean malas, pues las tales se pueden librar en virtud de las buenas. Y en forma de desafío, digo que el que dijere mal de ellas no cumple con su obligación. Y como he tomado la pluma, habiendo tantos años que la tenía arrimada, en su defensa, tomaré la espada para lo mismo, que los agravios sacan fuerzas donde no las hay; no por mí, que no me toca, pues me conocéis por lo escrito, mas no por la vista, sino por todas, por la piedad y lástima que me causa su mala opinión.

Y vosotras, hermosas damas, de toda suerte de calidad y estado, ¿qué más desengaños aguardáis que el desdoro de vuestra fama en boca de los hombres? ¿Cuándo os desengañaréis de que no procuran más de derribaros y destruiros, y luego decir aún más de lo que con vosotras les sucede? ¿Es posible que, con tantas cosas como habéis visto y oído, no reconoceréis que en los hombres no dura más la voluntad que mientras dura el apetito, y en acabándose, se acabó? Si no, conocedlo en el que más dice que ama una mujer: hállela en una niñería, a ver si la perdonará, como Dios, porque nos ama tanto, nos perdona cada momento tantas ofensas como le hacemos.

¿Pensáis ser más dichosas que las referidas en estos desengaños? Ése es vuestro mayor engaño; porque cada día, como el mundo se va acercando al fin, va todo de mal en peor. ¿Por qué queréis, por veleta tan mudable como la voluntad de un hombre, aventurar la opinión y la vida en las crueles manos de los hombres? Y es la mayor desdicha que quizá las no culpadas mueren, y las culpadas viven;

pues no he de ser yo así, que en mí no ha de faltar el conocimiento que en todas.

Y así, vos, señor don Diego —prosiguió la sabia Lisis, vuelta al que aguardaba verla su esposa—, advertid que no será razón que, deseando yo desengañar, me engañe; no porque en ser vuestra esposa puede haber engaño, sino porque no es justo que yo me fíe de mi dicha, porque no me siento más firme que la hermosa doña Isabel, a quien no le aprovecharon tantos trabajos como en el discurso de su desengaño nos refirió, de que mis temores han tenido principio. Considero a Camila, que no le bastó para librarse de una desdicha ser virtuosa, sino que, por no avisar a su esposo, sobre morir, quedó culpada. Roseleta, que le avisó, tampoco se libró del castigo. Elena sufrió inocente y murió atormentada. Doña Inés no le valió el privarla el mágico con sus enredos y encantos el juicio; ni a Laurela el engañarla un traidor. Ni a doña Blanca le sirvió de nada su virtud ni candidez. Ni a doña Mencía el ser su amor sin culpa. Ni a doña Ana el no tenerla, ni haber pecado, pues sólo por pobre perdió la vida. Beatriz hubo menester todo el favor de la Madre de Dios para salvar la vida, acosada de tantos trabajos, y esto no todas le merecemos. Doña Magdalena no le sirvió el ser honesta y virtuosa para librarse de la traición de una infame sierva, de que ninguna en el mundo se puede librar; porque si somos buenas, nos levantan un testimonio, y si ruines, descubren nuestros delitos. Porque los criados y criadas son animales caseros y enemigos no excusados, que los estamos regalando y gastando con ellos nuestra paciencia y hacienda, y al cabo, como el león, que harto el leonero de criarle y sustentarle, se vuelve contra él y le mata, así ellos, al cabo al cabo, matan a sus amos, diciendo lo que saben de ellos y diciendo lo que no saben, sin cansarse de murmurar de su vida y costumbres. Y es lo peor que no podemos pasar sin ellos, por la vanidad, o por la honrilla.

Pues si una triste vidilla tiene tantos enemigos, y el mayor es un marido, pues, ¿quién me ha de obligar a que entre yo en lid de que tantas han salido vencidas, y saldrán mientras durare el mundo, no siendo más valiente ni más dichosa? Vuestros méritos son tantos, que hallaréis esposa más animosa y menos desengañada; que aunque no lo estoy por experiencia, lo estoy por ciencia. Y como en el juego, que mejor juzga quien mira que quien juega, yo viendo, no sólo en estos desengaños, mas en lo que todas las casadas me dan, unas lamentándose de que tienen los maridos jugadores; otras, amancebados, y muchas de que no atienden a su honor, y por excusarse de dar a su mujer una gala, sufren que se la dé otro. Y más que, por esta parte, al cabo de desentenderse, se dan a entender, con quitarles la vida, que fuera más bien empleado quitársela a ellos, pues fueron los que dieron la ocasión, como he visto en Madrid; que desde el día que se dio principio a este sarao, que fue martes de carnestolendas de este presente año de mil seiscientos cuarenta y seis, han sucedido muchos casos escandalosos; estoy tan cobarde, que, como el que ha cometido algún delito, me acojo a sagrado y tomo por amparo el retiro de un convento, desde donde pienso (como en talanquera[59]) ver lo que sucede a los demás. Y así, con mi querida doña Isabel, a quien pienso acompañar mientras viviere, me voy a salvar de los engaños de los hombres.

Y vosotras, hermosas damas, si no os desengaña lo escrito, desengáñeos lo que me veis hacer. Y a los caballeros, por despedida suplico muden de intención y lenguaje con las mujeres, porque si mi defensa por escrito no bas-

---

59. *talanquera*: barrera, burladero (Covar.).

ta, será fuerza que todas tomemos las armas para defendernos de sus malas intenciones y defendernos de los enemigos, aunque no sé qué mayores enemigos que ellos, que nos ocasionan a[60] mayores ruinas que los enemigos.

Dicho esto, la discreta Lisis se levantó, y tomando por la mano a la hermosa doña Isabel, y a su prima doña Estefanía por la otra, haciendo una cortés reverencia, sin aguardar respuesta, se entraron todas tres en otra cuadra, dejando a su madre, como ignorante de su intención, confusa; a don Diego, desesperado, y a todos, admirados de su determinación.

Don Diego, descontento, con bascas de muerte, sin despedirse de nadie, se salió de la sala; dicen que se fue a servir al rey en la guerra de Cataluña, donde murió, porque él mismo se ponía en los mayores peligros.

Toda la gente, despidiéndose de Laura, dándole muchos parabienes del divino entendimiento de su hija, se fueron a sus casas, llevando unos qué admirar, todos qué contar y muchos qué murmurar del sarao; que hay en la Corte gran número de sabandijas legas, que su mayor gusto es decir mal de las obras ajenas, y es lo mejor que no las saben entender.

Otro día, Lisis y doña Isabel, con doña Estefanía, se fueron a su convento con mucho gusto. Doña Isabel tomó el hábito, y Lisis se quedó seglar. Y en poniendo Laura la hacienda en orden, que les rentase lo que habían menester, se fue con ellas, por no apartarse de su amada Lisis, avisando a su madre de doña Isabel, que como supo dónde estaba su hija, se vino también con ella, tomando el hábito de religiosa, donde se supo cómo don Felipe había muerto en la guerra.

A pocos meses se casó Lisarda con un caballero foraste-

60. *ocasionan a:* mueven a (Aut.).

ro, muy rico, dejando mal contento a don Juan, el cual confesaba que, por ser desleal a Lisis, le había dado Lisarda el pago que merecía, de que le sobrevino una peligrosa enfermedad, y de ella un frenesí, con que acabó la vida.

Yo he llegado al fin de mi entretenido sarao; y, por fin, pido a las damas que se reporten en los atrevimientos, si quieren ser estimadas de los hombres; y a los caballeros, que muestren serlo, honrando a las mujeres, pues les está tan bien, o que se den por desafiados porque no cumplen con la ley de caballería en no defender a las mujeres. Vale.

Ya, ilustrísimo Fabio, por cumplir lo que pedistes de que no diese trágico fin a esta historia, la hermosa Lisis queda en clausura, temerosa de que algún engaño la desengañe, no escarmentada de desdichas propias. No es trágico fin, sino el más felice que se pudo dar, pues codiciosa y deseada de muchos, no se sujetó a ninguno. Si os duran los deseos de verla, buscadla con intento casto, que con ello la hallaréis tan vuestra y con la voluntad tan firme y honesta, como tiene prometido, y tan servidora vuestra como siempre, y como vos merecéis; que hasta en conocerlo ninguna le hace ventaja.

# Índice de láminas

ESTE LIBRO
SE TERMINÓ DE IMPRIMIR
EL DÍA 29 DE JULIO DE 1989